रमेश पोखरियाल 'निशंक'
की
लोकप्रिय कहानियाँ

रमेश पोखरियाल 'निशंक'
की
लोकप्रिय कहानियाँ

रमेश पोखरियाल 'निशंक'

प्रभात प्रकाशन

प्रकाशक • **प्रभात प्रकाशन प्रा. लि.**
4/19 आसफ अली रोड,
नई दिल्ली–110002

संस्करण • प्रथम, 2022
मूल्य • चार सौ रुपए
मुद्रक • आर–टेक ऑफसेट प्रिंटर्स, दिल्ली

RAMESH POKHRIYAL 'NISHANK' KI LOKPRIYA KAHANIYAN
Published by Prabhat Prakashan Pvt. Ltd., 4/19 Asaf Ali Road, New Delhi-2
e-mail: prabhatbooks@gmail.com ISBN 978-93-90366-35-4
₹ 400.00

उनको
जो विषम परिस्थितियों में भी
धैर्य नहीं खोते
और
मंजिल पाने तक
संघर्ष जारी रखते हैं।

भूमिका

कथाकार के रूप में रमेश पोखरियाल 'निशंक' जी का साहित्य में एक महत्त्वपूर्ण स्थान है। समय और समाज की विद्रूपता को रेखांकित करना, विसंगतियों को उकेरना और विषमताओं पर कलम चलाना, निशंकजी के साहित्य सृजन का एक ऐसा पक्ष है, जो साहित्य को आमजन का साहित्य बनाता है। निशंकजी की कहानियों में समाहित यथार्थ एक बदली हुई रचनाशीलता का गहरा अहसास कराता है। ये कहानियाँ हर्ष, विषाद, सुख, दु:ख, संघर्ष और जिजीविषा की कहानियाँ हैं। इन कहानियों में मानव–मन की उन अतल गहराइयों को नाप लेने की ताकत भी दिखलाई देती है, जिन्हें पाकर कोई भी लेखक 'लेखक' हो जाने का विश्वास सँजो सकता है। कोमल शरीर और सबल आत्मा की ये कहानियाँ पढ़कर विश्वास हो जाता है कि लेखक के पास केवल आज की भयावह दुनिया का सच ही नहीं है, बल्कि उस सच को काटने के लिए पैनी कलम भी है।

संग्रह की पहली कहानी 'बस एक ही इच्छा' पहाड़ से शहर आए एक ऐसे युवक की कहानी है, जो किसी प्रकार अपने परिवार को दरिद्रता के अभिशाप से मुक्त करवा लेना चाहता है। इसी चाह और उम्मीद में वह शहर आता है, लेकिन लौट नहीं पाता है। 'नई जिंदगी', 'राधा' और 'क्या नहीं हो सकता' मानवीय संवेदनाओं की ऐसी कहानियाँ हैं, जो हमारे भीतर दबी–छुपी ग्रंथियों को तो उजागर करती ही हैं, साथ में इस सार्वभौम सत्य को भी स्थापित करती हैं कि हर व्यक्ति में एक दूसरा व्यक्ति भी छुपा रहता है।

संग्रह की कहानियाँ 'भीड़ साक्षी है', 'कहाँ हुई भूल' और 'विपदा जीवित है' विकृत व्यवस्था, भ्रष्टतंत्र एवं बेबस लोकतंत्र की कहानियाँ हैं, जो पाठक के भीतर गहरी उदासी पैदा करती हैं। वहीं कहानी 'अँधेरा' अपने पीछे बहुत सारे अनुत्तरित प्रश्न छोड़ जाती है। ये प्रश्न चमत्कृत नहीं करते, बल्कि उदास और क्रोधित करते

हैं और पाठक को उसी तरह परेशान भी करते हैं, जैसे उसका समय उसे त्रस्त करता है।

निशंकजी एक संवेदनशील, सजग और दृष्टिसंपन्न कथाकार हैं। यही कारण है कि उनकी कहानियाँ जटिल चक्रव्यूह की कहानियाँ न होकर सरल, सहज एवं पठनीय कहानियाँ हैं, जिनमें समय और समाज की धड़कन को अनुभव किया जा सकता है। उनकी कहानियाँ किसी छद्म वैचारिक आंदोलन के लिए जबरन गढ़ी गई कहानियाँ न होकर ऐसी स्वत:स्फूर्त कहानियाँ हैं, जो दिल से निकलकर दिल को छूती हैं और अधिकांश कहानियों में पहाड़ अपनी पूरी शिद्दत के साथ उपस्थित रहता है। जैसे 'एक और बेड खाली हो गया' का कथा-नायक महानगर की हृदयहीनता से आहत होकर सोचता है कि 'इससे लाख गुना बेहतर जिंदगी तो हम पहाड़ में जी रहे हैं।'

'मनी-ऑर्डर' एक अत्यंत मार्मिक कहानी है, जो पहाड़ की अर्थव्यवस्था और वहाँ की एक गृहिणी के समर्पण एवं संयम को बहुत सजीव होकर उकेरती है। उसी प्रकार 'एक यक्षप्रश्न' में हमें पहाड़ के एक गाँव की दिनचर्या के साथ ही वहाँ की रूढ़ियों के बिंब भी देखने को मिलते हैं। 'दीनू' कहानी भी पहाड़ की पृष्ठभूमि पर ही लिखी गई एक चित्रकार की कहानी है, जो एक दुर्घटना में अपनी आवाज खो चुका है और अब चित्रों से मिली धनराशि सामाजिक संस्था को देकर निर्धन सा जीवन बिताता है।

कहानी 'चक्रव्यूह' जीवन के यांत्रिक हो जाने की कहानी है। कुछ पा लेने की लालसा में कैसे सबकुछ पीछे छूटता चला जाता है और जिस परिवार के लिए वह सुख-साधन एकत्र करता है, व्यस्तताओं के कारण उसी से दूर हो जाता है। आज के महत्त्वाकांक्षी जीवन की यंत्रणा इस कहानी में सजीव हो उठती है। 'अहसास' भी ऐसे ही वैयक्तिक अनुभवों की एक कोमल कथा है।

कहानी 'उत्सर्ग' इस संग्रह की सर्वाधिक दहलानेवाली कहानी है। यह कहानी पत्रकारिता, व्यवस्था और न्याय की अवधारणा के साथ ही पृथक् पर्वतीय राज के 'सपनों' पर भी सवाल खड़ा करती है और शब्दजाल से बुने गए तिलिस्म को तोड़ती है। यह कहानी इस संग्रह की एक महत्त्वपूर्ण कहानी है, जो विलुप्त हो रहे प्रश्नों को एक बार फिर उठाने का साहस दिखलाती है। 'संपत्ति' भौतिक सुख-सुविधाओं के लिए रचे गए आर्थिक चक्रव्यूह की कहानी है, जिसमें आज के युवा का फँस जाना एक अनिवार्य जीवनशैली बन गया है।

कहानी 'नीयत' अत्यंत सूक्ष्मता के साथ उन स्थितियों को उकेरती है, जिनमें कोई महिला अपने पति से अलग होकर अकेला जीवन जीने की चेष्टा करती है। ऐसी महिला को एक वस्तु समझकर उपयोग कर लेने की कैसी घृणित लालसा समाज में पनपने लगती है, यह इस कहानी में देखा जा सकता है।

'बड़ी सीख' देश की आजादी पर दो पीढ़ियों के अलग-अलग दृष्टिकोण की कहानी है। पुरानी पीढ़ी जहाँ देश की आजादी के लिए सर्वस्व निछावर करना अपना कर्तव्य समझती थी, वहीं नई पीढ़ी आजादी का लाभ लेना अपना अधिकार समझती है। कर्तव्यबोध से अनजान यह पीढ़ी इसके लिए किसी भी हद तक जा सकती है। कहानियाँ 'गेहूँ के दाने' और 'अंतहीन' गरीबी और अमीरी के दो ऐसे बिंब निर्मित करती हैं कि मन व्याकुल हो जाता है। वहीं कहानी 'अनजान रिश्ता' स्नेह और समर्पण की एक आदर्शोन्मुख कहानी है। 'फिर जिंदा कैसे' धन के प्रभाव से जीवन में आए परिवर्तन और इस कारण बदले हुए दृष्टिकोण की कहानी है।

कहानी 'रद्दीवाला' इस सत्य को स्थापित करती है कि किसी भी व्यक्ति द्वारा किया जा रहा कार्य उसके विचारों का प्रतिबिंब ही हो, यह आवश्यक नहीं। बहुत छोटा कार्य करनेवाला व्यक्ति भी वैचारिक स्तर पर अधिक प्रबुद्ध और अधिक दृष्टिवान हो सकता है। 'बसंतों' में लेखक राजनीतिक उद्देश्यों के भ्रष्ट होने और उसकी यंत्रणा को जीती युवती के साहस को चित्रित करता है तो अंतिम कहानी 'कफन कर्ज में' निर्धनता और रूढ़िवाद के मध्य पनपते कर्मकांड की तसवीर कुछ ऐसे खींचते है कि हमें प्रेमचंद याद आ जाते हैं।

इस संग्रह की कहानियाँ रचनाशीलता के तथाकथित साँचों को तोड़ते हुए अत्यंत सरल भाषा और वाक्य-विन्यास से भाषावादी तराश और पच्चीकारी को नकारती हैं। भाषा से अलग तंत्र, व्यवस्था, समाज और मनुष्य की निपट निरीहता को जितने सही संदर्भों में लेखक ने समझा है, उनकी वह चेतना और जागरूकता कहानी के स्तर पर हमें दंशित करती है और हमारी नागरिक तथा सामाजिक चेतना को बुरी तरह आहत भी करती है।

लोकप्रिय कहानियों के इस संग्रह के लिए मैं आदरणीय निशंकजी को बधाई देता हूँ और शुभकामनाएँ भी। लेखन की यह धार अनवरत बहती रहे, यही मेरी कामना है।

—जितेन ठाकुर

अनुक्रम

बस एक ही इच्छा

उसका भोला-भाला चेहरा न जाने क्यों मुझे बार-बार अपनी ओर आकर्षित किए जा रहा था। उसने मेरा सूटकेस पकड़ा और कमरे की ओर चल दिया। कमरे से संबंधित सभी जानकारी देने के बाद वह बोला, "अच्छा बाबूजी! मैं चलूँ?" मेरी स्वीकृति के बाद वह लौट गया।

उसका शांत चेहरा किसी मजबूरी का अहसास करा रहा था। हाथ-मुँह धोने के उपरांत मैंने चाय के लिए घंटी बजाई। दरवाजा बंद था। आहट पाकर मैंने दरवाजा खोला तो देखा, वही लड़का आकर खड़ा है।

मैं उसके चेहरे को देखकर भूल ही गया कि किस कार्य के लिए मैंने उसे बुलाया है।

"बाबूजी कहिए?" उसने पूछा।

थोड़ी देर चुप रहने के बाद मुझे याद आया।

"हाँ, नाश्ते में क्या मिल पाएगा?"

"आप जो चाहें।"

उसने किसी टेपरिकॉर्डर की तरह अनेक चीजों के नाम गिना डाले, फिर पूछा, "बताइए, क्या लाऊँ?"

मैंने उससे डबल रोटी-मक्खन और साथ में चाय लाने को कहा। एक बार इच्छा हुई कि उसके बारे में कुछ पूछूँ, किंतु हिम्मत न हुई। न जाने क्या सोचेगा वह कि अभी-अभी तो आया है और आते ही नाम-पता पूछना शुरू कर दिया।

थोड़ी ही देर बाद नाश्ते की ट्रे लिये फिर वही आ गया, और मेज पर रखते हुए 'और कुछ चाहिए साहब' कहकर उत्तर की प्रतीक्षा में खड़ा हो गया।

"नहीं, कुछ नहीं। तुम भी लो हमारे साथ।"

वह धीरे से मुसकराया और धन्यवाद कहते हुए चला गया।

नाश्ता करने के पश्चात् मैं अपने काम के लिए निकल गया।

दिन भर व्यस्त रहने के बाद जब सायं को लौटा तो कुछ होटलकर्मियों के साथ उसको गेट पर खड़ा पाया। मेरे कमरे में पहुँचते ही वह भी कमरे में चला आया और बड़ी आत्मीयता से पूछने लगा, "बाबूजी, खाना खाया या नहीं? लगता है कि आज दिन भर आप व्यस्त रहे?"

इतनी आत्मीयता से पूछने पर मैंने भी उसे अपनी व्यस्तता बताते हुए कहा, "इतना समय ही नहीं था कि खाना खाने के लिए कहीं बैठ पाता।"

वह खड़ा-खड़ा एक गहरी सोच में डूब गया था और मैं मन-ही-मन सोचने लगा कि 'आखिर इसे कैसे पता चला कि मैंने खाना नहीं खाया। इसने ऐसा प्रश्न क्यों किया? होटल में हजारों लोग आते हैं, क्या सभी से पूछते हैं ये लोग? नहीं! नहीं! क्या मतलब है इनको इन सब बातों से? ये तो नौकर हैं, इन्हें ही, क्या मालिक को भी क्या पड़ी है? उसे तो बस किराए से मतलब है।' तभी मेरी दृष्टि उस पर पड़ी तो देखा, वह अभी तक किसी गहरी सोच में जहाँ-का-तहाँ खड़ा था। मैंने साहस जुटाकर उससे पूछ ही लिया, "क्या नाम है तुम्हारा?"

"जी, विक्रम।"

मैं कुछ और पूछना चाहता था कि नीचे से घंटी बजते ही विक्रम हड़बड़ाकर बोला, "बाबूजी, अभी थोड़ी देर बाद आऊँगा।" और वह तेजी से चल दिया।

इस बार वह देर से आया और मैं भी तब तक उसकी प्रतीक्षा में बैठा रहा। उसके आते ही मैंने उससे पूछा, "घर कहाँ है तुम्हारा?"

"बाबूजी! पिथौरागढ़।"

"कब से हो यहाँ?

"जी पूरे तीन साल हो गए।"

"कहाँ तक पढ़े हो?"

"आठ पास किया है बस, बाबूजी।"

"यहाँ किसके साथ आए?"

"हमारे यहाँ का एक लड़का है, उसी के साथ आया बाबूजी। कहता था कि कहीं अच्छी नौकरी लगा दूँगा, किंतु तब से बस यहीं पड़ा हूँ।"

"कितना पैसा मिलता है?"

"जी, तीन सौ रुपया।"

"तो फिर बुराई क्या है? अच्छा खाना-पीना और तीन सौ रुपया मिल जाता है।"

"नहीं बाबूजी! रात-दिन मेहनत करने के बाद सूखी तनख्वाह तीन सौ रुपया मिलते हैं, अब आप ही बताइए कि कैसे गुजारा होगा?"

"आठ के बाद पढ़ाई क्यों छोड़ी?"

"बाबूजी, मेरे पिताजी खेती का काम करते हैं, मुझे आगे पढ़ाने की उनकी हिम्मत नहीं थी। एक साल घर में खाली रहा। बहुत हाथ-पैर मारे काम की तलाश में, किंतु कुछ न मिला। हम चार भाई-बहन हैं। एक बहन बड़ी है, उसकी अभी तक शादी भी नहीं हुई। कितनी कोशिश करते हैं, परंतु गरीब लोग हैं न, कौन पसंद करता है गरीब की बेटी को अपनाना? दो भाई मुझसे छोटे हैं, स्कूल पढ़ने जाते हैं। पिताजी की इच्छा थी कि मैं किसी अच्छी नौकरी में लग जाऊँ और कुछ पैसा कमाकर बहन की शादी करवा दूँ। उन्हें क्या पता कि मैं यहाँ किस स्थिति में हूँ। वे तो हर बार यही लिखते हैं कि तुमने इस महीने इतना कम मनीऑर्डर क्यों भेजा?" वह कुछ क्षण के लिए रुका और छत की ओर निहारते हुए बोला—

"बाबूजी, तीन साल से मैंने अपने भाई-बहनों को नहीं देखा।" उसका गला रुँध गया था और आँखों में आँसू छलक आए थे।

"गाँव गए ही नहीं?"

"नहीं बाबूजी! जाता भी कैसे? पहनने के लिए कपड़े ही नहीं हैं, जितनी तनख्वाह मिलती है, मनीऑर्डर कर देता हूँ। यदि गाँव गया तो अपने लिए कपड़े बनवाने पड़ेंगे, साथ ही कुछ सामान भी खरीदना पड़ेगा। फिर आने-जाने का किराया भी तो चाहिए। दो महीने की तनख्वाह ऐसे ही चली जाएगी, तो छोटे भाइयों की फीस का क्या होगा? छुट्टी जाऊँगा तो उतने दिनों के पैसे भी कट जाएँगे। बस यही सोचकर नहीं जा पाता हूँ।" वह बेचारगी के साथ बोला।

"घर में भी तो याद करते होंगे तुम्हें?"

"बहुत याद करते हैं। चिट्ठी लिखते हैं कि घर आओ और मैं भी लिख देता हूँ कि अगले महीने तक आऊँगा, परंतु तीन साल से वह दिन नहीं आया, जब अपने गाँव जाकर अपने भाई-बहनों को गले लगा सकूँ। बहुत मन होता है बाबूजी, भाई-बहनों को देखने का, किंतु अपना ही देश मेरे लिए परदेश हो गया है।"

उसने दोनों हाथों से अपने आँसू पोंछे और दीवार की ओर मुँह करके खड़ा हो गया।

"आगे पढ़ने की इच्छा नहीं होती ?" मैंने दुःखी होते हुए पूछा।

वह सिसकियाँ भरते हुए कहने लगा, "हम अभागों की किस्मत में कहाँ है लिखना-पढ़ना बाबूजी! पढ़ना तो बहुत चाहता था, पिताजी ने आते समय कहा कि 'बरतन माँजकर ही लोग बड़े-बड़े साहब बने हैं', किंतु वे भी तो तभी बने होंगे, जब थोड़ा-बहुत उन्हें पढ़ने का मौका मिला होगा। चौबीस घंटे की नौकरी है, साँस लेने तक की फुरसत नहीं, काम करते-करते बदन टूट जाता है। मन करता है कि थोड़ा सा आराम मिल जाता, परंतु वह भी नसीब नहीं, ऐसे में पढ़ने की बात सोचना…।" बात को अधूरी छोड़कर वह कुछ देर चुप रहा, मैं भी कुछ नहीं बोल पाया।

थोड़ी ही देर बाद उसके चेहरे का पूरा भाव बदल गया था, बड़े आत्मविश्वास के साथ बोला, "बाबूजी, मेरी तो बस एक ही इच्छा है कि चाहे मैं जिस हाल में भी रहूँ, किंतु अपने भाइयों को खूब पढ़ाऊँगा। इतना पढ़ाऊँगा कि वे एक दिन बहुत बड़े साहब बन जाएँ। चाहे मुझे कुछ न दें। मेरा क्या है ? आधी जिंदगी भाइयों की लिखाई-पढ़ाई में गुजर जाएगी। उसके बाद कोई चिंता नहीं।"

इतने में फिर घंटी की आवाज आई।

"बाबूजी, माफ करना, अपना समझकर आपसे न जाने क्या-क्या कह बैठा। आप भी सोचेंगे, कैसा पागल लड़का है। रजिस्टर में आपका नाम 'पोखरियाल' पढ़कर मुझे लगा, आप भी पहाड़ के हैं, कभी मेरे लायक कोई सेवा हो तो याद अवश्य करना, बाबूजी।" कहकर वह तेजी से चल दिया।

मेरी फिर उससे दुबारा मुलाकात नहीं हो पाई। दो साल बाद मैं फिर उसी होटल में रुका था, उसके बारे में पूछा था तो पता चला कि वह कुछ समय पहले कहीं और नौकरी करने चला गया, आज कई साल बीत गए हैं।

तब से आज तक वह मासूम चेहरा मेरे स्मृति-पटल पर ज्यों-का-त्यों अंकित है, जिसे मैं चाहकर भी नहीं भुला पा रहा हूँ।

□

नई जिंदगी

हमेशा की भाँति आज भी वह छड़ी लिये अपनी ही धुन में सवार उस सड़क पर चलते-चलते बहुत दूर निकल गया था। प्रात:काल की इस सुनहरी वेला में चिड़ियों का चहचहाना नव प्रभात का संदेश दे रहा था। सामने की ओर बर्फ से आच्छादित पहाड़ियाँ अत्यधिक मनमोहक लग रही थीं। मंद-मंद चल रहे पवन के झोंकों से जहाँ आनंद की अनुभूति हो रही थी, वहीं गरम कपड़ों से पूरी तरह ढके अंग-प्रत्यंग में भी एक सिहरन सी दौड़ जाती थी। मौसम खराब होने के साथ-साथ आसपास की सारी पहाड़ियाँ बर्फ से पूरी ढक सी गई थीं। अन्य दिनों की अपेक्षा आज नदी का प्रवाह भी बढ़ गया था।

यों तो इस नदी को वह नित्य प्रति देखता था, किंतु आज इस नदी को अनवरत देखते ही रहने की उसकी न जाने क्यों प्रबल इच्छा हो रही थी।

तीव्र वेग से बहता नदी का जल उसे अपनी ओर खींचे जा रहा था। उसके हृदय में एकाएक अनेक भाव-तरंगों की भाँति उठते और फिर शांत हो जाते। वह सोच में डूब गया—

'मैं जब भी घूमने आया, जब भी मैंने इसे देखा, यह नदी इसी भाँति अनवरत वेग से बहती दिखाई दी। शायद इसे किसी लक्ष्य तक पहुँचने की जल्दी है। लेकिन इसका वह लक्ष्य क्या हो सकता है ? नदी के जल का भी लक्ष्य होने लगा ? हा-हा-हा!' वह अपने ही प्रश्न पर पागलों की तरह अट्टहास करने लगा। फिर कुछ देर शांत हो जाने के बाद उसकी अंतरात्मा से जैसे एक आवाज आई, 'यह नदी श्रेष्ठ है, बहुत श्रेष्ठ।'

अहर्निश अनवरत गति से चट्टानों और पहाड़ों से टकराती हुई भी यह अपने लक्ष्य की ओर अबाध गति से बढ़ती रहती है। सर्वजन हिताय निरंतर बहती हुई यह

पल भर भी विश्राम नहीं करती। बिजली के उत्पादन का लक्ष्य हो या सिंचाई का, मनुष्य मात्र के जीवन का प्रश्न हो अथवा समस्त प्राणिजगत् के जीवन का, यह परोपकारी नदी सभी को जीवनदान दे रही है।

यह कहीं भटकते प्राणी को शक्ति प्रदान करती है, तो कहीं प्यासों की प्यास बुझाती है। इसके लिए अमीर-गरीब, छूत-अछूत में किसी प्रकार का कोई भेद नहीं। इस जल को अमृत समझ, चाहे इसका पान करो अथवा इससे कलुषादि के परिमार्जन का कार्य, इसके लिए ऊँच-नीच का कोई भेदभाव है ही नहीं। यह तो सर्वथा परहित में निहित है। वास्तव में यह महान् है। बहुत महान्! श्रद्धा से उसका हृदय गद्गद हो उठा, वह अंत:करण से सिर झुकाकर नदी को प्रणाम करने लगा।

ज्यों ही उसने दृष्टि उठाई कि अचानक उसकी नजर स्थिर हो गई। उसकी विचार तंद्रा टूटी। उसने देखा कि सड़क के किनारे अर्धनग्नावस्था में कोई व्यक्ति सिकुड़ा-सिमटा सा बैठा है। पास ही राख का एक ढेर था। ऐसा लगा, जैसे इस सर्दी में उसने रात आग के सहारे काटी हो।

दुष्यंत अवाक् ज्यों-का-त्यों खड़ा वहीं खो गया था। वह कभी नदी की ओर देखता, तो कभी उस व्यक्ति की ओर। उसकी इस दुर्दशा को देख वह तड़प सा उठा। शायद जीवन में आज पहली बार उसे इतनी पीड़ा का अनुभव हो रहा था। सर्दी से ठिठुरते इस व्यक्ति की पीड़ा उससे देखी न गई। उसने सिर हिलाकर आँखें बंद कर लीं।

दुष्यंत बड़ी तेजी से उसकी ओर बढ़ा। आवाज दी, मानो उसने कुछ सुना ही न हो। उसने अपना सिर तक न उठाया।

दुष्यंत ने पास जाकर दोनों हाथों से उसके माथे को ऊपर किया, वह कुछ देर तक एकटक दुष्यंत की ओर देखता रहा और फिर पूर्ववत् घुटनों पर सिर रख दोनों हाथों से कसकर घुटनों को पकड़े बैठा रहा।

उसकी यह दशा दुष्यंत से देखी न गई। दुष्यंत की वेदना बढ़ती चली गई। कुछ देर इंतजार के बाद उसने अपने हाथों से फिर उसका सिर ऊपर उठा लिया। सिर उठाते ही देखता है कि उसकी आँखों में आँसुओं की बाढ़ सी आ गई। उसका सारा चेहरा आँसुओं से तर हो गया था।

दुष्यंत ने जेब से रुमाल निकाला और उसके आँसू पोंछने लगा। थोड़ी ही देर में पास रखी बोरी हिली तो दुष्यंत चौंक उठा, "यह क्या है?"

सिसकता हुआ वह व्यक्ति बोला, "मालिक, अभागा लड़का है।"

"लड़का है? और यह दूसरी बोरी?" दुष्यंत ने अचंभित होकर पूछा।

"अभागिन लड़की है, मालिक।"

दुष्यंत के आश्चर्य का ठिकाना न रहा। वह जैसे पत्थर का हो गया था। अगले ही क्षण उसकी आँखें आँसुओं से डबडबा आईं।

"तुम और बच्चों को साथ लेकर यहाँ?"

"मजदूरी तलाश करता आया हूँ, मालिक।"

"आज तक क्या करते थे?"

"सरकारी नौकरी पर था क्लर्क, सबकुछ बरबाद हो गया।"

"पत्नी कहाँ है?"

"साहब, औरत ने ही तो बरबाद किया है मुझे। न वह बीमार पड़ती, न मैं अपना सबकुछ बेचता और न ही नौकरी से हाथ धोना पड़ता। फिर भी कुछ हाथ न लगा, न पत्नी, न जमीन-जायदाद। पहले तो जमीन-जायदाद ही कितनी थी, फिर भी इतनी तो थी ही कि इन अभागों का पेट तो पाल ही सकता था। रहने के लिए एक झोंपड़ी थी, किंतु सबकुछ लुट गया। ईश्वर न जाने कैसी परीक्षा ले रहा है?" कहकर पुनः उसकी आँखें डबडबा आईं।

एक हथौड़ा सा पड़ा दुष्यंत की चेतना पर। ईश्वर सचमुच परीक्षा लेता है। आज वह मौज-मस्ती में जी रहा है। कल कौन जाने वह भी सड़क पर···।

उसे लगा, जैसे वह स्वयं ही सड़क पर दो-दो बच्चों के साथ पड़ा हो और इस पीड़ा को स्वयं ही झेल रहा हो।

"तुमने इन बच्चों को अनाथाश्रम में क्यों नहीं डाल दिया, कुछ तो देख-रेख होती इनकी?"

"साहब, जीते-जी कैसे इनको अनाथ बनाऊँ? कई बार सोचा, किंतु मन ने गवाही नहीं दी। कुछ लोगों ने कहा कि सरकार इस समय गरीबों को मदद दे रही है। हाथ जोड़-जोड़कर थक गया, कई अरजियाँ लिखीं, परंतु सरकार के कानों पर जूँ तक न रेंगी। अब आप ही बताइए कि इस संसार में मुझ बदकिस्मत से भी बढ़कर कौन गरीब होगा? सरकार पर तो तनिक भी मुझे अब विश्वास नहीं रहा।"

"लेकिन ऐसी स्थिति में कब तक रहोगे?"

"साहब, झेल रहा हूँ। जिस दिन बिल्कुल ही हाथ-पाँव काम करने बंद कर देंगे, इन अभागों को लेकर इस नदी में कूद जाऊँगा। कोई सहायता नहीं करेगा मेरी, किंतु यह नदी जरूर सहायता करेगी। इस पर मेरा पूरा विश्वास है।"

अपने कठोर जीवन में दुष्यंत पहली बार इतना भावुक हुआ था, जब हर बात पर उसकी आँखों में आँसू छलक आए। वह रह-रहकर अपने को कोसने लगा।

'किसी के पास तो न खाने को अन्न का एक दाना है और न तन ढकने के लिए कपड़े का टुकड़ा। न सिर छिपाने को किसी छत का सहारा है, और न जीवनयापन करने हेतु कोई आजीविका है। किसी तरह जिंदगी जी रहे हैं लोग, और एक मैं हूँ, जिसे दिन भर जुआ खेलने और शराब पीने से फुरसत नहीं, यों ही अपनी जिंदगी भर की कमाई ऐशो-आराम में बरबाद कर दी है मैंने। मैं कितना गिरा हुआ इनसान हूँ। अपनी इन बुरी आदतों के कारण ही मुझे अपनी योग्य और देवी जैसी पत्नी से भी हाथ धोना पड़ा। पास-पड़ोसी, सगे-संबंधी सभी खो दिए मैंने, सब मुझे घृणा की दृष्टि से देखते हैं। क्यों न देखें? घृणित हरकत जो करता हूँ। मुझ जैसे घृणित व्यक्ति को जीने का क्या अधिकार है?' दुष्यंत को जैसे स्वयं से भी घृणा होने लगी थी।

दुष्यंत एक उच्च अधिकारी पद से सेवानिवृत्त हुआ था। पैसे की कोई कमी नहीं थी, किंतु वह जरूरत से ज्यादा लालची था। उसकी कोई संतान नहीं थी, फिर भी सदैव धन-दौलत इकट्ठा करने में जुटा रहता था। सभी उसके इस स्वभाव से बहुत दुःखी थे।

इसी लालचीपन और दुर्गुणों के कारण पत्नी से उसकी एक न बनती थी। जब तक दुष्यंत नौकरी पर रहा, पत्नी को कुछ राहत थी, किंतु पेंशन आ जाने के बाद चौबीसों घंटे शराब में धुत्त होकर अनाप-शनाप बकता रहता था। पत्नी को एक-एक क्षण गुजारना दूभर हो गया था। संतान के अभाव से दुःखी व दुष्यंत के चिड़चिड़े स्वभाव से परेशान होकर आखिर एक दिन उसने आत्महत्या कर ली।

दुष्यंत अकेला रह गया था। अब तो वह और भी विक्षिप्त सा हो गया था। नौकर भी उसकी आदत के कारण दूसरे ही दिन भाग जाते थे। उसके उग्र स्वभाव और विक्षिप्त मानसिकता के कारण कोई उसके पास ठहरता ही न था। मजबूर होकर उसने होटल में खाना शुरू कर दिया था। दिन भर इधर-उधर टहलता और बाकी वक्त होटल में शराब पीने व जुआ खेलने में गुजारता, घर तक जाना भी उसने छोड़ दिया था। रह भी क्या गया था, उस खाली-खाली इतने बड़े मकान में? वह तो उसे खाने को दौड़ता था।

सारी कमाई अब धीरे-धीरे समाप्त होती जा रही थी। इस तरह अब उसका पेंशन से भी गुजारा नहीं हो रहा था और इस वृद्धावस्था में उसे एक घूँट पानी का भी सहारा न था, यही सोचकर वह कभी व्याकुल हो उठता था।

वह उस मजदूर को बड़े गौर से देर तक देखता रहा। जवान होने पर भी भूख और परिस्थितियों का मारा वह बूढ़ा हो चला था।

दुष्यंत ने उसका नाम पूछा।

"अमीरदास।"

'अमीरदास' सुनकर उसे हँसी आई, उसके शहर में एक बहुत बड़ा सेठ था, जिसका नाम गरीबदास था।

ईश्वर की भी क्या लीला है। गरीबदास को भरपूर सुख-समृद्धि दी और अमीरदास को कंगाल बना दिया। उसने धीरे से बोरियों से ढके इन बच्चों को देखा। गोरे-चिट्टे, किंतु दरिद्रता और भूख की महामारी ने इन मासूम चेहरों को झुलसा दिया था। बच्चों को देखते ही उसके हृदय में वात्सल्य जाग उठा। उसने दोनों बच्चों को बाँहों में समेटकर सीने से लगा लिया।

अमीरदास का हाथ पकड़कर बोला, "तुम्हारा कहीं ठौर-ठिकाना नहीं, तो तुम मेरे साथ चलो, भाई। मेरा बहुत बड़ा मकान यों ही निर्जन पड़ा है, तुम बच्चों सहित वहीं मेरे साथ रहना।"

अमीरदास को इतनी आत्मीयता से भरे शब्द जीवन में पहली बार सुनाई दिए थे। उसे अपने कानों पर विश्वास ही नहीं हो रहा था। एकटक वह दुष्यंत के चेहरे की तरफ देखने लगा, मानो अपने सुने की पुष्टि करना चाहता हो।

"हाँ...हाँ, तुम मेरे साथ चलो, मेरे घर।" दुष्यंत पुनः बोला। उसे दुष्यंत के रूप में साक्षात् ईश्वर नजर आया और उसने बच्चों सहित दुष्यंत के घर जाना सहर्ष मंजूर कर लिया।

जंगल सा वीरान दुष्यंत का यह घर बच्चों के आने से खुशियों से भर गया। दुष्यंत ने सार घर अमीरदास को सौंपते हुए कहा, "भाई, यह सबकुछ तुम्हारा है, अब जैसा चाहो, इस घर को सजाओ-सँवारो, यह जिम्मेदारी अब तुम्हारी है, सिर्फ तुम्हारी।"

दुष्यंत ने घर आकर दूसरे ही दिन बच्चों को विद्यालय में भर्ती करा दिया। दुष्यंत के जीवन में एकाएक तमाम परिवर्तन आने लगे। होटल में जाना बंद हो गया था। शराब ही नहीं, बीड़ी-सिगरेट तक बंद हो गई थी।

बच्चों की खुशी का ठिकाना न था, उन्हें तो जैसे नई जिंदगी मिल गई थी। (मजदूरी करती उनकी बीमार माँ ने तो उनके जन्म के कुछ समय बाद ही दम तोड़ दिया था।)

अमीरदास को लगा कि ईश्वर के रूप में उसे दुष्यंत मिल तो गया, और किसी प्रकार की कोई कमी भी नहीं है उसके बच्चों को, किंतु घर में कामकाज ही क्या है, जो दिन भर उन्हीं में लगा रहूँ। उसने पूरी तरह ठान लिया था कि वह दुष्यंत को समझा-बुझाकर कहीं भी छोटी-मोटी नौकरी कर लिया करेगा।

अमीरदास की भावनाओं की कद्र करते हुए दुष्यंत ने उसे अपने ही विभाग में सरकारी नौकरी पर लगा दिया था।

घर का सारा कामकाज निपटाकर अमीरदास नौकरी पर जाता और सायंकाल घर लौटकर सारा काम करता। इससे पहले वह जब-तब अपने मनुष्य योनि में जन्म लेने को कोसता रहता था, किंतु अब वह पूरी तरह से संतुष्ट था। जीवन में किसी और खुशी की चाह अब उसे न थी।

दुष्यंत को देखकर सारा शहर बड़ा आश्चर्य करता था। जो दुष्यंत अपनी पत्नी को भी कोई सुख न दे सका, वही आज दूसरों के बच्चों को कधों पर लिये घूमता-फिरता था। इन बच्चों में तो वह जैसे अपने आप को भी भूल गया था।

दुष्यंत का यह बदला रूप वास्तव में देखने लायक हो गया था। उसके चेहरे का तनाव, उसका उग्र रूप, उसका कटु-व्यवहार सब न जाने कहाँ लोप हो गए थे। सबको विस्मय था कि जीवन भर से पाले ढेर सारे दुर्व्यसनों को दुष्यंत ने एक ही झटके में छोड़ डाला। लोग उससे स्नेह करने लगे थे। दुष्यंत में आए इस परिवर्तन से लोग बहुत खुश थे।

आज दुष्यंत के चारों ओर खुशियाँ बिखरी थीं। सारी दुनिया जैसे उसे अपनी ही लगती थी और इस दुनिया के वे सभी लोग जो कभी उसे बहुत बुरे लगते थे, आज उसे अपने लगने लगे थे। आज उसे सिर्फ एक ही पीड़ा थी कि उसकी पत्नी नहीं है। पत्नी होती तो कितनी प्रसन्न होती, किंतु उसके दुर्व्यसनों ने उससे उसकी पत्नी को छीन लिया। वह फिर मन को तसल्ली देता, 'शायद ईश्वर सचमुच परीक्षा लेता है। वह दुर्व्यसनी न होता तो उसे बुरे दिन न देखने पड़ते, पत्नी को न खोना पड़ता, सारी दुनिया का बुरा न बनना पड़ता, किंतु अब इस सबके प्रायश्चित्त के लिए ईश्वर ने शायद इन बच्चों को उसके पास भेजा है,' यही सोचकर वह निश्छल मन से इन बच्चों की सेवा में जुट गया था। □

राधा

राधा का जवाब सुनते ही राघव का चेहरा तमतमा गया।

"क्यों? आखिर क्यों? तुम नहीं जानती तो और कौन जानता है? कौन है वह, जिससे मैं पूछने जाऊँ? जब भी मैंने तुमसे पूछा, तुमने हमेशा ही उलटा जबाव दिया।"

"जो तुम्हारी इच्छा हो करो, मैं नहीं जानती।"

"अरे, मुझे अपनी ही करनी होती तो मैं पागलों की भाँति तुम्हें क्यों पूछता फिरता?"

राधा के व्यवहार ने राघव के अंतर्मन में एक तूफान खड़ा कर दिया था।

"ओह! मुझे नहीं मालूम था कि यह वर्षों बाद भी मेरी आशाओं पर पानी फेरेगी। यह मेरी सारी कल्पनाओं के महल को ही ढहा देगी, किसे मालूम था?"

वह कमरे में इधर से उधर चक्कर पर चक्कर काटने लगा, फिर झुँझलाते हुए बोला, "सुनो राधा! आज तक मैं तुम्हारी हर बात मानता रहा, मैंने हमेशा ही कोशिश की कि तुम्हें तनिक भी पीड़ा न पहुँचे। मैंने आज तक सभी अच्छी-बुरी बातों को दिल में दबाए रखा, सिर्फ इसलिए कि तुम आज नहीं तो कल अवश्य इस बात को समझोगी, पर तुमने कभी मुझे समझने की कोशिश नहीं की।"

वह गुस्से में तेजी से बाहर निकल गया, "राधा, अब यह बात हरगिज नहीं होगी। यह तुम निश्चित समझ लो।"

राधा भी तेवर चढ़ाते हुए बोली, "तो तुम्हारी मनमर्जी भी नहीं चलेगी, यह भी तुम लिख लो।"

राधा के उलटे-सीधे जबाव सुनकर एक बार तो राधव के तन-मन में आग लग गई, किंतु किसी प्रकार अपना गुस्सा शांत कर वह राधा के पास आकर उसे

समझाने लगा, "अरे पगली! तुम समझती क्यों नहीं कि परिवार की छोटी-छोटी बातें भी बाहर बतंगड़ बन जाती हैं। लोग तो इस ताक में रहते हैं कि कब-किस परिवार की कमजोर नस उनके हाथ में आए और वे उसे तमाशा बना सकें, तुम्हें मालूम है कि आज लोग कुछ भी कहने में नहीं चूकते। तरह-तरह की बातें करते फिरते हैं।"

राधा रोने लगी और सिसकते हुए बोली, "क्यों नहीं करते होंगे लोग तरह-तरह की बातें? तुमने तो हमेशा ही मुझे लोगों के बीच बदनाम करने की कोशिश की। लोग सोचते हैं कि मैं ही बुरी हूँ, तुम तो सबके लिए भले बन जाते हो।"

"राधा, तुम फिर मुझे गलत समझ रही हो।"

"गलत नहीं, मैं बिल्कुल सही समझ रही हूँ, तुम मर्दों का काम ही औरत को बदनाम करना होता है।"

और फिर चिड़चिड़ाते हुए बोली, "मैंने पहले ही कह दिया था, तुम्हें जो करना हो कर लो, मुझे कुछ नहीं कहना।"

"राधा, कुछ ठंडे दिमाग से तो सोचो।"

"सोच लिया मैंने बहुत।"

"तुम सोचती तो इस तरह बोलती ही नहीं, तुम्हें थोड़ा भी महसूस नहीं होता कि सबकुछ होते हुए भी छोटा भाई अनाथों की तरह और माँ बेसहारों की तरह दिन गुजार रही हैं?"

राघव बड़े शांत भाव से राधा को समझाता रहा, लेकिन राधा थी, कि कुछ भी सुनने को तैयार न थी। बोली, "कौन से हम ठाट कर रहे हैं यहाँ? मैं भी तो घर के सारे काम कर-कर के मर रही हूँ, इसमें भी कहाँ चैन है तुम्हें? और ऊपर से माँ और भाई को लाने की जिद्द ठाने हो।"

"राधा! मैं तुम्हारी तरह जिद्दी होता तो···।"

"तो क्या कर लेते तुम?"

"बहुत कुछ कर लेता, वह भी कर लेता, जो तुमने कभी सोचा तक न होता। अरे, लोग तो परायों को भी सहारा देते हैं, फिर वह तो हमारी माँ है माँ! पर एक तुम हो जो···।" यह कहते-कहते उसकी आँखें नम हो गईं, अतीत के एक-एक क्षण उसके मन-मस्तिष्क में चलचित्र की तरह उभरते चले गए।

···जैसे-तैसे लिखाया-पढ़ाया था माँ ने उसे। आठ तक पढ़ाना भी तो माँ की हिम्मत से बाहर की बात थी, फिर भी किसी तरह स्कूल भेजती रही। राघव को

आज भी वे दिन याद हैं, जब माँ को फीस की खातिर लोगों के खेतों में मजदूरी करनी पड़ती थी। एक तो मजदूरी करना और ऊपर से लोग तरह-तरह के ताने मारते थे। अपनी फूटी किस्मत पर उसने हमेशा चुपचाप आँसू बहाने के सिवाय किसी को कुछ नहीं कहा।

अतीत से वर्तमान में पहुँचते ही उसका ध्यान राधा पर केंद्रित हो गया। सभी गुणों से संपन्न होने पर भी राधा उसे कभी-कभी नितांत खोखली नजर आने लगी थी। बेहद प्यार करनेवाली राधा उसे यकायक कोसों दूर नजर आने लगी। वह अपने ही अंदर अनेकानेक प्रश्नों के बीच घिर गया। उसे लगा कि उसकी और राधा की सोच में दिन-प्रति-दिन दूरी बढ़ती जा रही है।

राघव ने गरीबी को अधिक निकटता से देखा था। वह नितांत अभावों में पला था, जबकि ठीक इसके विपरीत राधा ने कभी अभावों का मुँह तक न देखा था। इसलिए तो राधा की बातें उसे कई बार हीनता की चहारदीवारी में धकेल देती थीं।

अब जब भी उसे माँ और भाई की याद आती, उसका शरीर काँप उठता, अंग-प्रत्यंग शिथिल हो जाते। वह असीम वेदनाओं के बीच घिर जाता।

दूसरे ही दिन वह जल्दी तैयार होकर अपनी नौकरी पर चल दिया। पर वहाँ भी उसका मन अशांत रहा। वह अपनी ही उलझनों के बीच अपने को असहाय महसूस करने लगा। सिर पकड़े वह घंटों गुजार देता था। सिर्फ इसी सोच में कि वह राधा को कैसे समझाए।

वह इस बात को भी जानता था कि यदि वह राधा की तरह जिद्दी हो गया, तो यह छोटा सा परिवार एक होने की बजाय और छिन्न-भिन्न हो जाएगा और उसका जीवन सदैव के लिए नरक बन जाएगा।

उधर माँ की चिंता भी उसे खाए जा रही थी। उठते-बैठते, खाते-पीते हर समय उसे गाँव में उपेक्षित छोटे भाई का भविष्य अंधकारमय नजर आता। वह भाई को साथ लेकर शहर के किसी स्कूल में भर्ती कराना चाहता था, किंतु यह राधा की इच्छा के बिना कहाँ संभव था।

वह पेसोपेश में पड़ा रहा कि यदि वह जबरदस्ती भाई को ले भी आता है, और जैसा कि यह सब राधा नहीं चाहती है, ऐसी स्थिति में घर में तनाव अलग होगा और मैंने गुस्से में कभी कुछ कर-बोल दिया तो लेने के देने पड़ जाएँगे। पता चला कि अच्छा-खासा परिवार बरबाद हो गया।

उसे लगा, जैसे उसकी सारी सोच व्यर्थ होती जा रही है। उसकी चिंता चिता

में कभी भी बदल सकती है, जिसमें वह घुट-घुटकर कभी भी जलकर राख हो सकता है। वह भयभीत हो उठा। वह जीते-जी मरने के लिए नहीं, बल्कि जीने के लिए जी रहा था।

दिन भर राघव तनाव से गुजरता रहा। इधर राधा भी कम परेशान न थी, क्योंकि आज राघव पहली बार उससे इतना बोला था। जब राघव देर रात तक भी घर नहीं लौटा तो राधा की चिंता और बढ़ने लगी। चाहे पति-पत्नी का कितना ही तनाव क्यों न हुआ होगा, किंतु राघव ने कभी इतनी देर नहीं की थी। आज तो वह बिना नाश्ता किए, बिना कुछ खाए-पिए ही घर से निकल पड़ा था।

जैसे-जैसे समय बढ़ता गया, राधा की बेचैनी शिखर छूने लगी। अंदर-बाहर करती वह कितनी ही बार अड़ोस-पड़ोस में चली गई थी।

और अब जब राघव देर से घर पहुँचा तो आते ही बिस्तर पर लेट गया। राधा के खाना लाने के बाद भी तबीयत खराब होने का बहाना बनाकर उसने खाना लौटा दिया। राधा की लाख कोशिशों के बाद भी उसने खाना नहीं खाया। राधा रोने लगी। रोते-रोते न जाने वह क्या-क्या नहीं बोल बैठी। राघव पहले तो राधा की बातें चुपचाप सुनता रहा और फिर जब बातें असह्य हो गईं तो तिलमिलाकर बोला, "सुनो राधा! अच्छा हो कि तुम चुपचाप खाना खाकर सो जाओ।"

राधा चिल्लाते हुए बोली, "मुझे खाना ही होता तो इतनी देर इंतजार क्यों करती? एक तो इतनी देर से घर पहुँचो और फिर ऊपर से मुझ पर रोब डालो। अब मुझसे नहीं हो सकेगा इतना कि मैं तुम्हारे घर का काम सँभालूँ और तुम्हारी बातें भी सुनूँ।"

"इसीलिए तो कहता हूँ कि अब परिस्थितियाँ ऐसी ही आनेवाली हैं। जब हम दोनों को एक-दूसरे से अलग-अलग रहना पड़ सकता है। तब तुम्हें मेरे कामों से सदा के लिए मुक्ति मिल जाएगी।"

राघव की बात सुनकर राधा के पाँवों तले से जमीन खिसकने लगी। एक क्षण भी राघव से अलग होने की बात उसने सपने में भी नहीं सोची थी।

आँखों में आँसू लिये राधा भी बिना खाए ही लेट गई। किंतु उसके मन-मस्तिष्क में राघव की बातें ज्वार-भाटे की तरह तेजी से उमड़ने-घुमड़ने लगीं। कहीं सच में ही···।

रात खुली नहीं थी कि राघव अपने सूटकेस में कपड़े ठूँसने लगा। जो भी कपड़ा हाथ में आता, उसे सूटकेस में रख देता। राधा चौंकी।

"क्यों, कहीं जाना है?"

"हाँ, आज ही जाना है।"

"लेकिन अचानक···।"

"किसी मीटिंग में जाना है, काफी दिन लग सकते हैं।"

राधा बोली, "आप आज नहीं जाएँगे।"

राघव तपाक से बोला, "आज ही जाऊँगा और हर कीमत पर जाऊँगा। दस-बीस दिन भी लग सकते हैं आने में।"

दस-बीस दिन सुनकर तो राधा और चौंक उठी। अवाक् होकर बोली, "लेकिन आज तक तो आप एक-दो दिन से अधिक कहीं रहे ही नहीं।"

राघव की मधुर वाणी आज कठोरता लिये हुए थी। कर्कश स्वर में बोला, "आज तक नहीं रहा, अब रहना पड़ेगा। समय-समय की बात है।" कहते-कहते वह कपड़े पहनने लगा, राधा को बिल्कुल भी विश्वास न था कि राघव यों सचमुच ही चल देगा। लेकिन देखते-ही-देखते चंद ही क्षणों में राघव तैयार होकर घर से चल दिया।

राधा आक्रोश और पीड़ा से घिर गई, राघव को जाते देखकर वह मूक बनी रही, कुछ भी तो नहीं कह पाई थी। उसने कितनी जल्दी की थी चाय बनाने में, किंतु राघव ने इस चाय को भी ठुकरा दिया था। राधा के दु:ख की कोई सीमा न रही, आज तो राघव ने राधा की हर बात को ठुकरा दिया था।

राधा को अब एक-एक पल काटना दूभर हो गया था। सैकड़ों हित और अहित की सोच के बीच वह बहुत बुरी तरह उलझ गई।

आज पहली बार उसे स्थिर मन से अपने और राघव के बारे में सोचने के लिए विवश होना पड़ा था। आज उसे आत्म-विश्लेषण का अच्छा मौका मिला था। घंटों तक सोचने के बाद उसे लगा कि बात तो कुछ भी नहीं। सिर्फ भाई और माँ को साथ रखने की बात है और फिर जिनके लिए राघव मुझसे दूर रहने को भी तैयार है, वे हैं तो अपने ही, हमारा फर्ज बनता है उनकी चिंता करना। जब अपने ही अपने नहीं रहेंगे तो पराए क्या कद्र करेंगे। भाई को लिखाने-पढ़ाने की बात भी तो जायज है और फिर माँ का हमारे सिवाय है भी कौन?

राधा को एकाएक किसी सफलता के मिल जाने की सी अनुभूति होने लगी। उसे लगा, जैसे वह किसी घनघोर जंगल में भटक गई थी और अब उसे रास्ता मिल गया है।

अगले ही दिन राधा ने कुछ सामान खरीदा और गाँव की ओर चल दी।

कई घंटों के सफर के पश्चात् गाँव के स्टेशन पर उतरकर लगभग चार कि.मी. पैदल चलकर राधा रात पड़ने से पूर्व ही गाँव पहुँच गई।

बहू को अचानक गाँव में देखकर माँ तो अचंभित हो गई। जैसे ही राधा ने माँ के चरण स्पर्श किए, "रुको बहू! रुको। यह आज सूरज किधर से उग आया मेरे लिए।" माँ तेजी से अंदर गई और अपने पल्ले पर चावलों की पोटली बाँधे पहले तो बहू को बहुत देर तक चूमती रही और फिर चारों दिशाओं में चावलों की वर्षा करने लगी। माँ इतनी खुश थी कि बोलते-बोलते खुशी से उसका गला रुँध गया था। आँखों में आँसुओं की धार रुकते नहीं बनती थी। आज उसे सारी दुनिया की खुशियाँ अपनी झोंपड़ी के अंदर समाई दिखती थीं, लेकिन थोड़ी ही देर बाद जब उसका ध्यान राघव की ओर गया, तो वह चौंक उठी, "बहू, तुम और अकेली! मेरा रघू कहाँ है?"

माँ की घबराहट देखकर राधा तुरंत बोली, "वे बाहर अपने ऑफिस के किसी काम से गए हैं, उन्हें अचानक एक मीटिंग में जाना पड़ा। जाने से पहले मुझे कह गए थे कि तुम माँ और भाई को गाँव से शहर ले आना, सो मैं आप लोगों को लेने चली आई।"

राधा की बात सुनकर माँ ने कुछ धीरज बाँधा। इधर चंद ही क्षणों में हवा की तरह राधा के आने की बात गाँव में फैल गई। सारा गाँव एक हो गया। शादी के वर्षों बाद तो आज पहली बार वह गाँव आई थी।

खाना खाने के बाद देर रात तक माँ राधा की तरह-तरह की बातें पूछती रही। हर पाँच मिनट के बाद वह अपने रघू के बारे में कुछ-न-कुछ अवश्य पूछ लेती। कब खाता है, नौकरी कब जाता है। वैसे ही कमजोर है? अब ठीक हो गया होगा न, सब्जी तो खाता ही नहीं, फिर खाने-पीने का भी तो ध्यान नहीं रखता, बड़ा लापरवाह है। और राधा भी माँ के हर प्रश्न का संतोषजनक उत्तर देने की हर संभव कोशिश करती।

बातों-बातों में जब माँ ने खेती-बाड़ी की बात कहकर साथ चलने से साफ इनकार कर दिया, तो राधा अपनी बात पर अड़ गई।

"नहीं माँजी! मैं तो हर हालत में आपको साथ लेकर जाऊँगी, आपको चलना ही होगा, नहीं तो मैं भी यहीं गाँव में आपके पास रहूँगी।"

"लेकिन मेरे रघू के खाने-पीने का क्या होगा?" माँ अपने राघव की चिंता में डूब गई।

"हमेशा से अकेला रहा वह, कोई सुख नहीं देखा उसने, बड़ी मुश्किल से उसने शादी की, कहाँ करना चाहता था वह शादी। नहीं-नहीं बहू, उसका तो तुमको ही ध्यान रखना है।"

"तभी तो कहती हूँ कि आप लोग भी साथ चलो। उनकी इच्छा है कि चार सदस्य तो परिवार के कुल हैं, सभी साथ रहें। पास रहकर एक-दूसरे के दुःख-सुख में काम न आएँ तो क्या फायदा? किशोर को भी वहीं अच्छे स्कूल में भर्ती कर देंगे। वे तो स्कूल में बात करके भी आ गए हैं।"

और अंत में राधा के इस आत्मीय व्यवहार ने माँ को चलने के लिए बाध्य कर ही दिया। चौथे ही दिन वह माँ और किशोर को साथ लेकर देहरादून चली आई।

राघव पाँच-छह दिन बाद ही घर लौट आया। दूर से माँ को घर पर देखकर उसे विश्वास ही नहीं हुआ। वह तेजी से आगे बढ़ा, उसे अपनी आँखों पर भरोसा न हुआ। किंतु जब बिल्कुल ही पास आकर उसने माँ को देखा, तो वह खुशी से उछल पड़ा और सामान वहीं छोड़ माँ से लिपट पड़ा। कुछ देर बाद इधर-उधर झाँकने के बाद जब उसे राधा नहीं दिखाई दी तो वह शंकित हो उठा।

"माँ, राधा कहाँ है?"

"बाजार गई है सामान लेने।"

"लेकिन सामान तो सबकुछ…।"

"हाँ-हाँ, सामान तो सभी कुछ था घर पर, लेकिन किशोर के लिए कुछ कपड़ों की बात कह रही थी, इसीलिए उसको भी साथ लेकर गई है। मैंने तो मना कर दिया था कि बिना बात खर्चा कर रही है। अभी तो उसके पास कपड़े थे ही।"

माँ की बात सुनकर राघव की खुशी का ठिकाना न रहा। खुशी से उसकी आँखें नम हो आईं।

"लेकिन माँ, तुम अचानक चली आईं यहाँ। किसके साथ आईं? एक चिट्ठी ही डाल देतीं तो मैं चला आता। कब से सोच रहा था कि तुम्हें अपने साथ रखूँ। पर मैं तो तुम्हारा नालायक बेटा हूँ न, बस सोचता ही रह जाता हूँ।"

माँ चक्कर में पड़ गई।

"क्या तुमने नहीं भेजा था बहू को?"

"मैंने ऽऽऽ!" और फिर सिर झटकते हुए बोला, "अरे माँ, आपकी बहू ने तो मुझे चकमा दे दिया। कब पहुँची राधा गाँव में?"

"हमें आए तो आज कई दिन हो गए।"

और जब माँ ने पूरी बात बतलाई तो राघव गद्गद हो गया। उसके दिल में राधा के प्रति पहले से भी कई गुना अधिक स्नेह उमड़ पड़ा। वह इतना भावुक हो उठा कि अपनी आँखों में आती आँसुओं की धारा प्रयास करने पर भी रोक न सका। उसे लगा, जैसे उसे कोई नई जिंदगी मिल गई है, जिसे पाने के लिए वह एक अरसे से तड़प रहा था।

□

क्या नहीं हो सकता

उसकी निगाह मुझ पर आकर टिक गई, तो मुझे लगा कि वह मुझे कुछ पहचानने की कोशिश कर रहा है। तभी उसने दूर से नाम लेकर मुझे आवाज लगाई और मेरी ओर बढ़ने लगा। मुझे भी वह चेहरा कुछ जाना-पहचाना लग रहा था। मैंने दिमाग पर जोर डाला, 'कौन हो सकता है यह आदमी? है भी निकट का, नाम लेकर साधिकार आवाज दी है उसने मुझे।' किंतु पुरजोर कोशिश करने के बाद भी मैं उसे पूरी तरह नहीं पहचान सका।

बड़ी-बड़ी दाढ़ी, चेहरे पर अभाव की झुर्रियाँ, काला सा कोट, धारीदार मैली सी पैंट और फटे सफेद जूते पहने वह मेरे सामने आकर मुझे अजीब दृष्टि से घूरने लगा।

"पहचाना नहीं मुझे?"

"पहचान तो रहा हूँ, पर…"

"ऐसा ही होता है। जब कोई बड़ा आदमी बन जाता है तो छोटे-मोटे लोगों का ध्यान नहीं रहता, किंतु इतनी जल्दी भूलना भी क्या? खैर, कई साल भी तो हो गए हैं।"

वह व्यंग्य-पर-व्यंग्य कसता जा रहा था। मेरी तो कुछ भी समझ में नहीं आ रहा था। मैंने हाथ जोड़कर कहा, "मेरी भूल के लिए क्षमा कीजिएगा, मैं ठीक से पहचान नहीं पा रहा हूँ।"

इतना सुनकर मेरे कंधों पर हाथ रखते हुए वह बोला, "मैं कमल हूँ, हरिद्वार…।" नाम को सुनते ही मुझे हरिद्वार की सारी यादें ताजा हो आई थीं। मैंने हाथ बढ़ाए ही थे कि वह गले से लिपट गया। मुझे उसकी इस दयनीय हालत पर बहुत आश्चर्य हो रहा था।

"क्या हालत बना रखी है यह ?"

वह मायूस होकर बोला, "भाग्य को कौन बदल सकता है ? किस्मत में यही सब लिखा है न, तो कोई कर भी क्या सकता है। दस वर्षों से नौकरी के लिए दर-दर भटक रहा हूँ। आज तक सैकड़ों इंटरव्यू दे चुका हूँ, परंतु कहीं भी तो… ? खैर छोड़ो, तुम बताओ क्या हाल है तुम्हारा ?"

"फिलहाल तो ठीक ही हूँ। हरिद्वार से जाना कहाँ था, पहले तो नौकरी के लिए भटकता रहा। वर्षों तक कभी इधर-कभी उधर, एक जगह कहीं भी ठौर-ठिकाना नहीं मिला। बड़ी मुश्किल से एक छोटी-मोटी नौकरी मिली, परंतु पढ़ाई के लिए छटपटाता ही रहा और उसे भी छोड़ दिया। तब से न जाने पढ़ाई के लिए मुझे क्या-क्या नहीं करना पड़ा है।" मैंने अपने बारे में उसे बतलाया।

वह और गंभीर हो गया था।

"परंतु भटकने का कुछ लाभ तो मिला तुम्हें ? आज कौन जानता है कि तुमने इतना सबकुछ झेला होगा और हम जैसे लोग तो यह सब झेलने के बाद भी कुछ नहीं पा सके हैं।"

"सब ठीक हो जाएगा, कमल! धैर्य रखने की आवश्यकता होती है।"

"कब तक धैर्य रखेंगे ? यहाँ तो सब सीमाएँ टूट गईं।"

फिर बोला, "अच्छा, यह तो बताओ कि हरिद्वार आना क्यों छोड़ दिया, या आते हो और चुपचाप निकल जाते हो ?"

"नहीं कमल भाई, न तो मैं हरिद्वार को भूला हूँ और न ही पुराने मित्रों को।"

"यदि भूले न होते तो वर्षों में कभी तो याद आती ? अच्छा, अब बताओ, कब आ रहे हो, कोई दिन निश्चित करो तो सभी लोगों को जाते ही बता दूँ।"

उसने मुझसे नाराजगी व्यक्त करते हुए हरिद्वार पहुँचने की तारीख पक्की कर दी।

"धनेश, दुर्गेश, मनीष सभी को सूचना दूँगा मैं।" कहते-कहते वह कहीं खो सा गया था।

"कहाँ खो गए, कमल ? क्या सोचने लगे ?" मैंने धीरे से उसे स्पर्श करते हुए कहा।

"कुछ भी तो नहीं।"

"नहीं, कुछ तो सोच रहे थे।"

"बस यों ही कि हम जैसे लोग तो बेकार ही जन्म लेते हैं।"

"क्या बात लेकर बैठ गए कमल, चलो, घर चलो।" और मैं कमल को घर ले आया था।

कमरे पर ताला लगा देखकर वह चौंक सा गया था। ताला खुलते ही अंदर आकर बोला, "क्यों, अभी भी अकेले हो? मैं तो सोचकर आया था कि···।"

"कि घर में अच्छी-खासी फौज होगी न!"

और मैं ठहाका मारकर हँस पड़ा था, किंतु उसके चेहरे पर मुसकराहट का नाम न था।

"पर हरिद्वार में तो···" कहकर वह खड़े-खड़े कमरे की एक-एक चीज देखने लगा।

"हाँ, शादी की बात सुनी होगी न! पूरे दो साल हो गए। अच्छा, बैठ भी तो जाओ, चाय बनाकर लाता हूँ।"

मैं किचन की ओर जाने को हुआ कि वह बोल पड़ा, "इतनी जल्दी भी क्या है, भाभी को भी तो आने दो? आज तो उन्हीं के हाथ की चाय पीएँगे।"

"भाभी यहाँ हो तब न!"

"कहाँ गई है, मायके भेजा हुआ है क्या?"

"नहीं तो! नौकरी···"

"अच्छा! नौकरी पर है? यह तो अच्छा हाथ मारा है तुमने, यह तो बताओ कहाँ पर है?"

"यहाँ से सौ मील दूर।"

"तो खाने-पीने का क्या?"

"स्वयं ही बनाता हूँ, स्वयं ही खाता हूँ।"

"तब तो छुट्टियों में ही भाभीजी यहाँ आती होंगी।"

"हाँ, और कभी छुट्टियों में मैं भी चला जाता हूँ।" मैं हँसते हुए बोला।

फिर तो वह भी मजाक के मूड में आ गया था।

"यार! मैं तो अब सब बेरोजगारों को लेकर आंदोलन करनेवाला हूँ। यहाँ तो नौकरी के लाले पड़ रहे हैं और तुम मियाँ-बीबी दोनों को नौकरी?" और फिर ठहाका मारकर हँसने लगा।

इतनी देर में वह पहली बार हँसा था। उसके चेहरे का सारा तनाव एकाएक खत्म हो गया था।

"चलो, अच्छा किया तुमने, परंतु तुम कम चालाक नहीं निकले, शादी की

हवा तक नहीं लगने दी किसी को।"

चाय पीते-पीते वह कमरे की एक-एक वस्तु को गौर से देखे जा रहा था।

"यह फोटो भाभीजी की है।" एक दीवार पर टँगी तसवीर की ओर इशारा किया।

"हाँ!"

"यार, अच्छी जगह हाथ मारा।" कहकर फिर हँसने लगा।

थोड़ी देर बात करने के बाद हम दोनों लोग मिलकर खाना बनाने लगे।

बातचीत जारी रखते हुए वह बोला, "लगता है, खिचड़ी अभी भी तुम्हारा पीछा नहीं छोड़ेगी।"

"नहीं! इसका तो जन्म-जन्मांतर का नाता हो गया मुझसे।"

"निशांत शादी के बाद भी यह स्थिति तो ठीक नहीं, सर्विस वाली लड़की का मतलब पूरा परिवार अस्त-व्यस्त।"

"लेकिन जमाना भी तो बदल गया और फिर लिखी-पढ़ी लड़कियाँ···"

"यह बात तो ठीक है, किंतु हम बेरोजगारों पर भी कुछ तो तरस खाओ।" कहकर वह फिर हँस दिया था।

भोजन करने के बाद बिस्तर पर लेटकर बोला, "किस्मत साथ नहीं दे रही निशांत भाई। इस बीच रात-दिन इंटरव्यू देता रहा, हर इंटरव्यू बहुत अच्छा रहा। इंटरव्यू देने के बाद बड़ी खुशी-खुशी घर आता था। नियुक्ति-पत्र की प्रतीक्षा में एक-एक दिन काटा। मैं सोचता रहा, कहीं से तो नियुक्ति-पत्र आएगा। रोज पोस्ट ऑफिस के चक्कर काटता, इसी प्रतीक्षा ने दस साल बरबाद कर दिए। पैसा भी कम बरबाद नहीं हुआ। घर में कमानेवाला कोई नहीं, तीन-चार भाई-बहन हैं, किंतु सब मुझसे छोटे। इधर मैं बेरोजगार और उधर माँ ने मेरे गले में एक और फाँसी लगा दी।"

वह कुछ झुँझलाकर बोला, "यह भी तो मेरी बदकिस्मती है! शादी भी हुई तो पत्नी एकदम अनपढ़, गँवार। घर में जमीन-जायदाद बहुत है। माँ अकेली पड़ गई थी, इसलिए मना भी न कर सका।"

"घर में पिताजी तो होंगे?"

"अगर पिताजी जीवित होते तो ऐसी स्थिति नहीं आनी थी, खेती-बाड़ी में उन्हें किसी की सहायता की जरूरत नहीं पड़ती थी। सब अपने आप करवाते थे, परंतु उनके जाने के बाद तो माँ पर सारा बोझ पड़ गया। एक तरफ हम सभी भाई-बहनों

की लिखाई-पढ़ाई और दूसरी तरफ घर के कामकाज से लेकर इतनी बड़ी खेती-बाड़ी। यार, पढ़ाई ने तो हमें न घर का और न घाट का, कहीं का भी नहीं छोड़ा।"

मैं मजाक करते हुए बोला, "यहाँ भी इंटरव्यू देने आए थे क्या ?"

"हाँ, सुबह पहुँच गया था, इंटरव्यू दिया और फिर तुम्हारा पता किया। इस बार तो हरिद्वार से ही सोचकर आया था कि तुम्हें जरूर मिलकर जाऊँगा।"

"यह इंटरव्यू कैसा रहा ?"

"इंटरव्यू तो बहुत अच्छा रहा, परंतु मुझे विश्वास नहीं। मंत्रियों के सिफारिशी-पत्र लेकर लड़के घूम रहे थे। कुछ तो एक-एक लाख रुपए लाए हैं। हममें न तो किसी मंत्री के पत्र लाने की सामर्थ्य है और न पैसा खिलाने की हिम्मत।"

"क्या कोई पैसा ले रहा है ?"

वह हँसकर बोला, "यह तो सामान्य सी बात हो गई। पहले के अधिकारी डरते थे, किंतु अब तो खुली बोलियाँ लगती हैं। पैसा दो और नौकरी लो, सब बिके हुए हैं।"

"पैसा किसको दो ?" पूछा मैंने।

"अधिकारी को और बाबू के माध्यम से। बाबू की भी मौज है, चाहे जिससे जितना पैसा लो। आधा अधिकारी के घर और बाकी अपनी जेब में ?"

"कमल, यह बात मानने को मैं तैयार नहीं कि सभी अधिकारी-कर्मचारी भ्रष्ट हो गए।" मैंने तर्क दिया।

"यह भी बात सही है कि बहुत सारे अधिकारी-कर्मचारी आज भी ईमानदार हैं, परंतु आज इनकी संख्या है ही कितनी, न के समान है।"

"सच कहता हूँ, निशांत! मैं तो इस व्यवस्था से इतना खिन्न हो गया हूँ कि अब जीवन से भी घृणा होने लगी है, कई बार भारी आक्रोश से घिर जाता हूँ तो अपने को सँभालना बड़ा मुश्किल हो जाता है। मन में आता है आत्महत्या कर लूँ या किसी अधिकारी पर टूट पड़ूँ। मैंने घूम-फिरकर देख लिया है कि जो बड़ा है, वह बड़ा ही होता चला जा रहा है और जो गरीब है, वह और नीचे जा रहा है।"

रात भर वह आपबीती सुनाता रहा। सुबह उठा तो पहली बस से हरिद्वार निकल गया। बहुत निराश था, क्या-क्या विचार नहीं आ गए थे उसके मन में। मैंने बहुत समझाने की कोशिश की थी उसे कि दुनिया में बस एक ही तरह के लोग नहीं होते, परंतु उसके दिमाग में एक ही धुन सवार हो गई थी कि अधिकतर अफसर भ्रष्ट हैं। कहता था, 'मैं अब पहले तो इंटरव्यू दूँगा ही नहीं, यह मैंने ठान लिया और यदि

इंटरव्यू दिया तो जहाँ-जहाँ भी जाऊँगा, ऐसे अधिकारियों को पीटे बिना वापस नहीं लौटूँगा, अब तो चाहे मुझे फाँसी हो चाहे जेल, जेल में कुछ दिन चैन से तो रहूँगा।'

उसके चले जाने के बाद महीनों तक उसकी तमाम बातें मेरे मस्तिष्क में घूमती रहीं। कभी-कभी मुझे डर लगता कि न जाने कमल कब क्या कर बैठे। हरिद्वार पिछले दिनों गया तो पता चला, एक साल हो गया कमल को हरिद्वार छोड़े। किसी को पता भी तो नहीं कि कहाँ गया।

आज कितने वर्ष बीत गए कमल को देखे। पौड़ी से जाने के बाद मिला ही कहाँ!

ऋषिकेश का रोडवेज बस अड्डा, मैं बस की प्रतीक्षा में बेंच पर बैठा हूँ। कमल की मिलती-जुलती शक्ल का कोई व्यक्ति बस से उतरा है। मैं बेंच से उठा और उसकी ओर जाने को कदम बढ़ाए, फिर रुक गया। यह कमल नहीं हो सकता, इतना हृष्ट-पुष्ट और मुसकराता चेहरा? पर बस से उतरते ही सूटकेस हाथ में लिये टिकट की खिड़की की ओर बढ़ते कमल ने मुझे देख लिया था। सूटकेस वहीं छोड़ मेरे सीने से लिपट गया था और बहुत देर तक ऐसे लिपटा रहा, मानो वर्षों की लगी 'खुद' को मिटा देना चाहता हो।

उसका खिलखिलाता चेहरा और गालों पर आई लालिमा से मुझे अनुमान लगाने में देरी नहीं लगी कि यह कमल की खुशहाली का परिणाम है। उसका खिला हुआ चेहरा और उस पर आई मुसकान ने मुझे गद्गद कर दिया था। कमल के सूटकेस की ओर बढ़ते हुए मैं उसका हाथ पकड़कर बोला, "तुमने तो खुश कर दिया है मुझे। खूब सेहत बनाई है। लगता है, कहीं अच्छी नौकरी··कम-से-कम मुझे एक चिट्ठी तो डाल देते।"

वह खिलखिलाकर हँसा, "साली नौकरी ने तो मेरी जान ही ले ली थी। एक-दो साल और पीछे पड़ता तो मर ही जाता। पौड़ी में मैंने कहा था न कि यह मेरा आखिरी इंटरव्यू होगा और हुआ भी वही।"

"कहाँ नियुक्ति मिली?"

"गाँव में और घर पर।"

"क्या मजाक करने लगे?"

"मजाक नहीं, सच बोल रहा हूँ। जिस पत्नी को मैं अनपढ़, गँवार और भारस्वरूप कहता था न, उसने मुझे बदलकर रख दिया।"

"वह कैसे? बताओ भी तो।"

"एक दिन मैं थका-हारा घर में बैठकर अपने भाग्य को कोसने लगा।

सुनीता बोली, 'आप तो बिना बात भाग्य को कोसते हैं। नौकरी के चक्कर में न पड़कर यदि मालिक बनने की इच्छा रखते तो…।'

"सुनीता की मूर्खता पर मुझे हँसी आई, पर मुझे लगा, जैसे यह मेरे पुरुषार्थ को चुनौती दे रही है, मैं हँसते हुए उससे यों ही पूछ बैठा, 'अब जादू तो तुम्हीं करोगी, जिससे मैं मालिक बन जाऊँगा। अरे मूर्ख! मालिक बनने के लिए भी तो…' मैंने अपना सिर पकड़ लिया था।

"इतना सुनते ही वह तुरंत बोली, 'करने को बहुत कुछ है, करनेवाला चाहिए। मेहनत करने से क्या नहीं हो सकता?' उसने तमाम विकल्प मेरे सामने रख दिए, साथ ही बोली, 'मैं भी तो सहयोग करूँगी! क्या परेशानी है? आप अकेले ही थोड़े करेंगे यह सब…'

"उसकी बातों ने मुझमें एक नई आशा का संचार कर दिया था। मुझे लगा, जैसे सफलता अब अधिक दूर नहीं है और मैं रात-दिन मेहनत में जुट गया। ईश्वर ने मेरी मेहनत का फल भी दिया मुझे।

"तमाम ठोकरें खाने के बाद आज मेरे पास सबकुछ है। मैं बहुत खुश हूँ। इसी मेहनत ने मेरे डगमगाते आत्म-सम्मान व स्वावलंबन को वापस लौटाया है।"

□

भीड़ साक्षी है

अचानक अस्पताल में हो-हंगामा मच गया, 'क्या हुआ, क्या हुआ?'···कहते हुए लोग 'आपातकालीन कक्ष' की ओर भागने लगे। तीन बच्चे, एक महिला व एक पुरुष बुरी तरह छटपटा रहे थे। नीचे जमीन में पड़े वे इतने छटपटा रहे थे कि लगता था, अब प्राण छोड़ें और तब प्राण छोड़ें।

डॉक्टर को इधर-उधर ढूँढ़ा, किंतु कहीं डॉक्टर नहीं मिला। लोगों का आक्रोश बढ़ता जा रहा था। कुछ युवा तो गाली-गलौज पर उतर आए थे, उत्तेजित युवा मरने-मारने की बात करने लगे। उधर बच्चों की हालत और बिगड़ती जा रही थी, उनका बुरी तरह छटपटाना देखा नहीं जा रहा था।

एक युवा बोला, "वैसे तो एकाध डॉक्टर यहाँ पर ठीक हैं, पर बाकी तो···।" एक ने डॉ. तिवारी का नाम लिया, "वे तो पास ही रहते हैं। तुरंत आ भी जाएँगे, चाहे ड्यूटी हो या न हो।" दूसरा बोला, "स्साले! एक जैसे हैं, सब चोर हैं, क्या बात कर रहे हो।" एक युवक उसका हाथ पकड़कर बोला, "कैसे कह दिया कि सारे एक जैसे होते हैं? अरे! सबको एक ही तराजू में नहीं तौलना चाहिए।"

परस्पर तरह-तरह की चर्चाएँ होती गईं, बीमार तड़पते बच्चों की ओर किसी का ध्यान ही न था, सब आपस में एक-दूसरे की छींटाकशी में ही लग गए थे।

एक आदमी बोला, "···सारा तंत्र भ्रष्ट हो गया, जिसको देखो, वही गैर-जिम्मेदारी और वही गैर-जिम्मेदार। किससे कहें? जाएँ तो जाएँ कहाँ? किसी से किसी के बारे में बोलना स्वयं बुरा बनना है बस, अधिकारी भी कहाँ सुनते हैं? पहले के अधिकारी होते तो···। कहाँ चला गया वह जमाना।"

एक बुजुर्ग, जो बहुत देर से यह सब देख रहे थे, अपने को रोक न सके और जोर-जोर से चिल्लाकर बोले, "यही समय है बहस का, यहाँ तो बच्चे मर रहे हैं

और एक तुम लोग हो, जो इस मौके पर भी बहस के सिवा कुछ नहीं कर रहे हो। लाओ, जो भी डॉक्टर मिलता है, पकड़कर लाओ।"

इतने में अपने में ही खोए मुसकराते, घूमते-टहलते डॉ. तिवारी आ पहुँचे तो लोग यकायक उन पर टूट पड़े। जितना कुछ भी लोग कह सकते थे उलटा-सीधा, गाली-गलौज, सभी कुछ कह डाला। डॉ. तिवारी के बारे में जो लोग जानते थे, उन्हें बुरा लग रहा था, "डॉ. तिवारी ही तो सारे अस्पताल में एक ऐसे डॉक्टर हैं, जो दीन-दुःखियों की बात सुनते हैं, आदमी की सहायता करते हैं। जो भी जाए, उसकी सुनते हैं। पिछले दिनों तो सबसे बड़े डॉक्टरों तक से उनका झगड़ा हो गया था। हमेशा उन्होंने जनता की भलाई की बात की है। अरे, मारना है तो उनको मारो, उनको गाली-गलौज दो, जिन्होंने खुलेआम लूट मचा रखी है। मरीज साँसें गिनता रहता है और ये कहते हैं, पहले पैसा रखो, फिर मरीज को देखेंगे। कसाई से भी बढ़कर हैं ये। मानवता नाम की तो कोई चीज ही नहीं रह गई इनमें।"

"डॉक्टर तो भगवान् होते हैं, दूसरा जीवन देते हैं, किंतु यहाँ तो…।"

"पता नहीं, कैसे-कैसे लोग पेशे में आ जाते हैं?"

"अरे, केवल पैसा कमाने के लिए ही डॉक्टर बनते हैं।"

"यह सब अमीरों के लड़के होंगे, इन्होंने गरीबी और मजबूरी तो देखी ही नहीं है, तनिक सी भी गरीबी देखी होती तो इतने निर्दयी कभी न होते।"

"अरे! गरीब आदमी के बस की कहाँ, जो अपने बच्चों को डॉक्टर बना सके?"

"सच तो यह है कि लोगों ने अपना ईमान-धर्म सब खो दिया है। संस्कार तो परिवार से ही आते हैं। यदि इनके माँ-बाप ने इन्हें कुछ सिखाया होता, तो आज यह दशा नहीं होती।"

इधर लोगों में तरह-तरह की बातें होती रहीं। इतना सबकुछ सुनने के बाद भी डॉ. तिवारी के चेहरे पर शिकन तक न आई थी।

जब डॉ. तिवारी को पता चला कि बेहद बुरी स्थिति में कुछ बच्चे छटपटा रहे हैं तो भीड़ की परवाह किए बिना वे तेजी से आपातकालीन कक्ष की ओर बढ़ने लगे। छात्र गाली-गलौज करते जा रहे थे, उनका तेजी से जाना कुछ छात्रों को ऐसे लगा, मानो वे भीड़ से भागने की कोशिश कर रहे हों, फिर क्या था, एक छात्र ने उनका हाथ पकड़ लिया।

डॉ. तिवारी ने पहले तो आग्रह किया, परंतु छात्र ने हाथ नहीं छोड़ा। डॉक्टर

बोले, "पहले मुझे मरीजों को तो देखने दो, ये सब बातें बाद में भी हो जाएँगी। कमरे में मरीज छटपटा रहे हैं, बेहोशी की हालत में अस्पताल आए हैं।"

किंतु छात्र थे, जो एक न माने। डॉ. तिवारी, जो हमेशा विपरीत स्थितियों में भी मुसकराते रहते थे और इतनी गाली-गलौज सुनने के बाद भी जिनका मुसकराना बंद न हुआ था, अब उनका चेहरा गुस्से से तमतमाने लगा था। उन्होंने एक बार जोर का झटका देकर हाथ छुड़ाने का प्रयत्न किया, परंतु हाथ न छूटा तो उस युवा पर उन्होंने एक थप्पड़ मार दिया, "क्या करोगे, मारोगे मुझे? लो मार डालो, किंतु उन बच्चों की भी तो सोचो, जो एक-एक साँस गिन रहे हैं।" छात्र के गाल पर थप्पड़ मारते ही उनकी आँखों से आँसू छलक पड़े थे और वे आँसू बहाते हुए ही बेहोश मरीजों तक पहुँचे।

हालात बेकाबू देखकर एक बार तो वे घबरा गए। जल्दी-जल्दी बिस्तर पर लिटाकर उन्होंने प्रत्येक को इंजेक्शन लगाया। कभी इधर, कभी उधर, कभी इस अलमारी में, कभी उस अलमारी में। तमाम दवाओं को निकालते हुए आधे घंटे के अंदर-अंदर उन्होंने अंतिम साँसें गिनते बेहोश मरीजों को खतरे से बाहर कर दिया था। जबकि लोगों को यह अंदेशा हो चला था कि अब इन बच्चों को नहीं बचाया जा सकेगा।

इस बीच पूरे अस्पताल में भीड़ जमा हो गई थी, सारा नगर जैसे एक हो गया था। डॉक्टर ने कमरा बंद कर आधा घंटा जी-जान से एक कर दिया था।

बाहर लोग तरह-तरह की बातें करने में लगे थे। बेहोश मरीजों के परिजन रो रहे थे, साथ ही जनता को कोस भी रहे थे। बड़ी मुश्किल से तो डॉ. तिवारी बिना ड्यूटी के भी आ गए थे, परंतु बच्चों को दिखाने के बजाय लोग नेतागिरी करने लगे, अब न जाने क्या होगा।

मरीजों की स्थिति देखकर तो सबको संदेह था कि मुश्किल से ही बच्चों को बचाया जा सकेगा। किंतु आधे घंटे बाद डॉ. तिवारी बाहर निकले तो वे बच्चों के पिता को दिलासा देते हुए बोले, "ईश्वर ने तुम्हारी सुन ली, सब ठीक हो जाएगा।" लोग गद्गद हो गए। छात्र, जिन्होंने डॉ. तिवारी को भला-बुरा कहा था, डॉ. तिवारी के पाँव पड़ गए, "डॉ. साहब, गलती हो गई, असलियत में इस अस्पताल में कोई किसी की नहीं सुनता।"

डॉक्टर ने चुपचाप बात सुनी और अपने घर की ओर चल दिए।

दूसरे दिन डॉ. तिवारी के घर के आगे पूरा शहर एक हो रखा था। मैंने सोचा,

शायद आज फिर से हंगामा हो गया, कुछ-न-कुछ बात अवश्य हो गई है। मैं तेज कदमों से भीड़ के समीप पहुँचा। डॉ. तिवारी को भीड़ ने घेरा हुआ था व युवा नारे लगाते जा रहे थे—

हम ऐसा नहीं होने देंगे,
अपना डॉक्टर नहीं खोने देंगे।
चाहे जो कुरबानी होगी,
जनता डॉक्टर को जाने न देगी॥

तरह-तरह के नारे लग रहे थे, मेरी कुछ समझ में नहीं आया। विरोधी नारे भी नहीं हैं, फिर इतनी भीड़ क्यों?

"क्या बात हो गई?" मैंने पास खड़े व्यक्ति से पूछा।

"अरे साहब! बात क्या होनी है, ले-देकर तो एक अच्छा डॉक्टर था, उसको भी···।"

"क्या हुआ उनको?" मैंने जल्दी-जल्दी पूछा।

"उनको तो क्या होना है, हुआ तो इस जनता को है। पता चला है कि कल कुछ लोगों ने डॉ. साहब को गाली-गलौज ही नहीं की, उनके साथ हाथापाई भी कर दी थी, इतना देवता आदमी···दुनिया में ढूँढ़कर भी ऐसा डॉक्टर नहीं मिलेगा।"

"लेकिन वह बात तो कल वहीं खत्म हो गई थी, लोगों ने महसूस भी कर दिया था कि उनसे गलती हो गई?"

"अरे साहब! ये डॉक्टर है न···बहुत स्वाभिमानी है, किसी का एक न लेता, न किसी को एक देता यह तो गरीब जनता का मसीहा था। इन बड़े लोगों का क्या, अच्छा डॉक्टर यहाँ नहीं होगा तो ये कहीं भी जा सकते हैं, लेकिन गरीब जनता का क्या होगा? किसको परवाह है इन गरीबों की?"

बगल में दूसरा व्यक्ति बहुत भावुक हो गया था, "बहुत बुरा हो गया, डॉ. साहब का ट्रांसफर हो गया।"

मैं चौंका! "ट्रांसफर हो गया! लेकिन क्यों?"

"देखा नहीं आपने, क्या व्यवहार किया गया उनके साथ? जिस आदमी ने इस अस्पताल के लिए रात-दिन एक किया, हमने कभी सोते हुए इस आदमी को नहीं देखा, सुबह सात बजे भी घर पर भीड़ लगी रहती है। फिर आठ बजे अस्पताल में आते हैं, तो शाम चार-पाँच बजे जाकर उनका खाना होता है, और फिर ग्यारह बजे तक बीमारों को देखते रहते हैं, रात दो बजे भी अस्पताल के चक्कर काटते हुए वे

किसी भी आदमी को दिखाई दे सकते हैं।"

"इस आदमी ने तो शादी तक नहीं की, अपनी तनख्वाह भी गरीब बच्चों पर लगा देता है। क्या हो गया इस जमाने को? अच्छे आदमी की तो अब कोई पूछ ही नहीं है। कुल मिलाकर एक तो डॉक्टर था, जो मरीजों का ध्यान रखता था, उसे भी नहीं टिकने दिया।"

लोगों की भीड़ लगातार बढ़ती जा रही थी। जो भी सुनता कि डॉ. तिवारी का स्थानांतरण हो गया, वही अस्पताल की ओर भागता, लोग हाथ जोड़ते।

"डॉ. साहब, हमें इतनी बड़ी सजा न दें, हमें आप जो सजा देना चाहें, मंजूर है, उन लड़कों की ओर से हम क्षमा माँग रहे हैं, हम हाथ जोड़कर प्रार्थना कर रहे हैं। आप अपना स्थानांतरण निरस्त करा लीजिए, हम किसी भी कीमत पर आपको यहाँ से जाने नहीं देंगे।"

मैं भीड़ को चीरता हुआ अंदर पहुँचा। डॉ. साहब का सामान बँध चुका था, जाने की पूरी तैयारियाँ कर चुके थे। मैंने उन्हें झिंझोड़कर पूछा, "डॉ. साहब! आपने ऐसा क्यों किया? क्यों जा रहे हैं आप हमें छोड़कर?"

बड़े अनमने भाव से डॉ. तिवारी बोले, "लोगों से अभद्र व्यवहार जो करता हूँ।"

मेरा तन-मन जल उठा, "कौन कहता है ऐसा? सारा शहर तो यहाँ उमड़ा पड़ा है आपको रोकने के लिए! बाहर खड़ी भीड़ आपकी लोकप्रियता की साक्षी है।"

"इसीलिए तो…" मुसकराकर उन्होंने जेब से अपना स्थानांतरण आदेश निकालकर मेरे हाथ में रख दिया। मैंने पढ़ना आरंभ किया, "स्थानीय जनता व मरीजों से रोज-रोज अभद्र व्यवहार करने के दंडस्वरूप आपको जोशीमठ स्थानांतरित किया जाता है।"

इस एक लाइन के ट्रांसफर आदेश को पढ़कर मेरा मुँह खुला-का-खुला रह गया। मैंने डॉ. तिवारी की तरफ देखा तो वे मुसकराते हुए दिखे। वही परिचित शांत और सौम्य मुसकराहट!

□

विपदा जीवित है

खद्दर का मैला-कुचैला सा कुरता, उसके ऊपर वास्कट, नीचे काले रंग की पैंट और बाहर से काली त्यूंखी पहने हुए बड़ा मायूस सा चेहरा। उम्र यही कोई 35 वर्ष के लगभग, किंतु वेशभूषा वृद्धों जैसी। ठीक मेरी दाहिनी ओर बैठा था वह व्यक्ति। उसके बगल में बैठा था, उसी की वेशभूषा का उसका साथी।

बस में भारी भीड़ थी, कहीं भी पाँव रखने की जगह न थी। मुझे खड़ा देख अपने साथी से सटकर बैठने को कहते हुए मुझसे बोला, "ऐ बाबूजी! बैठ जाओ।"

"नहीं, आप लोग आराम से बैठ जाओ, कोई बात नहीं।" मैंने औपचारिकतावश कहा।

"अरे नहीं बाबू! यह ठीक बात नहीं, आप बाहर से आए मेहमान हैं। हमको तो बस यहीं आगे तक जाना है। आपको तो दूर जाना होगा।" उसने कहा।

मैं उसका आग्रह नहीं टाल सका। दो आदमियों की सीट थी, फिर भी मैं उसके बगल में बैठ गया। मेरे हाथ में सूटकेस था, उसे किसी तरह मैंने सीट के नीचे फँसा लिया।

वे दोनों एकटक मुझे देख रहे थे, मानो उनके लिए मैं किसी अन्य ग्रह से आया हुआ प्राणी होऊँ। मुझे लगा कि वे मुझसे कुछ पूछना चाहते हैं, लेकिन पूछ नहीं पा रहे हैं।

मैंने ही पहल की, "कहाँ से आ रहे हैं?"

"गैरसैंण से!" उसने जबाव दिया।

"जाना कहाँ है?" मैंने अगला सवाल किया।

"चकरोड़ा गाँव।"

"कितनी दूर है यहाँ से?"

"अगले स्टेशन पर उतरना है, फिर चार किलोमीटर पैदल चढ़ाई चढ़नी है।"

"चार किलोमीटर पैदल!" मैंने आश्चर्य व्यक्त किया।

"हाँ, कोई ज्यादा नहीं है।" उसने ऐसे कहा, मानो चार किलोमीटर की चढ़ाई चार मीटर हो।

"ज्यादा नहीं है मतलब?" मैंने फिर आश्चर्य किया।

"मतलब इतना तो हम रोज ही पैदल चलते हैं—घास-लकड़ी के लिए या जानवरों को चराने के लिए।" उसने स्पष्ट किया।

मुझे विश्वास तो नहीं हो रहा था, किंतु वह सच बोल रहा था। गैरसैंण काफी पिछड़ा क्षेत्र है। अभी तक गाँवों में पूरे जीवनोपयोगी साधन नहीं पहुँच पाए हैं। सड़कें तो बहुत ही कम हैं। स्वास्थ्य, शिक्षा और पेयजल जैसी मूलभूत सुविधाओं की पहाड़ के हर गाँव को अभी आवश्यकता है। यह बात पिछले एक महीने से मैं लगातार देखता आ रहा था।

पौड़ी से एक अखबार निकालना शुरू किया था मैंने। और उसी के संदर्भ में पहाड़ के लगभग सभी जिलों में मुझे भ्रमण करना था। पिछले एक महीने से मैं लगातार भ्रमण पर था, अब तक चमोली और पौड़ी जिले के हर विकास-खंड तक मैं घूम आया था।

सारे कस्बों और बाजारों में घूमकर मैंने अखबार भेजने और समाचार संकलन की व्यवस्था पूरी कर ली। कल मैं गैरसैंण पहुँचा था, और आज मुझे वापस पौड़ी लौटना था।

मैंने बातों का क्रम पुनः आगे बढ़ाया, "तो आप लोग प्रधान होंगे और ब्लॉक से आ रहे होंगे?"

"अजी नहीं बाबूजी! प्रधान ऐसे होते हैं क्या? हम तो गरीब लोग हैं।" उसने उत्तर दिया।

"तो क्या करते हैं, आप दोनों?"

"खेती करते हैं।"

"खेती में क्या-क्या फसल होती है?" मैंने फिर पूछा।

"सभी कुछ होता है, धान, मंडुआ, झंगोरा, गेहूँ और अपनी गुजर-बसर के लायक थोड़ी-बहुत दालें भी।" उसने बताया।

मुझे उसकी बातों में रुचि आ रही थी। मैंने आगे पूछा, "बैल होंगे?"

"हाँ, वही तो हमारे सबकुछ होते हैं, नहीं तो खेती कैसे कर पाएँगे?"

"गाय-भैंस भी तो होंगी?"

"न तो गाय है और न भैंस। मेरे बच्चे तो बिना दूध के ही पल रहे हैं।" उसने बेझिझक कहा और फिर अपने साथी की ओर इशारा करते हुए कहा, "इसके पास तो है भैंस।"

मैंने देखा, उसके साथी ने उसे कोहनी मारी, शायद उसे मेरा उसका आपस में बातचीत करना अच्छा नहीं लग रहा था या फिर वह नहीं चाहता था कि उनके घर, गाँव और परिवार की कोई समस्या अजनबी आदमी को बताई जाए। कोहनी का संकेत शायद वह समझ गया था, उसकी प्रतिक्रियास्वरूप उसकी ओर आँखें तरेरकर कहा, "क्या है यार! झूठ बोल रहा हूँ कोई?"

उसका साथी लज्जित हो गया और नजरें घुमाकर बाहर खिड़की की तरफ देखने लगा। मैं उससे और अधिक सवाल करना चाहता था, ताकि पर्वतीय जनजीवन की अधिक-से-अधिक जानकारी जुटा सकूँ।

सच तो यह है कि अखबार निकालने का मेरा मुख्य लक्ष्य भी यही था। अखबार को केवल खबरोंवाला कागज न बनाकर मैं उसे आम जनजीवन की समस्याओं, कठिनाइयों और दु:ख-दर्द का एक चिट्ठा बनाना चाहता था। मैं चाहता था कि समाज में ऊँची कुरसियों और ऊँचे ओहदों पर बैठे लोग इस अखबार के माध्यम से गरीब और दबे-कुचले समाज की आवश्यकताओं और समस्याओं को समझ सकें।

इसके लिए मुझे अधिक-से-अधिक लोगों से जनसंपर्क करना था, दूर-दराज के गाँवों में जाकर समस्याओं और आवश्यकताओं को समझना था तथा विगत एक माह से मैं यही सब कर रहा था।

मैंने बात आगे बढ़ाई, "आजकल तो सरकार गाय-भैंस और बैलों को खरीदने के लिए गाँववालों को पैसा दे रही है।"

"दे रही होगी।" उसने रूखा सा जबाव दिया।

"आपको पता नहीं है?" मैंने उसे कुरेदा।

"अरे बाबूजी! हम तो गरीब लोग हैं, हमें कौन बताएगा। सरकार की सारी योजनाएँ तो अमीरों के लिए होती हैं। गरीबों के लिए कौन करता है कुछ।" उसके स्वर में आक्रोश था।

"लेकिन यह पैसा तो गरीबों के लिए ही है।"

"होगा।" उसका संक्षिप्त सा उत्तर था।

"लेकिन आपको पता नहीं है?" मेरा फिर वही प्रश्न।

"पता भी हो तो क्या करना है? गरीबों के लिए तो योजनाएँ हजार हैं, लेकिन बिचौलिए सबकुछ खा रहे हैं। उन्हीं लोगों को पैसा देते हैं, जिनके पास उनको देने के लिए कुछ होता है। हमारे पास तो बाबूजी एक भी पैसा नहीं है। खेती में कड़ी मेहनत और मजदूरी करने के बाद बड़ी मुश्किल से परिवार की रोजी-रोटी चलती है। फिर किसी को पैसा कहाँ से देंगे? यदि उन्हें दे भी दिया तो बाल-बच्चे भूखे नहीं मर जाएँगे?" उसने अपनी पूरी पीड़ा व्यक्त कर दी।

मैंने देखा, उसके साथी ने इस बार फिर उसको कोहनी मारी। कोहनी ही नहीं मारी, बल्कि धीरे से गढ़वाली बोली में फुसफुसाया भी, "क्यों रामायण सुना रहा है?"

वह शायद मुझे बाहर का कोई बड़ा आदमी ही समझ रहा था, किंतु मैं तो गढ़वाली ही हूँ, समझ गया कि वह क्या कह रहा है। फिर भी मैंने अनजान बनते हुए पूछा, "क्या कह रहे हैं यह?"

"कुछ नहीं!" उसने बात टाल दी।

"मैं तुम्हें भैंस के लिए लोन दिलाऊँगा, अगर तुम हाँ कहो तो?" मैंने उससे कहा। उसने शंका की दृष्टि से मुझको देखा।

"लेकिन मेरे पास पैसे नहीं हैं।"

"किसलिए?"

"आपको देने के लिए।" वह बोला, "लोन दिलाने के लिए तो बहुत लोग कह रहे हैं। आज हम गैरसैंण ब्लॉक से ही आ रहे हैं। लोन लेने ही गए थे, लेकिन सबको पहले पैसा चाहिए।" सपाट स्वर में बोला था वह।

अब सारी कहानी मेरी समझ में आ गई थी। वह शायद मुझको भी कोई दलाल या बिचौलिया समझ रहा था। मैंने उसकी पूरी पीड़ा और आक्रोश समझ लिया था। कल के अखबार के लिए मुझे अपनी 'लीड न्यूज' मिल गई थी। मैंने तुरंत उसकी बात का खंडन किया, "मुझे पैसा नहीं चाहिए और न तुम्हें ही किसी को पैसा देना पड़ेगा, बोलो!"

उसने आश्चर्य से मेरी तरफ देखा। हाँ या ना कहने के बजाय उसने पहली बार प्रश्न दाग दिया, "आप कौन हैं? क्या करते हैं?"

"मैं पत्रकार हूँ।"

और मेरा उत्तर सुनकर उसके चेहरे पर एक चमक उभर आई। कंडक्टर ने

सीटी बजाई, "पालीवाले जल्दी से उतर जाओ।"

वह खड़ा हो गया। साथ में उसका साथी भी उठ गया। उसने यकायक दोनों हाथों से मेरे दोनों हाथ थाम लिये और बोला, "बाबूजी, आप मुझे लोन मत दिलाइए। मुझे नहीं चाहिए लोन, लेकिन हम गरीबों की कहानी आप अपने अखबार में अवश्य छाप दीजिए। छापेंगे न?"

वह बहुत भावुक हो गया था। मैंने उसे आश्वस्त किया, "जरूर छापूँगा। पौड़ी जाकर पहला काम यही करूँगा।"

हम कुछ और बातें करते, इससे पहले ही कंडक्टर गरजा, "जल्दी उतरो!" और वे दोनों उतर गए। जाते-जाते मैंने उससे पूछा, "तुम्हारा नाम क्या है?"

"विपदा!" उसने जाते-जाते बताया था।

मैं खिड़की की तरफ बैठ गया। बस चल पड़ी थी, मैंने पीछे की ओर मुड़कर देखा, दूर तक वह मुझे कातर नजरों से देखता रहा।

तब से बीस वर्ष गुजर चुके हैं। मैंने रोज अपने अखबार में गरीबों और गाँव की समस्याओं तथा आवश्यकताओं को अपनी पहली खबर बनाया। आज तक लगातार लिख रहा हूँ। विपदा तब से आज तक पुनः मुझे नहीं मिला। वह अब जीवित होगा भी या नहीं, मुझे नहीं मालूम! लेकिन मेरे हृदय में आज भी विपदा जीवित है, जो आज भी मुझे असहाय, बेबस व गरीबी का संत्रास झेल रहे विपदा जैसे हजारोहजार मानस जाति के लिए कुछ कर-गुजरने का संबल प्रदान करते हुए सदा प्रेरित करता रहता है।

□

बहारें लौट आएँगी

उसका हँसना पता नहीं क्यों मुझे अच्छा लगा। वह बार-बार मेरी ओर देखे जा रहा था। जब-जब उससे मेरी निगाहें मिलतीं, वह धीरे से मुसकरा जाता। मेरी समझ में नहीं आया कि वह मुझे देखकर क्यों मुसकरा रहा है, किंतु उसका मुसकराना मुझे अच्छा ही लगा।

मासूम चेहरा, शक्ल-सूरत से अच्छा पढ़ा-लिखा और सभ्य लगनेवाले उस नौजवान की उम्र पच्चीस वर्ष के लगभग थी। वेशभूषा से किसी छोटे-मोटे कस्बे का रहनेवाला लग रहा था। लगता नहीं था कि वह गाँव का रहनेवाला है।

सबसे पीछे बैठा था वह बस की सीट पर, और मैं सबसे आगे। ड्राइवर के सामने लगे बैक व्यू मिरर पर जब-जब मेरी नजर पड़ती, तो मुझे उसका चेहरा उसमें नजर आता, और जैसे ही मेरी निगाह उस पर पड़ती, वह मुसकरा उठता।

मैंने अंदाजा लगाया कि जिस प्रकार बैक व्यू मिरर में मुझे उसकी शक्ल दिखाई दे रही थी, उसी प्रकार उस को भी मेरी शक्ल दिखाई दे रही होगी। इसकी पुष्टि करने के लिए मैंने एक-दो बार पीछे मुड़कर भी देखा। मैं सचमुच आश्वस्त हो गया था कि वह वास्तव में मुझे देखकर ही मुसकरा रहा है।

मैंने दिमाग पर जोर डालकर याद किया। आखिर कौन होगा यह नवयुवक? पहचान का होगा क्या? या फिर पहले कभी इसे देखा होगा? किंतु ध्यान नहीं आया।

कर्णप्रयाग में जब बस आधी से अधिक खाली हुई तो वह पीछे से आकर ठीक मेरे बगल में बैठ गया। बैठने के पश्चात् उसने मुझको नमस्कार भी किया। अब मैंने अपना दिमाग और तेजी से दौड़ाया। इसका मतलब परिचित है या फिर इसने मुझे पहले कहीं देखा था। क्या इससे पहले भी कभी मिला होऊँगा? ऐसा मुझे

याद नहीं आ पा रहा था।

बहरहाल यही जानने के उद्देश्य से मैंने उससे बातचीत शुरू की।

"कहाँ जाना है?" मैंने पूछा।

"पीपलकोटी।"

"आ कहाँ से रहे हो?"

"दिल्ली से।"

"दिल्ली में क्या करते हो?"

"नौकरी।"

"किस विभाग में?"

"फैक्टरी में।"

"कितनी तनख्वाह मिलती है?"

"दो हजार रुपए।"

"गाँव कहाँ है?" मैंने कुछ और जानने के उद्देश्य से पूछा।

"पीपलकोटी के पास बणसौं गाँव।"

"मुझसे पहले कभी मिले थे?" मैंने फिर पूछा

"हाँ, दूर से देखा था, भाषण सुना था आपका।"

"कहाँ?"

"गौचर मैदान में पिछले साल।"

अब मुझे याद आया, पिछले वर्ष गौचर में प्रतिवर्ष आयोजित होनेवाले औद्योगिक एवं विकास मेले का उद्घाटन करते वक्त मैंने अपने संबोधन में युवाओं को आत्मनिर्भर होने के लिए तकनीकी रूप से कृषि कार्य अपनाने की सलाह दी थी। उद्यानीकरण, फलोत्पादन के साथ-साथ कुटीर उद्योगों की स्थापना हेतु आगे आने का आह्वान किया था। मैंने कहा था कि इस कार्य के लिए सरकार उन्हें आर्थिक मदद भी देगी और सुविधाएँ उपलब्ध कराएगी।

अब कुछ तो मैं समझ गया था, किंतु उसके मुसकराने का अर्थ अभी तक मेरी समझ में नहीं आया था। सो मैंने बातचीत का सिलसिला आगे बढ़ाया।

"तो दिल्ली में दो हजार में गुजारा हो जाता है?"

"मुश्किल से।"

"कितना पैसा बचा लेते हो?"

"बहुत कम।" उसने कहा।

"घर कितने समय बाद आ रहे हो?"

"छह महीने बाद।"

"कितना पैसा बचाकर लाए हो?"

"केवल तीन हजार।"

"मतलब एक महीने में केवल पाँच सौ ही बचा पाते हो।" मेरी जिज्ञासा और अधिक बढ़ी।

"बहुत ही मुश्किलों से, दिल्ली में आने-जाने में ही बहुत पैसा खर्च हो जाता है। कमरे का किराया बहुत अधिक है। दो हजार रुपए में एक कमरा ले रखा है, जिसमें हम चार लड़के रहते हैं। इसके अतिरिक्त खाने-पीने का खर्चा अलग से है।" उसने पूरे खर्च का विवरण मुझे बताया।

"तो फिर फायदा क्या हुआ?" मैंने उसे कुरेदा, "पाँच सौ रुपया तो तुम गाँव में भी हर महीने बचा सकते हो?"

वह कुछ नहीं बोला।

"घर-गाँव में ही कोई काम क्यों नहीं करते?" मैंने फिर पूछा।

"किया था, किंतु कोई फायदा नहीं हुआ।"

"क्यों?" मैंने पूछा।

"गौचर में आपका भाषण सुनने के बाद मैंने निश्चय किया कि गाँव में रहकर ही कुछ करूँगा और अपने प्रदेश के विकास में भी सहयोगी बनूँगा, किंतु एक वर्ष बाद ही मेरा निश्चय डगमगा गया।" उसने हताश होकर कहा।

"क्यों?"

"मैंने उद्यान विभाग से पच्चीस हजार रुपए ऋण लेकर अपनी बीस नाली जमीन में फलदार पौधे लगाए। इन पौधों से फल पाने के लिए मुझे चार से पाँच वर्ष की प्रतीक्षा करनी थी, सिर्फ प्रतीक्षा ही नहीं, मेहनत भी। किंतु बैंक की किश्त प्रतिमाह एक हजार रुपए बँध चुकी थी। उसको चुकाने के लिए मैंने फलदार पौधों के नीचे सब्जी उत्पादन का कार्य शुरू किया।

"गाँववालों ने कहा, 'यह लड़का पागल हो गया है।' मैंने अपने माँ-पिताजी को भी इस कार्य के लिए किसी तरह से राजी करवा लिया। दो अन्य भाई-बहनों सहित हम सभी पारिवारिक सदस्यों ने मिलकर दिन-रात मेहनत करके, गोभी, फरासबीन, टमाटर, आलू, लौकी और खीरे का खूब उत्पादन किया।

"हमारी मेहनत रंग लाई और छह महीने के अंदर ही हमारे खेत सब्जी से

लक-दक भर गए थे। अब गाँववाले हतप्रभ थे। मेरी देखा-देखी करके गाँव के अन्य युवकों ने भी यह कार्य शुरू करने की ठान ली।

"किंतु जब हम अपनी सब्जी बाजार में बेचने ले गए तो हमारी सारी आशाओं पर पानी फिर गया।

"बाजार में कोई भी दुकानदार हमारी सब्जियाँ उचित दाम पर लेने को तैयार नहीं था। मजबूरी का फायदा उठाकर वे हमारी सब्जियाँ औने-पौने दामों पर खरीदने लगे।

"विपणन के अभाव में हमारा अधिकतर उत्पादन खेतों में ही सड़ने लगा, जिस कारण हमें बहुत घाटा उठाना पड़ा और बैंक की किस्तें जमा करना मुश्किल हो गया।

"थक-हारकर हमें यह व्यवसाय बंद करना पड़ा और बैंक की किस्तें जमा करने का और कोई जुगाड़ न देख मुझे गाँव छोड़कर दिल्ली जाना पड़ा। तब से आज तक दिल्ली की कमाई बैंक की किश्तों को भरने में ही लग रही है।"

उसने अपनी पूरी कहानी सुनाई। मैंने देखा, उसके चेहरे पर उदासी छा गई थी। उसकी कहानी मुझे अक्षरश: सत्य लगी।

मैं सोचने लगा कि वास्तव में यदि हमारा नवयुवक इसी तरह से टूटता रहेगा तो उसका पहाड़ और पहाड़ की कृषि से मोह भंग होना स्वाभाविक है। युवाओं को कृषि, पशुपालन और उद्यानीकरण से जोड़ने के लिए हमारी सरकार के पास योजनाएँ तो हैं, किंतु उसको संसाधन और बाजार उपलब्ध कराना भी तो सरकार का ही दायित्व है।

अब मुझे समझ में आ गया था कि वह मुझे देखकर बार-बार मुसकरा क्यों रहा है। शायद उसकी मुसकान यही पूछ रही थी कि मेहनत तो हम करेंगे, लेकिन उसका उचित मूल्य कहाँ से मिलेगा? कौन दिलाएगा? अब मुझे अपने भाषण में संशोधन करने की आवश्यकता भी महसूस हो रही थी। मैं गंभीर हो गया था।

वह फिर एकटक मुझे देखने लगा। मुझे गंभीर हुआ देखकर उसने पूछा—

"क्या हुआ साहब!"

"नहीं, कुछ नहीं।" मैं चौंका।

"एक बात बताइए?" उसने पहली बार कोई सवाल किया था मुझसे।

"जब आप अपने भाषण में युवाओं को कृषि से जोड़ने के लिए प्रेरित करते हैं तो क्या यह भी बताते हैं कि उनका उत्पाद किस तरह बाजार तक पहुँच पाएगा?"

मैं निरुत्तर था। विषय बदलने के लिए मैंने उससे पूछा, "तुम्हारे उन फलदार पौधों का क्या हुआ?"

उसके चेहरे पर अचानक चमक आ गई। मैंने साफ देखा, भविष्य के सुनहरे सपने उसकी आँखों में तैर रहे थे।

"साहब, उसी आस में तो जी रहा हूँ। मेरे उन पौधों ने अब पेड़ों का रूप ले लिया है। धीरे-धीरे अब उन्होंने फल देने शुरू कर दिए हैं। एक-दो वर्ष बाद जब सभी पेड़ों पर फल आ जाएँगे, तब कोई भी तंगी नहीं रहेगी।" उसने खुश होकर कहा। "लेकिन साहब, आप एक वर्ष के अंदर-अंदर ऐसी योजना जरूर बनवा दीजिए, जिससे कि हमारे फलों का उचित मूल्य भी बाजार में मिल जाए।"

जिस सवाल को सुनकर मैं निरुत्तर हो गया था, उसने स्वयं ही उसका उत्तर मुझे सुझाव के रूप में दे दिया था।

उसकी बात सुनकर व उसके चेहरे की रंगत देखकर मन को आत्म-संतुष्टि की अनुभूति हो रही थी कि विगत चार वर्षों से घोर हताशा में जीकर मलिन पड़ चुके इस नौजवान के चेहरे पर अब बसंती बहार लौट आने को उत्सुक थी।

□

संकल्प

मनवर को पुलिस पकड़कर ले गई तो गाँव में हड़कंप मच गया। हर सायं कच्ची शराब को हलक में उतारनेवालों के लिए यह बुरी खबर थी। देखते-ही-देखते यह खबर पूरे इलाके में जंगल की आग की तरह फैल गई। करछूना गाँव की महिला पंचायत की हाल के दिनों में यह सबसे बड़ी सफलता थी और उस रात गाँव की महिलाओं ने प्रधान काका के बड़े चौक में 'झुमैलो' लगाकर अपनी खुशी का इजहार किया था।

गाँव में इस शराब विरोधी मुहिम को परवान चढ़ते देख इर्द-गिर्द के दारू-प्रेमियों की बेचैनी बढ़ गई थी और उन्होंने शराब विरोधी आंदोलन को हवा देनेवाली महिलाओं को सबक सिखाने की ठान ली।

सीमंध के सेरे वाली खेतों की हरियाली इसी कच्ची शराब की भेंट चढ़ गई थी। वहाँ के सोना उगलते खेतों के बासमती चावल की खुशबू पूरे इलाके में फैली थी। लहलहाते धान के खेतों को देखते ही मन प्रफुल्लित हो जाता और लोग कहते न थकते कि 'बासमती हो तो सीमंध जैसी।'

सीमंध के उपजाऊ खेतों के हक-हकूकों को लेकर गडूना और करछूना के काश्तकारों में कई बार मुकदमे चले, कोर्ट-कचहरी तक जाते-जाते गाँववालों की एड़ियाँ घिसती रहीं।

गृहणियों ने अपने महँगे जेवरात तक बेच डाले, लेकिन दोनों गाँव की इस पुश्तैनी जमीनी लड़ाई में एक भी पक्ष हार मानने को तैयार न था। कोर्ट ने इस जमीन के मालिकाना हक पर यथास्थिति का निर्णय दे दिया। फलतः करछूना के काश्तकारों की फसलें इन खेतों में कई वर्षों से लहलहा रही थीं। दोनों गाँवों के बीच की यह लड़ाई किसी से छिपी न थी। पिछले साल जब से गडूना के ग्रामीणों

ने रातोरात सीमंध की खड़ी फसल को कटवा लिया, तब से दोनों गाँव के सामान्य होते संबंधों को फिर ग्रहण लग गया और दोनों गाँवों के लोग एक-दूसरे के खून के प्यासे हो गए।

मनवर की बनाई हुई शराब की इस इलाके में खासी माँग थी। लगभग एक दर्जन से अधिक गाँवों के नशेड़ियों की विचित्र हरकतों और रातों की सैरगाह बना करछूना गाँव आखिर कब तक मूकदर्शक बना रहता। इन दोनों गाँवों में एक पारस्परिक समानता भी थी। जिस प्रकार शराब पीने के लिए दोनों गाँवों के पुरुष एक ही अड्डे पर जाते थे, उसी प्रकार शराब विरोधी मुहिम को लेकर दोनों गाँवों की महिलाएँ एकजुट होकर अपने पुराने पुश्तैनी झगड़ों को भूलकर 'महिला पंचायत' के बैनर तले अपनी लड़ाई में खुलकर सामने आ जातीं। कुंती के नेतृत्व में महिलाओं की शराब विरोधी मुहिम परवान चढ़ चुकी थी, किंतु एक सायं शौच के लिए गई कुंती की आबरू को वहशी भूखे भेड़ियों ने तार-तार कर दिया।

इस घटना ने सारे इलाके में लोगों के रोंगटे खड़े कर दिए। लोग समझ गए थे कि कुंती की इज्जत से खेलनेवाले दरिंदों को शराब विरोधी मुहिम में उसकी अगुवाई खटक गई थी और कुंती के साथ हुआ बलात्कार उसी प्रतिशोध की भावना का परिणाम था। कुंती का नेतृत्व-कौशल इतना प्रखर था कि उसने विरोधी गाँव की महिलाओं को भी एक मंच पर लाकर यह साबित कर दिया कि ग्रामीण महिलाओं की समस्याओं की एक ही जड़ है, और वह है 'शराब'! जब तक शराब का उन्मूलन नहीं होगा, तब तक महिलाओं की समस्याओं का अंत नहीं होगा। शराब का कारोबार जब तक गाँवों में चलता रहेगा, तब तक महिलाएँ बलात्कार जैसे कलंक को ढोती रहेंगी, जिससे समाज का ताना-बाना ही छिन्न-भिन्न हो जाएगा और नई पीढ़ी भी इस अभिशाप से बच न सकेगी।

कोई और महिला होती, तो अपनी इज्जत के नाम पर जान दे बैठती। उस घटना के बाद कुंती के मन में भी कई बार आत्महत्या करने का विचार आया, लेकिन फिर वह सोचती कि इज्जत भी मेरी लुटी और जान भी मैं ही गँवाऊँगी? कुंती का कठोर मन इस बात को स्वीकारने के लिए कतई तैयार न था कि बलात्कार के कलंक को धोने के लिए उसे आत्महत्या कर लेनी चाहिए।

उस रात वह एक पल के लिए भी झपकी तक न ले सकी थी। सुबह होते ही उसने मनवर के चौक से सटे खेत की मिट्टी उठाकर, धरती माँ की सौगंध खाते हुए, चिल्ला-चिल्लाकर कहा, "मैंने तुझे आत्महत्या के लिए मजबूर न किया, तो

मेरा नाम भी कुंती नहीं।" प्रतिशोध की ज्वाला में जल रही कुंती की आँखें आग उगल रही थीं और चेहरा गुस्से से तमतमा रहा था। कुंती के रणचंडी रूप को देख सभी लोग सहम गए थे।

गाँव की दो-चार महिलाओं को साथ लेकर कुंती ने अपने साथ हुए बलात्कार की रिपोर्ट राजस्व पुलिस में दर्ज करवानी चाही, तो पटवारी ने रिपोर्ट दर्ज करने से ही साफ इनकार कर दिया। फिर तो कुंती व उसकी साथी महिलाओं के गुस्से का ठिकाना न रहा। उन्होंने मन बना लिया था कि वे अब रेगुलर पुलिस को रिपोर्ट करेंगी। गाँव से दस मील दूर नागधार के बाजार जाकर कुंती ने अपने साथ हुए बलात्कार की रिपोर्ट दर्ज कराई।

रेगुलर पुलिस ने तत्काल काररवाई करते हुए करछूना में दबिश दी और बलात्कार के लिए नामजद मनवर पुत्र रणवीर सिंह तथा बबलू पुत्र डूंडा सिंह को गाँव से गिरफ्तार कर जेल भेज दिया।

मनवर और बबलू को जेल की सलाखों के पीछे करने के बाद भी कुंती के मन में जल रही आग शांत न हुई। कुंती ने अब संकल्प ले लिया था कि वह बलात्कारियों व शराबियों का नामोनिशान मिटाकर ही दम लेगी।

मनवर को पुलिस पकड़कर ले गई, तो उसने सरेआम कुंती को जलील करना चाहा, लेकिन कुंती के दृढ़ आत्मविश्वास एवं इच्छाशक्ति के सामने उसकी एक न चली। उसकी हरकतों को देखकर कुंती कह उठी, "तुझे तो भगवान् भी कभी माफ नहीं करेगा! तूने सारे इलाके के लोगों को जहर बाँटकर कई हँसते-खेलते घरों को उजाड़ दिया, पापी! तुझे नरक में भी जगह नसीब न होगी।" कुंती के मन का जैसे गुबार फूट चुका था।

मनवर भले ही जेल चला गया था, परंतु उसके साथी फिर भी उन्हीं हरकतों को अंजाम देने में लिप्त थे। वे गाँव की फिजा को खराब करना चाहते थे। वे जानते थे कि यदि गाँव व इलाके का माहौल अच्छा हो गया तो उनकी दुकानदारी ही बंद हो जाएगी। उन्होंने गाँव में कुंती के खिलाफ अनर्गल दुष्प्रचार करना शुरू कर दिया। कुंती जैसी महिला की भावनाओं को ठेस पहुँचाने एवं उसे हतोत्साहित करने के लिए उन्होंने उसी रास्ते को चुना, जो सदियों से महिलाओं के विरुद्ध पुरुष प्रधान समाज अपनाता रहा है, किंतु कुंती अपने ऊपर लगे कलंक से डरनेवाली नहीं थी। उसने उसके क्षेत्र की महिलाओं को एकजुट कर शराब-विरोधी अभियान को पूरी गति दी और उसे पूरे अंजाम तक पहुँचाकर ही दम लिया।

करछूना गाँव की अशांत वादियों में अब फिर से अमन-चैन लौट आया है। सीमंध के सेरेवाली खेतों की हरियाली और भी गहरा गई है। जमीन को लेकर दो गाँवों के बीच का वर्षों पुराना जो टकराव था, वह अब समाप्त हो गया है। गाँव तथा पूरे इलाके में शराब की थैलियों की जगह दूध-घी की नदियाँ फिर से बहने लगी हैं। यह सब देख आज कुंती सुकून महसूस कर रही थी।

कुंती को लग रहा था कि उसके जीवन भर का व्रत अब सफल हो रहा है और जब गाँववालों ने उसे निर्विरोध गाँव का प्रधान चुना, तो उसके संकल्प को और ताकत मिल गई। उसकी गहरी नीली आँखों में जो सपने तैर रहे थे, वे वास्तव में एक आदर्श व समृद्ध गाँव की कल्पनाओं से कहीं ऊपर थे।

गाँवों में 'नशा-उन्मूलन' के संकल्प की चमक कुंती के चेहरे पर दमक रही थी।

□

कहाँ हुई भूल ?

अँधेरा घिर आया था। अपने कमरे में अकेले कुरसी पर बैठे नारायण सिंह को अपनी दुनिया भी ऐसे ही अँधेरी नजर आ रही थी। उन्होंने चाहा कि उठकर लाइट जला दें, लेकिन हिम्मत नहीं हुई, 'यह अँधेरा ही ठीक है अब मेरे लिए, उजाले में तो घर की हर वस्तु मुझे बीते हुए दिनों की याद ही दिलाएगी।' स्वयं से ही बोले थे नारायण सिंह।

इस अफरा-तफरी और दु:खद माहौल में घर में भी शायद किसी को पता नहीं है कि इस सबसे भागकर वे इस समय कहाँ बैठे हैं, वरना घर का कोई सदस्य या नौकर आकर कमरे में रोशनी कर जाता। चलो, अच्छा ही हुआ। उजाले में दिखनेवाले वर्तमान से उन्हें डर लगने लगा था। यही अँधेरा उन्हें वर्तमान से भूतकाल में ले गया।

पहाड़ पर स्थित एक छोटे से गाँव के निवासी हुकुम सिंह की छह संतानों में सबसे छोटे थे नारायण सिंह। घर की आर्थिक स्थिति बहुत अच्छी नहीं थी। थोड़ी सी खेती योग्य जमीन थी, जिससे इतने बड़े परिवार का गुजारा होना असंभव था। पिता व बड़े भाई गाँव के अन्य लोगों के खेतों में हल चलाकर व गाय-बकरी पालकर घर की आमदनी बढ़ाने का प्रयास करते। गाँव के पास ही एक प्राथमिक विद्यालय था। दो बड़े भाई व बहन वहीं से पाँचवीं की परीक्षा उत्तीर्ण करने के पश्चात् घर के काम में हाथ बँटाने लगे थे। पिता की न तो आगे पढ़ाने की हिम्मत थी, न ही उन्होंने आवश्यकता समझी। शेष दोनों भाई उसी पाठशाला में क्रमश: तीसरी व चौथी कक्षा में पढ़ रहे थे।

जब नारायण ने छह वर्ष की उम्र होने पर पहली कक्षा में प्रवेश लिया, तो वर्षों से चली आ रही फटी-पुरानी किताबें उसे विरासत में मिली थीं। अन्य भाई-बहनों

की अपेक्षा नारायण का दिमाग तेज था। नारायण ने जब पहली कक्षा में प्रथम स्थान प्राप्त किया तो अचानक ही वह गुरुजनों की आँखों का तारा व गाँव के अन्य धनी व संपन्न सहपाठियों के बीच ईर्ष्या का कारण बन गया। अपनी खिसियाहट उतारने के लिए वे नारायण की फटी-पुरानी किताबों व साधारण से कपड़ों का मजाक उड़ाया करते।

आरंभ में तो नारायण ने इस पर अधिक ध्यान नहीं दिया, शांत बना रहा, परंतु जैसे-जैसे वह बड़ा होता गया, तथाकथित संपन्न व धनी लोगों के प्रति उसके मन में विद्रोह बढ़ता गया। ऐसे ही कुछ लोगों के प्यार व कुछ लोगों की ईर्ष्या के बीच समय बीतता रहा। नारायण अब चौथी कक्षा में पढ़ रहा था। जैसे-जैसे वह हर कक्षा में अपनी योग्यता के आधार पर अपने सभी सहपाठियों के बीच अव्वल साबित होता, उतना ही उसके सुविधा-संपन्न सहपाठी उसकी दरिद्रता को निशाना बना, उसे नीचा दिखाने का कोई मौका हाथ से नहीं जाने देते।

एक दिन तो हद ही हो गई। उसके एक सहपाठी ने उसकी पहले से ही फटी कमीज में उँगली डालकर उसे पूरा ही फाड़ डाला। कमीज जीर्ण-शीर्ण अवस्था में वैसे ही थी, खींचते ही पूरी फट गई और नारायण की दुबली-पतली काया फटी कमीज के अंदर झाँकने लगी।

"अरे इसकी कमीज तो कागज की बनी थी।" वह लड़का जोर से हँसा और इसी के साथ पूरी कक्षा ठहाकों से गूँज उठी। अपमान और गुस्से से नारायण का चेहरा तमतमा गया और गुस्से में न जाने कहाँ से इस दुबली-पतली काया में गजब की ताकत आ गई। अचानक ही उसने जोर-जोर से हँसते हुए उस सहपाठी को अपनी ओर खींचा और जब तक कि कोई कुछ समझ पाता, नारायण ने उस पर घूँसों से ताबड़तोड़ तीन-चार प्रहार कर दिए।

नारायण के इस रूप को देखकर पूरी कक्षा सहम गई और उस लड़के ने तो जोर-जोर से रोना आरंभ कर दिया। शोर सुनकर अध्यापक कक्षा में आ गए। उनके आते ही सारी कक्षा शांत हो गई। अध्यापक कुछ पूछते, उससे पहले ही एक छात्र बोल उठा, "मास्टरजी, नारायण ने कमल को मारा।"

"नारायण! लेकिन ऐसा क्यों किया तुमने?" और उनका ध्यान नारायण की फटी हुई कमीज और फिर कमल की ओर गया, जो अभी भी रो रहा था।

नारायण अपने अपमान के साथ-साथ इस बात को लेकर भी दुःखी था कि कल वह स्कूल क्या पहनकर आएगा। उसके पास तो एक ही कमीज थी।

मास्टरजी ने दोनों को डाँट-फटकार कर मामला वहीं शांत कर दिया, किंतु अभी तो इसकी सुनवाई गाँव में भी होगी, यह नारायण को पता नहीं था।

कमीज फटने पर मार पड़ने के भय से नारायण देर से घर पहुँचा, लेकिन घर पहुँचने पर पता चला कि मार तो पड़नेवाली है, परंतु कमीज फटने पर नहीं, किसी और कारण से। पिता गुस्से में बड़बड़ा रहे थे, "पता नहीं क्या समझता है अपने आप को? पढ़ाई में अव्वल क्या आने लगा, चला गाँव के जमींदारों से मुकाबला करने। अबे, अन्नदाता हैं वे हमारे।"

ज्यों ही नारायण ने घर की देहरी पर कदम रखा, पिता ने आव देखा न ताव, दो थप्पड़ जड़ दिए उसके, "बहुत बड़ा बदमाश बन गया है तू। जमींदारों के बच्चे को मारेगा? कल से तेरा स्कूल जाना बंद।"

"लेकिन उसने मेरी कमीज फाड़ी थी और पूरी कक्षा में मेरा मजाक बनाया था।" नारायण रुआँसी आवाज में बोला।

"तो क्या हुआ? सोना जड़ा था तेरी कमीज में क्या? फट गई तो कौन सा आसमान टूट पड़ा। चल मेरे साथ, अभी माफी माँग उनसे।" पिता का क्रोध शांत नहीं हुआ था।

"मैं नहीं माँगूँगा माफी, मेरी क्या गलती है?" नारायण अड़ गया था।

"नहीं माँगेगा माफी?" इतना कहते ही पिता ने गुस्से में उसके दो थप्पड़ और जड़ दिए थे। उसका हाथ पकड़कर लगभग घसीटते हुए उसे कमल के घर की ओर ले गए।

वहाँ पहुँचकर उन्होंने नारायण को कमल के पिता के सामने खड़ा कर दिया। "साहब, मेरे बेटे से गलती हो गई। छोटा है न अभी, नहीं समझता किसके साथ कैसे व्यवहार करना है?" नारायण के पिता स्पष्टीकरण देते हुए बोले।

कमल के पिता, जो कि तिबार में बैठे हुक्का पी रहे थे, ने आँख उठाकर नारायण की ओर देखा, "हूँ तो, यह तुम्हारा बेटा है। समझाओ इसे कि बड़ों और छोटों में अंतर करना सीखे।" फिर नारायण की फटी कमीज की तरफ इशारा करते हुए बोले, "अरे, इसकी कमीज तो पूरी ही फट गई। कल कैसे स्कूल जाएगा? ऐसा करो थोड़ी देर में आना, हम कमल की पुरानी कमीज इसके लिए दे देंगे।" इतना कहकर वे उठकर अंदर चले गए।

"आपका ही सहारा है मालिक! आप नहीं होते तो बच्चे भूखे मर जाते मेरे।" नारायण के पिता की आवाज और अधिक दयनीय होती चली गई।

"देखा तूने, ऐसे होते हैं बड़े लोग? तूने उनके बेटे को मारा, तब भी उन्हें तेरे

स्कूल जाने की चिंता है।" नारायण को क्षोभ था कि कोई उससे यह क्यों नहीं पूछता कि उसने कमल को क्यों मारा? उसकी कमीज कैसे फटी?

घर पहुँचकर सीधे माँ के पास जाकर रसोई में बैठ गया। सबसे छोटा होने के कारण माँ का लाड़ला था। उसे उम्मीद थी माँ उसका पक्ष लेगी, लेकिन माँ तो चुप थीं, उन्हें चुप देख नारायण स्वयं ही बोल पड़ा, "माँ! उसने मेरी कमीज फाड़ी, उसको तो किसी ने कुछ नहीं कहा और सब मुझे ही क्यों डाँट रहे हैं?"

"बेटा, वे बड़े लोग हैं। तेरे पिता और भाई उनके खेतों में मजदूरी करते हैं, हल चलाते हैं, कभी विपत्ति पड़े, तो दो पैसा उधार भी मिल जाता है। हम उनकी बराबरी नहीं कर सकते।" माँ ने विवशता प्रकट करते हुए नारायण को सीने से लगा लिया।

"माँ, वे इतने अमीर और हम इतने गरीब क्यों हैं? ऐसा क्यों होता है?"

माँ से इसका कोई उत्तर न पाकर नारायण पुन: बोला, "थू! मैं भीख में दी हुई उनकी कमीज पहनकर स्कूल नहीं जाऊँगा। कोई पुरानी कमीज होगी, उसे ही ठीक कर देना। मुझे उनका कुछ नहीं चाहिए। एक दिन मैं भी उनकी तरह बड़ा बनकर दिखाऊँगा।"

नारायण की बातें सुनते ही माँ की आँखें छलछला आई थीं। उसने नारायण को कसकर सीने से लगा लिया और रोते हुए बोलीं, "ठीक है बेटा, तेरी फटी हुई कमीज आज रात को ही सिलाई मारकर ठीक कर दूँगी।"

इस बात को बीते कई वर्ष हो गए। यहीं से नारायण के मन में विद्रोह की भावना पनपती चली गई। पाँचवीं की परीक्षा में नारायण ने पूरे विकास-खंड में प्रथम स्थान प्राप्त किया, तो सरकार ने उसे आगे की पढ़ाई के लिए छात्रवृत्ति स्वीकृत कर दी।

गाँव से लगभग चार मील की दूरी पर हाई स्कूल और उसके साथ ही छात्रावास भी था। दूरस्थ गाँवों के सुविधा-संपन्न विद्यार्थी छात्रावास में ही रहा करते थे। अधिकांश गरीब विद्यार्थी या तो पाँचवीं के पश्चात् ही स्कूल छोड़ देते या नित्य प्रति तीन-चार मील पैदल चलकर पढ़ने आते। नारायण भी इन्हीं बच्चों में से एक था। चूँकि छात्रवृत्ति मिल रही थी, तो नारायण के पिता आगे पढ़ाने से मना भी नहीं कर पाए, साथ ही नारायण के अध्यापकों के आग्रह को भी वे टाल नहीं पाए।

"बहुत होनहार बेटा है आपका, आगे चलकर नाम कमाएगा और लगता है आपकी भी जिंदगी सुधर जाएगी।" अध्यापक कहते तो नारायण के पिता को कुछ सुकून मिलता।

इसके पश्चात् नारायण ने पीछे मुड़कर नहीं देखा। हाई स्कूल व इंटरमीडिएट में अच्छे अंकों के बल पर उसे कॉलेज में भी छात्रवृत्ति मिल गई।

नारायण की प्रखरता अब बढ़ती जा रही थी। कॉलेज में आकर धीरे-धीरे वह छात्र राजनीति में भी सक्रिय रहने लगा। गरीबों और दबे हुए लोगों के लिए कुछ कर-गुजरने की इच्छा, उसे राजनीति में ले आई। लेकिन मन अभी भी गाँव में अटका हुआ था। उसने स्नातक की परीक्षा अच्छे अंकों में उत्तीर्ण कर ली। इसी बीच वह गाँव के पास स्थित विकास-खंड मुख्यालय में ग्राम-विकास अधिकारी के पद हेतु चयनित हो गया।

इस पद पर रहते हुए उसने मेहनत और लगन से काम कर आसपास के क्षेत्र के लोगों में अपनी प्रभावी साख बना ली थी। गाँव में ही कुछ कृषि योग्यभूमि खरीदकर अपने पिता व भाइयों को एक सम्मानजनक जिंदगी जीने योग्य बना दिया था उसने। इसी बीच पिता ने पड़ोस के गाँव की सुंदर, सुशील युवती कमला से नारायण का विवाह कर दिया। दस वर्ष पलक झपकते ही कैसे बीत गए, नारायण को पता भी न चला। इसी बीच वह दो पुत्रियों का बाप बन चुका था।

आखिरकार नारायण की क्षेत्र में अच्छी साख और छात्र जीवन में राजनीति में उसके अनुभव को देखते हुए एक राजनीतिक पार्टी ने उसे चुनाव लड़ने का न्योता दिया, तो नारायण के अंदर की दबी हुई इच्छा जाग्रत् हो उठी और उसने चुनाव लड़ने का फैसला कर लिया।

एक तो उसका विनम्र व्यवहार, साथ ही नौकरी के दौरान उसके द्वारा क्षेत्रवासियों के लिए किए गए कार्यों ने उसे भारी बहुमत से विजयश्री दिलवा दी और यहीं से आरंभ हुआ नारायण का राजनीतिक जीवन का सफर। अगले ही वर्ष कमला ने एक पुत्र को जन्म दिया, जिसका नाम रखा गया आदित्य।

इसके बाद नारायण ने पीछे मुड़कर नहीं देखा। राजनीतिक जीवन में दो बार मंत्रीपद पर रहने के बाद भी नारायण ने अपनी स्वच्छ छवि पर आँच नहीं आने दी। भाई-भतीजावाद का आरोप न लगे, इसके लिए उसने परिवार के सदस्यों को राजनीति से दूर ही रखा। बच्चों को हमेशा अच्छी पढ़ाई व अपने पैरों पर खड़ा होने के लिए प्रेरित किया। इसी का परिणाम था कि दोनों बेटियाँ अपनी पढ़ाई पूरी करने के उपरांत स्वयं की योग्यता के बल पर उच्च पदों पर कार्यरत थीं, किंतु आदित्य दिमाग तेज होने के बावजूद पढ़ाई में अधिक ध्यान नहीं देता था। ऊपर से कमला के लाड़-प्यार ने उसे बिगाड़ दिया था। यद्यपि नारायण चाहते थे कि जिस अभाव में

उनका जीवन बीता है, उसकी छाया भी उनके बच्चों पर न पड़े। साथ ही वे बच्चों से अनुशासित होने की अपेक्षा भी रखते थे।

सच तो यह था कि आदित्य के मामले में कमला के आगे उनकी एक न चल पाती थी। जैसे-जैसे वे राजनीति में ऊँचे पायदान पर चढ़ते गए, वैसे-वैसे घर के लिए उनका वक्त कम होता चला गया।

कॉलेज पहुँचते ही आदित्य और अधिक निरंकुश हो गया। उसके मित्रों की मंडली भी अच्छी नहीं थी। उसकी हरकतों के अधिकांश समाचार तो घर तक पहुँच ही नहीं पाते थे, क्योंकि ऐसा करने पर समाचार देनेवाले को नतीजा भुगतने की तुरंत धमकी मिल जाती।

कमला आदित्य की हरकतों को जानती तो थी, लेकिन कुछ तो नारायण के कठोर स्वभाव से और कुछ उनकी व्यस्तता के कारण उन्हें कुछ भी न बताती।

आदित्य हमेशा ही अपनी चंडाल-चौकड़ी से घिरा रहता था। आखिर उसके पास दोस्तों पर लुटाने को बहुत सारा पैसा जो था। इसके साथ ही प्रभावशाली पिता की संतान होने के कारण उसकी करतूतों पर कोई जल्दी कुछ कहने की हिम्मत भी नहीं जुटा पाता था।

इन्हीं दिनों शहर में नगर निगम के चुनाव घोषित हो गए। आदित्य के मित्रों ने उसे लगे हाथ मेयर का चुनाव लड़ने की सलाह दे डाली, "यार, तू अपने पिता से बात क्यों नहीं करता? वे तो तुझे आसानी से अपनी पार्टी से टिकट दिलवा देंगे। एक बार राजनीति में दाखिल हो जा, फिर तो आगे सब ठीक हो चलेगा।"

"कह तो तू ठीक रहा है, यार! लेकिन पिताजी तो इसके लिए कभी नहीं मानेंगे। मेयर के लिए तो वे अपनी पार्टी के किसी कार्यकर्ता को ही टिकट दिलवाएँगे।"

"अरे यार, तेरे पिता इतना सा काम भी नहीं कर सकते? लोगों ने तो अपने परिवार के लिए क्या-क्या नहीं किया? तू एक बार बात तो कर, और वैसे भी तू और कर भी क्या पाएगा? नौकरी तो करने से रहा। तुझे भी तो अपनी जिंदगी सँवारनी है। हमेशा ऐसे ही तो नहीं भटकता रहेगा।" दोस्तों ने आदित्य को उकसाने का कुत्सित प्रयास जारी रखते हुए कहा।

मित्रों के उकसावे पर आदित्य की हिम्मत भी बढ़ गई। उसकी समझ में उनकी बात आ रही थी, "पिताजी अभी तो दिल्ली गए हैं, दो दिन बाद लौटेंगे, तभी उनसे बात करूँगा।"

दो दिन बाद आदित्य के मुँह से मेयर के टिकट की बात सुनकर नारायण

चौंक गए, "क्या कहा? मेयर का टिकट? पागल हो गया है क्या? इतना आसान होता है टिकट पाना? लोग तो वर्षों से पार्टी के लिए तन-मन लगाए हुए हैं। वर्षों से लोगों के बीच काम कर रहे हैं। टिकट उन्हें नहीं मिलेगा, तो क्या तुझे मिलेगा?"

"लेकिन पिताजी! आपका प्रभाव किस दिन काम आएगा? आप मेरे भविष्य के लिए इतना तो कर ही सकते हैं।" आदित्य दोस्तों की जुबान बोल रहा था।

इतना सुनते ही नारायण आग-बबूला हो उठे, "अच्छा, तो मेरे जीवन भर की मेहनत का फल पाना चाहता है तू? जानता है किन परिस्थितियों को झेलते हुए यहाँ तक पहुँचा हूँ और आज तक अपने ऊपर, आँच नहीं आने दी।"

"हाँ, आपको तो सिर्फ अपनी परवाह है। आपकी प्रतिष्ठा, आपका मान-सम्मान, इसके आगे तो आप किसी की चिंता ही नहीं करते। सिर्फ अपने बारे में सोचते हैं आप।" और आदित्य दनदनाता हुआ घर से बाहर निकल गया।

"कमला!" पत्नी को पुकारते हुए नारायण बोले, "यह आदित्य कह क्या कह रहा है? आजकल पता नहीं कहाँ से राजनीति का भूत सवार हुआ है? समझाओ उसे, यह सब इतना आसान नहीं है।"

"जी, मैं बात करूँगी उससे।" कमला ने कह तो दिया, लेकिन वह स्वयं नहीं जानती थी कि आदित्य से वह कब बात कर पाएगी?

कुछ दिन सब शांत रहा। नारायण ने भी इसे गंभीरता से नहीं लिया और अपने काम में व्यस्त हो गए। एक दिन आदित्य घबराया हुआ सा घर आया और बैग में कुछ सामान लेकर तेजी से घर से निकल गया। जब तक कमला कुछ समझ पाती, आदित्य घर से बाहर निकल चुका था।

कुछ देर बाद घर का नौकर, जो अभी बाजार से लौटा था, कमला के पास आया और कहने लगा, "अम्माँ! बाजार में बहुत गड़बड़ हो गई है। आज वह धर्मवीर है न, हाँ-हाँ वही, जो मेयर का चुनाव लड़ रहे हैं।"

"क्या हुआ उन्हें?" कमला ने नौकर को बीच में ही रोककर पूछा।

"हाँ, वही अम्माँ, उन्हें किसी ने गोली मार दी और घटनास्थल पर ही उनकी मृत्यु हो गई।" और फिर बहुत धीमी और घबराई सी आवाज में बोला, "अम्माँ, लोग भैयाजी के बारे में…।"

"कौन? आदित्य! क्या कह रहे थे उसके बारे में?" कमला ने व्यग्रता से पूछा।

"अम्माँ, वह मैं नहीं कह रहा हूँ, लोग कह रहे हैं कि धर्मवीरजी का खून

भैयाजी ने किया।" उसने घबराते हुए ही बात पूरी की।

'तो क्या इसीलिए आया था आदित्य घबराया सा?' कमला मन-ही-मन सोचते हुए बोली।

"अच्छा, तुम जाओ। पता नहीं क्या-क्या सुनकर आते हो?" कमला अपनी घबराहट छुपाते हुए बोली, लेकिन उसके जाते ही उसने तुरंत पति को फोन मिलाकर उनसे वस्तु-स्थिति जानने का प्रयत्न किया, लेकिन संपर्क नहीं हो पाया।

शाम होने को आ गई, किंतु अभी तक कमला का नारायण से संपर्क नहीं हो पाया। उसे लग रहा था कि घर में हर तरफ खुसुर-फुसुर हो रही है, लेकिन उसे देखते ही सब लोग चुप हो जाते हैं।

लगभग आधी रात के बाद नारायण घर लौटे। कमला की आँखों से नींद वैसे ही कोसों दूर थी। आदित्य भी अब तक घर नहीं लौटा था, वैसे तो वह अकसर आधी रात के बाद ही घर लौटता था, लेकिन आज बात कुछ और थी। अनजानी आशंका से कमला का दिल बैठा जा रहा था। पति के आते ही उसे थोड़ा सहारा मिला।

"अरे, आप आ गए। मैं तो कब से आपको फोन मिला रही थी। कमबख्त लाइन ही नहीं मिल रही थी। वैसे आप अचानक कैसे आ गए? कोई कार्यक्रम तो नहीं था आपके आने का?" कमला एक ही साँस में बहुत सारी बातें पूछ बैठी।

नारायण कुछ नहीं बोले, निढाल से कमरे में रखे सोफे पर बैठ गए।

कमला ने पति की ओर देखा, तो चौंक गई। उनका चेहरा उतरा हुआ था, आँखें ऐसी हो रही थीं, मानो खूब रोए हों।

"क्या हुआ आपको? आप ठीक तो हैं न?"

"सबकुछ खत्म हो गया, कमला, इतने वर्षों की मेहनत से अर्जित मान-सम्मान सब मिट्टी हो गया।" नारायण की आवाज में हताशा थी।

"यह क्या कह रहे हैं आप? ऐसा क्या हो गया?"

"आदित्य ने धर्मवीर का खून कर दिया, कमला! और शहर से बाहर भागते हुए पकड़ा गया। इस समय वह जेल में है।"

तो क्या जो उसने नौकर से सुना था, वह सच था? "लेकिन आदित्य ऐसा क्यों करेगा?" वह नारायण से बोली, "आपको जरूर कोई गलतफहमी हुई है, आदित्य ऐसा क्यों करेगा? उसको इस सबसे क्या लेना-देना? आप⋯।"

"कमला!" नारायण ने उसे बीच में ही रोक दिया, "आदित्य ने यह सब

दिन-दहाड़े किया है, कई लोगों ने देखा है उसे, और फिर शहर छोड़कर भागना, यह सब क्या दरशाता है?"

"फिर भी आप पता तो कीजिए।" कमला अब भी यकीन नहीं कर पा रही थी कि आदित्य ऐसा भी कर सकता है।

"ठीक है, कल पता करूँगा।" पत्नी को टाल दिया नारायण ने, किंतु स्वयं से क्या छुपाएँगे? सबकुछ तो पता कर आए थे। झूठ की कोई गुंजाइश नहीं थी। धर्मवीर उन्हीं की पार्टी का उम्मीदवार था। उन्होंने सोचा भी नहीं था कि आदित्य की अपरिपक्व राजनैतिक महत्त्वाकांक्षा इस रूप में सामने आएगी।

क्यों उन्होंने उस दिन आदित्य की बात को गंभीरता से नहीं लिया? अगर वे उसको थोड़ा भी समय देकर ठीक से समझाते, तो शायद यह नौबत नहीं आती और न उनकी पद-प्रतिष्ठा इस तरह धूल-धूसरित होती। लेकिन अब क्या हो सकता है?

इस घटना को दस दिन हो चुके हैं। यह दस दिन नारायण ने ऐसे गुजारे, मानो एक सदी जी ली हो। बहुत सारे मित्रों, संबंधियों की असलियत नजर आई है, इन दस दिनों में। पहले लोग दूर-दूर की जान-पहचान निकालकर कभी उनसे मिलने का बहाना ढूँढ़ते नजर आते थे। आज निकट के संबंधियों ने भी मुँह मोड़ लिया है।

"हे भगवान्! कहाँ भूल हो गई मुझसे? जो आज यह दिन देखना पड़ रहा है।" नारायण ने लंबी साँस ली। तभी कमला ने कमरे की बत्ती जलाकर उनकी तंद्रा भंग कर दी और लाइट जलते ही वे वर्तमान के धरातल पर लौट आए थे।

"आप यहाँ बैठे हैं और मैं सब जगह आपको ढूँढ़ आई, चलिए खाना लग गया है।"

"चलो कमला! मैं आता हूँ पाँच मिनट में।"

कल आदित्य के मुकदमे की सुनवाई है। वैसे इतना साफ है कि जज को फैसला देने में ज्यादा मेहनत नहीं करनी पड़ेगी। आज यह दिन देखने के लिए भी हमें जीवित रहना होगा, यह कभी नहीं सोचा था उन्होंने! यही सोचते-सोचते वे धीरे-धीरे भोजन कक्ष की ओर बढ़ चले।

□

अंधेर

कभी सभ्यता-संवेदना के पर्याय रहे हमारे नगर-महानगर आज कितने रसातल में जा पहुँचे हैं। हम छोटे से सुख और छोटे-छोटे स्वार्थों के लिए कितने घिनौनेपन पर उतर आए हैं। हमारी मानवता, संवेदना कितनी जड़ हो गई है। इन तमाम सवालों को समेटे एक ऐसे ही महत्त्वपूर्ण केस की अदालत में सुनवाई चल रही थी। कोर्ट खचाखच भरा था। मामला मानवाधिकार को लेकर था। बड़ी सी कुरसी पर बैठे माननीय न्यायाधीश महोदय गंभीरता से बहस सुन रहे थे।

"जज साहब! ये तो मानवाधिकारों का खुल्लमखुल्ला उल्लंघन है। बड़े-से-बड़े अपराधी को भी अपनी बात कहने का मौका दिया जाता है और इन पर तो अभी अपराध सिद्ध भी नहीं हुआ था कि पुलिसिया करतूतों के चलते उनकी जान चली गई।"

अपनी दलील को पुख्ता करते हुए वकील साहब ने बतौर सबूत कई गवाह भी पेश किए, ताकि यह बात साबित हो सके कि पुलिस ने फर्जी मुठभेड़ दिखाकर इन युवकों की जान ले ली।

जोश में आए वकील साहब ने इसके बाद पुलिस की जमकर फजीहत की। जितने भी विशेषणों से वह नवाज सकते थे, उसमें उन्होंने कोई कसर नहीं छोड़ी।

जज साहब ने उस दिन की कारवाई वहीं समाप्त कर दी और अगली सुनवाई की तिथि निर्धारित कर दी। जज साहब के उठते ही कोर्ट खाली हो गया।

सुनयना भी वहीं बैठी थी। भीड़ निकल जाने के बाद वह पास ही कुरसी से उठ खड़ी हुई और बड़ी बहन नलिनी का हाथ थामकर कक्ष से बाहर निकल आई। उसने आँखों पर गहरा काला चशमा चढ़ा रखा था। पर चेहरा उसका बड़ा

ही विद्रूप और डरावना लग रहा था। ठुड्डी के मांस का लोथड़ा न जाने कैसे नीचे लटककर गले से चिपक गया था।

लोगों का कहना था कि यह युवती कभी बेहद खूबसूरत थी। आँखें हिरनी सी सुंदर और जादुई। माँ-बाप ने इन्हीं आँखों पर रीझकर उसे नाम दे दिया—सुनयना। ज्यों-ज्यों वह बड़ी हुई, और निखरती चली गई। दिखने में वह जितनी सुंदर थी, उतनी ही पढ़ने में कुशाग्र भी। लोग उसकी सुंदरता के कायल थे। कॉलेज से लेकर बाहर तक उसी के चर्चे रहते। हर कोई उससे दोस्ती गाँठने को लालायित रहता।

वह अपनी ही दुनिया में मस्त थी। इसी बीच उसे लगा कि उसका एक सीनियर जब-तब उसके आसपास मँडराता रहता और जब-तब फब्तियाँ कसता। शुरू-शुरू में तो सुनयना ने उसे कुछ खास गंभीरता से नहीं लिया; लेकिन जब वह धीरे-धीरे अपने कुछ सिरफिरे आवारा किस्म के साथियों के साथ अकसर उसके घर के बाहर खड़ा रहने लगा, तो उसने इसकी शिकायत अपने मम्मी-पापा से कर दी। घर में भी चिंता बढ़ गई। जवान बेटी को लेकर उनका चिंतित होना स्वाभाविक भी था।

तीन संतानों में सुनयना मँझली संतान थी। बड़ी बहन नलिनी कॉलेज की पढ़ाई पूरी कर एक स्थानीय स्कूल में अध्यापिका बन गई। छोटा भाई वरुण सुबह-सुबह ही स्कूल निकल जाया करता था। पिता सरकारी सेवा में थे और उन्हें भी सुबह जल्दी ही दफ्तर निकल जाना होता। सुनयना को कॉलेज छोड़नेवाला घर में ऐसा कोई नहीं था और यह फिर एक दिन की भी समस्या नहीं थी।

पिताजी ने मामले को ज्यादा गंभीरता से नहीं लिया। उनको लगा, ये नादान लड़के हैं, नासमझी में शरारत करते ही हैं। थोड़ा डाँट-डपट से ही सहम जाएँगे। सोचा, क्यों न स्कूल के प्रिंसिपल से ही शिकायत कर उन्हें डपट दिया जाए। वे स्कूल जा धमके और अपनी परेशानी बताते हुए उन लड़कों की पेशी करवा दी।

उसके बाद कुछ दिन मामला शांत रहा, तो सुनयना भी बेफिक्र होकर पढ़ाई में व्यस्त हो गई। इस पर घर में सभी ने राहत की साँस ली, लेकिन किसे मालूम था कि यह किसी आनेवाले तूफान से पहले की शांति थी। कुछ ही दिन बाद एक ऐसी काली साँझ आई, जिसने सुनयना की जिंदगी नरक बना दी।

उस दिन कॉलेज के बाद सुनयना अपनी सहेली के घर कुछ नोट्स लेने गई थी। लौटते हुए थोड़ी देर हो गई। शाम का धुँधलका छाने लगा था। बस

स्टॉप पर इक्का-दुक्का लोग ही खड़े थे। सुनयना भी अपनी सहेली के साथ खड़ी बस के आने की प्रतीक्षा कर रही थी।

इतने में धड़धड़ाती एक ही मोटरसाइकिल पर सवार तीन युवक आ धमके और उन दोनों के ठीक सामने आकर रुक गए। वह कुछ सँभल पाती, इतने में ही वे उससे छीना-झपटी करने लगे। लड़के नहीं माने, तो उसने चिल्लाना शुरू कर दिया। इस पर वे सिरफिरे युवक मारपीट पर आमादा हो गए।

भीड़ जुटती देख उनमें से एक युवक ने जेब से शीशी निकाली और उसका ढक्कन खोलकर पूरी शीशी सुनयना के चेहरे पर उड़ेल दी। आसपास मौजूद लोग कुछ समझ पाते, उससे पहले ही वे शरारती युवक बाइक पर सवार होकर भाग खड़े हुए। सुनयना यकायक दर्द से कराह उठी। ऐसा लगा, मानो किसी ने कोई उबलती हुई चीज उस पर उड़ेल दी हो। सुनयना को अपना चेहरा पिघलता हुआ सा प्रतीत हुआ।

"बहुत घमंड है न तुझे अपने चेहरे पर, तो ये ले।"

बस इतना ही सुन पाई सुनयना और उसके बाद क्या हुआ, सुनयना को कुछ भी याद नहीं।

होश आया तो वह अस्पताल में थी। चेहरे पर भारी जलन हो रही थी, मानो उसे किसी तपती भट्ठी में झोंक दिया गया हो। चारों तरफ घना अंधकार था। आसपास खड़े लोगों को वह बातचीत से ही पहचान पा रही थी।

लोग बतिया रहे थे कि उन सिरफिरे लड़कों ने उस पर तेजाब उड़ेला था। इस हरकत में वह युवक भी सम्मिलित था, जो अकसर उसे परेशान किया करता था। तेजाब से जलकर पूरा चेहरा कुरूप हो गया था। डॉक्टर कह रहे थे, आँखें भी जा सकती हैं।

"नहींऽऽऽ" सुनयना की चीख से पूरे अस्पताल में सन्नाटा छा गया। वह बुरी तरह से छटपटा रही थी। कई दिनों तक वह ऐसे ही छटपटाती रही और फिर बेसुध हो जाती। थोड़ी हालत सुधरी, तो पता चला कि घटना के दिन आसपास मौजूद लोगों की सक्रियता से वे तीनों बदमाश पकड़ लिये गए, जिन्हें पुलिस के हवाले कर दिया गया था।

बाद में पुलिस ने खुलासा किया कि इन शातिरों ने पुलिस हिरासत से भागने का प्रयास किया, तो उन्हें रुकने की चेतावनी दी गई। नहीं माने तो मजबूरन गोली चलानी पड़ी। इस आपाधापी में चली गोलियों से जख्मी तीन में से दो

युवकों ने घटनास्थल पर ही दम तोड़ दिया।

बस फिर क्या था, अगले ही दिन से शहर में मानवाधिकार की दुहाई देनेवालों के जुलूस-प्रदर्शन शुरू हो गए। पुलिस की काररवाई को लेकर उनमें भारी रोष था। धीरे-धीरे लोग भी लामबंद होने लगे। दलीलें दी जाने लगीं कि वे भले ही कितने ही बड़े बदमाश क्यों न थे, उन्हें अपने बचाव में सफाई का अवसर दिए बगैर ही मौत की नींद सुला देना तो खुली अराजकता है।

मामले के इस नए मोड़ से इधर सुनयना पर क्या बीत रही थी, यह तो सिर्फ वही महसूस कर सकती थी या फिर उसके घर-परिवार के लोग।

उधर कुछ समय बाद जब सुनयना के चेहरे की पट्टी खुली, तो वही हुआ जिसका अंदेशा था। उसकी दोनों आँखों की रोशनी जा चुकी थी और चेहरा इतना वीभत्स हो गया था कि कोई पहचान भी नहीं पा रहा था कि यह वही सुनयना है।

उसके माता-पिता का तो और भी बुरा हाल था। माँ की आँखों से आँसू थमने का नाम नहीं ले रहे थे। ऊपर से पुलिस की पूछताछ। उसके कई सवाल तो इतने तल्ख और बेहूदे होते कि उनके दु:ख भरे मन को और छलनी कर जाते।

"आपकी बेटी कब से जानती थी उस लड़के को? क्या संबंध था उसका उन युवकों से?" जैसे कई बेसिर-पैर के सवाल उन्हें और विचलित कर देते।

लेकिन सुनयना को इस हादसे ने और भी मजबूत बना दिया। तन और मन दोनों की पीड़ा सहते हुए वह जिस संयम से सारे सवालों का जवाब देती, लोग देखते ही रह जाते।

कुछ महीनों बाद सुनयना अस्पताल से घर वापस आ गई। धीरे-धीरे चेहरे के घाव तो भरने लगे, लेकिन मन के घाव भरना नामुमकिन था। वह बार-बार अपने चेहरे पर हाथ फेरकर घावों की टोह लिया करती। कभी अपनी बहन, तो कभी मम्मी से पूछती। वे सकपकाकर रह जातीं। फिर उसका मन रखने को कह देतीं, जल्द ही वह ठीक हो जाएगी। पर मन-ही-मन सोचते, वह अगर खुद ही अपना यह वीभत्स चेहरा देख लेती, तो क्या बर्दाश्त कर पाती। फिर खुद को समझाते, 'शायद इसीलिए ईश्वर ने उसकी आँखें छीन ली होंगी?'

सुनयना कुछ और ठीक हुई, तो उसने ब्रेल लिपि सीखना आरंभ कर अपनी पढ़ाई आगे जारी रखने की ठानी। क्या हुआ, अगर उसका तन कुरूप हो भी गया तो उसके मन और दिमाग को तो कोई कुरूप नहीं कर सकता।

पढ़ाई से उसे कुछ और मानसिक बल मिला। उसने धीरे-धीरे न्यायालय

में भी इस केस की सुनवाई की तिथि में जाना प्रारंभ कर दिया। वह कोर्ट की काररवाई सुनती और यह भी महसूस करती कि कैसे वकील और मानवाधिकार संगठनों से जुड़े लोग पुलिस के हाथों मारे गए इन युवकों को महिमामंडित कर रहे हैं। उसको लगता, इनका वश चले तो ये लोग उन्हें शहीद का ही दर्जा दिलवा दें।

आज सुनयना सुबह ही उठकर तैयार हो गई थी। आज न्यायालय में माननीय जज साहब के सामने उसकी गवाही होनी थी। उसके मम्मी-पापा दोनों सहमे हुए थे। हालाँकि उन्हें विश्वास था कि दृढ़-संकल्प व शांत मन की सुनयना सारे हालातों पर पूरे हौसले से पार पा लेगी, लेकिन फिर भी उन्हें डर लग रहा था कि कहीं विपक्ष का वकील कोई ऐसे सवाल न कर दे, जिससे वह आहत हो उठे।

नियत समय पर अदालत की काररवाई आरंभ हुई। दोनों ओर से सवाल-जवाब हुए। वकील सवाल पूछ चुके तो सुनयना ने जज साहब से अपनी बात कहने का अनुरोध किया। उन्होंने सहर्ष उसे मंजूरी दे दी।

सुनयना ने सबसे पहले मानवाधिकार संगठन से जुड़े लोगों को उनकी सक्रियता के लिए धन्यवाद दिया। फिर अपनी प्रतिक्रिया व्यक्त की। अपराधियों से पुलिस द्वारा खुद ही निपट लिये जाने पर उसने जहाँ अफसोस जाहिर किया, वहीं अपने दिल का गुबार निकालते हुए, अपनी व्यथा भी जाहिर कर दी।

उपस्थित लोगों से उसका सवाल था—

"क्या मानवाधिकार संगठन सिर्फ मृत व्यक्तियों के लिए ही है! क्या मेरे मौलिक अधिकारों का उल्लंघन नहीं हुआ है, क्या हक था उन्हें मेरी आँखें छीन लेने का और मेरा चेहरा कुरूप कर डालने का? जो व्यक्ति इस दुनिया से चला गया, उसे तो जीवन से छुटकारा मिल गया, लेकिन मुझे तो जीना है। इन्हीं हालात में जीना है। यह कितना दुष्कर और दुरूह है, इसे कोई समझ पाएगा! मुठभेड़ को लेकर हाय-तौबा मचानेवाले और मानवाधिकारों की दुहाई देनेवालों को क्या यह नहीं दिखता कि मेरे भी तो अधिकारों का हनन हुआ है। क्यों किसी एक भी व्यक्ति के मन में मेरे अधिकारों के हनन की बात नहीं आई! क्या यह मेरे प्रति अंधेर नहीं है? आप सब धैर्यपूर्वक मेरे प्रश्नों को समझिएगा और सोचिएगा, क्या मैं कहीं गलत हूँ।"

फिर एक गहरी साँस लेकर उसने अपने विचार रखने की अनुमति देने के लिए जज साहब का शुक्रिया अदा किया और हाथ में पकड़ी छड़ी का सहारा

लेकर वह धीरे-धीरे कठघरे से बाहर निकल आई।

पूरे हाल में सन्नाटा पसर गया। सिर्फ सुनयना की छड़ी की आवाज ही उस सन्नाटे को तोड़ रही थी।

सुनयना के ये सवाल सिर्फ उसकी ही पीड़ा से नहीं जुड़े थे, बल्कि समाज में मानवाधिकारी और समाज-सेवा का डंका पीटनेवाले तथाकथित संगठनों पर करारी चोट भी थे।

□

अहसास

हमेशा मस्त रहनेवाला डॉ. आदित्य आज न जाने क्यों बुझा-बुझा सा था। गहन चिंतन में डूबा। "साहब खाना लगा दूँ?" सोहन की आवाज सुन उसकी तंद्रा टूटी। घड़ी की ओर देखा, बारह बज चुके थे। एक घंटा हो गया था उसे अस्पताल से आए, तब से न जाने किस सोच में डूबा था। सोहन एक-दो बार धीरे से कमरे में झाँक भी गया था, लेकिन साहब को आँखें बंद किए चुपचाप आरामकुरसी पर अधलेटे पाया तो उसकी हिम्मत उन्हें जगाने की नहीं हुई।

'कितना व्यस्त रहते हैं साहब। जब से यहाँ आए हैं, न खाने की सुध, न आराम की। हर समय भागदौड़ में लगे रहते हैं।' सोहन ने मन-ही-मन सोचा।

लेकिन जब आदित्य को ऐसे ही बैठे काफी देर हो गई, तो सोहन ने उन्हें उठाना ही उचित समझा।

"मुझे तो भूख नहीं, सोहन। तू खाना खा और सो जा।" कहकर आदित्य उठ खड़ा हुआ और कपड़े बदलकर सोने की तैयारी करने लगा।

साहब परेशान लग रहे हैं आज। सोहन ने सोचा, लेकिन क्या पूछता उनसे, जितने बड़े लोग, उतनी बड़ी परेशानी। सोहन ने खाना खाया, बरतन धोए और सोने चला गया।

आदित्य शहर स्थित सरकारी अस्पताल का वरिष्ठ डॉक्टर था। इस पहाड़ी क्षेत्र में अचानक ही एक रहस्यमयी बीमारी फैलने से प्रशासन द्वारा प्रतिनियुक्ति पर उसे यहाँ भेज दिया गया था। तेज बुखार और उलटी-दस्त से कई लोगों की जानें जा चुकी थीं और सैकड़ों की संख्या में बीमारी से पीड़ित लोग रोज अस्पताल आ रहे थे। आज लगभग पंद्रह दिन हो गए थे उसे यहाँ आए, और अब तक वे और उनकी टीम बीमारी पर काफी हद तक नियंत्रण पा चुके थे। व्यस्तता कहें या रिश्तों की कड़वाहट, आदित्य को इतने दिनों में एक बार भी परिवार से दूरी का अहसास नहीं

हुआ। लेकिन आज न जाने क्यों अपने पाँच वर्षीय पुत्र प्रसून का चेहरा बार-बार आँखों के सामने आ रहा था।

आदित्य और चित्रा का एक ही बेटा था प्रसून। आदित्य डॉक्टर, तो पत्नी चित्रा राज्य प्रशासन में उच्च पद पर सेवारत थी। दोनों के अपने-अपने काम के तनाव थे, लेकिन आपस में एक-दूसरे को समझने के बजाय अहं का टकराव दोनों के बीच दूरियाँ बढ़ाने का ही काम करता।

"तुम क्या समझते हो, एक तुम ही काम करते हो! मैं ऑफिस क्या आराम करने जाती हूँ?"

आदित्य के कार्यक्षेत्र संबंधी कोई भी परेशानी बताने पर चित्रा का जवाब उसे आहत कर जाता और फिर वह भी चुप रहने के बजाय कुछ-न-कुछ कटु शब्द बोल ही जाता। इसके बाद दोनों के बीच में जो तू-तू, मैं-मैं शुरू होती तो कई दिनों तक बोलचाल भी खत्म कर देती। इन दोनों की इस रस्साकसी में सबसे ज्यादा पिसता उनका बेटा प्रसून। पहले-पहले तो वह इन दोनों की तकरार देख जोर-जोर से रोने लगता, पर एक बार चित्रा के बुरी तरह डपटने और ऊपर से थप्पड़ जड़ देने से वह बुरी तरह सहम गया। अब घर में कोहराम मचते ही वह चुपचाप आया की गोद में जाकर छुप जाता। न तो आदित्य और न ही चित्रा ने कभी उसकी कोमल भावनाओं को समझने का प्रयास किया। प्रसून अंतर्मुखी होता गया और उसकी आदतों में बदलाव देख उसकी स्कूल टीचर ने उन दोनों को बुलावा भेजा।

"प्रसून में मैं अजीब सा बदलाव देख रही हूँ। हर समय डरा-डरा सा रहता है। बाल-सुलभ चंचलता तो इसमें है ही नहीं। क्या घर में भी ऐसे ही रहता है, या स्कूल से ही कोई परेशानी है।"

आदित्य और चित्रा को तो अपनी व्यस्तताओं और कटुताओं के बीच अब याद ही नहीं रहा कि प्रसून का आचरण घर में कैसा था। घर आकर भी स्थिति की गंभीरता को समझने की बजाय फिर वही आरोप-प्रत्यारोप। बच्चे की बात फिर हाशिए पर चली गई।

"कैसी माँ हो तुम, ये भी नहीं पता कि बच्चा क्या कर रहा है?" आदित्य ने सारी जिम्मेदारी चित्रा के ऊपर डाल दी तो वह आपा खो बैठी।

"क्यों, क्या सारी जिम्मेदारी मेरी है मिस्टर आदित्य? मैं भी आपकी तरह नौकरी करती हूँ। आर्थिक जिम्मेदारी बाँटती हूँ तुम्हारी, तो तुम भी बाकी जिम्मेदारियाँ बाँटना सीखो।"

"तो छोड़ दो नौकरी। इतना कमाता हूँ कि तीन आदमियों का परिवार ढंग से पल जाए। लेकिन पैसे से ज्यादा तुम्हें तो अपने अहं की तुष्टि चाहिए।"

बस बहस बढ़ती गई। जिसके लिए यह बात शुरू हुई, वह न जाने कब का सहमकर आया की गोद में सो गया था।

पहाड़ी क्षेत्र में बीमारी फैलने पर जब उसे प्रतिनियुक्ति पर भेजने की खबर आई तो वह खुश ही हुआ। इसी बहाने सही, घर के इस दमघोंटू वातावरण से मुक्ति तो मिलेगी।

वहाँ पहुँचकर उसने अपने आप को बीमारों के इलाज में व्यस्त कर लिया था। वह अपने महकमे का काबिल डॉक्टर तो था ही, पर लोगों को भी उस पर कुछ अधिक ही विश्वास था। आदित्य अब ऐसे काम में जुटा, मानो सबकुछ भुला देना चाहता हो।

लेकिन आज बिस्तर पर पड़े उस मासूम बच्चे की आँखों ने उसे प्रसून की याद दिला दी। आज वार्ड में राउंड करते हुए एक बेड पर उसने पाँच-छह वर्ष के एक बच्चे को देखा, जिसकी एक टाँग पर प्लास्टर चढ़ा हुआ था। बच्चा अकेला था और अजीब सी सूनी निगाहों से छत की ओर ताक रहा था। न जाने क्या था उसकी निगाहों में कि आदित्य एक पल ठिठककर रुक गया।

"सर, आर्थोपेडिक का केस है, लेकिन बेड पर जगह नहीं होने पर यहाँ शिफ्ट कर दिया। वैसे भी बहुत बुरा हुआ है इसके साथ।" साथ में खड़े फार्मेसिस्ट ने बताया, तो आदित्य के मन में बच्चे के लिए जिज्ञासा जगी। उसने पूछा?

"क्या नाम है तुम्हारा?"

आदित्य के पूछने पर भी बच्चा एकटक छत की ओर ही ताकता रहा, मानो उसने कुछ सुना ही नहीं।

फार्मेसिस्ट बोला, "सर! जब से आया है किसी से कुछ बोलता ही नहीं। बस इसी तरह एकटक छत की ओर ही निहारता रहता है।"

आदित्य आगे बढ़ गया, लेकिन बच्चे का चेहरा बार-बार उसकी आँखों के आगे घूम जाता। क्या कह रहा था फार्मेसिस्ट कि इसके साथ बहुत बुरा हुआ है। आदित्य के मन में उस बच्चे की कहानी जानने की उत्सुकता और बढ़ी।

सभी वार्डों का निरीक्षण करने के बाद आदित्य अपने कक्ष में चला आया और फार्मेसिस्ट को वहीं रोक लिया।

"क्या कह रहे थे तुम उस बच्चे के बारे में?"

"कौन, सर वह पिंटू, जिसके पैर में प्लास्टर बँधा है ?"

'अच्छा, उस बच्चे का नाम पिंटू है।' आदित्य ने मन-ही-मन नाम दोहराया और हामी में सिर हिला दिया।

फार्मेसिस्ट ने पिंटू की कहानी सुनानी शुरू की तो आदित्य के जैसे हाथों से तोते उड़ गए। वह बताने लगा—

"पिंटू पास ही के गाँव में अपने माता-पिता के साथ रहता था। पिता गाँव में ही छोटी सी दुकान चलाते थे और साथ ही थोड़ी-बहुत खेती भी थी। इससे घर का खर्चा आराम से चल जाता। सब ठीक ही चल रहा था, बस एक ही बुराई थी उसके बाप में। वह बहुत गुस्सैल था और बात-बात में आपा खो देता था। यह भी नहीं सोचता कि मुँह से क्या निकल रहा है। पिंटू की माँ मेहनती और सुघड़ गृहिणी थी। छोटी-छोटी बात पर पति के ताने सुनती और अगर गलती से जवाब दे दिया तो फिर खैर नहीं। वह हाथ उठाने से भी गुरेज नहीं करता, पर वह काम में ही जुटी रहती। घर के अलावा खेतों की जिम्मेदारी भी उसी की थी, साथ ही गाय-भैंसों की देखभाल। इतना सब करने के बावजूद वह पति से दो बोल प्यार के सुनने को तरस जाती। धीरे-धीरे मार खाना उसकी आदत बन गई, लेकिन गलत बात फिर भी उसे बर्दाश्त नहीं होती। वह तुरंत जवाब दे देती। इससे पति के अहं को ठेस लगती और वह फिर हैवानियत पर उतर आता।

"आए दिन के इस कलह का पिंटू के बाल-मन पर क्या असर पड़ रहा है, इसका दोनों को कोई भान नहीं था। घर में समझानेवाला कोई बड़ा-बूढ़ा था नहीं। पिंटू के दादा-दादी बहुत पहले ही स्वर्ग सिधार चुके थे, बाकी किसी की कोई हया थी नहीं।

"कुछ दिन पहले ही उन्होंने फिर बखेड़ा खड़ा कर दिया। छोटी-सी बात को लेकर खूब हाय-तौबा मच गई। उसके बाप ने थोड़ी शराब पी रखी थी। दोनों में से कोई भी चुप होने को तैयार नहीं था। पिंटू डर से काँपता हुआ दूसरे कमरे में एक कोने पर जा दुबका। अचानक माँ की जोर से चीखने की आवाज आई, पिंटू ने दरवाजे से झाँककर देखा तो उसके होश उड़ गए। पिता ने पास ही पड़ा हथौड़ा माँ के सिर में दे मारा। उसके मुँह से जोर की चीख निकली और वह बेहोश हो गई। सिर से खून का फव्वारा फूट पड़ा। यह देख उसका बाप भी सहम गया। निढाल पड़ी पत्नी को हिला-डुलाकर उठाने की कोशिश की, लेकिन उसमें जैसे जान ही नहीं थी। पिंटू समझ ही नहीं पाया क्या करे।

"बाप पानी लेने रसोई में गया तो पिंटू दबे पाँव कमरे से बाहर निकल आया। उसकी टाँगें काँप रही थीं, हलक सूख रहा था। आँखों के सामने बार-बार माँ का खून से सना चेहरा घूम आता। वह भागा जा रहा था, पर कहाँ? उसे खुद नहीं मालूम।

"इतनी देर में सारा गाँव इकट्ठा हो गया। पिंटू के नाना-नानी पास के ही गाँव में रहते थे। खबर मिलते ही वे भी दौड़े चले आए। गाँव में स्थित प्राथमिक स्वास्थ्य केंद्र वालों ने प्राथमिक उपचार कर पिंटू की माँ को बड़े अस्पताल ले जाने की सलाह दी। पिंटू के नाना-नानी ने अपने दामाद के विरुद्ध शिकायत की तो पुलिस उसे पकड़कर ले गई।

"इधर पिंटू की किसी को कोई सुध नहीं थी। अगले दिन सुबह जंगल में मवेशी चराने गए गाँव के एक युवक को पिंटू बेहोशी की हालत में पड़ा मिला। आनन-फानन में गाँववाले ही उसे उठाकर अस्पताल में भर्ती कर गए। बाईं टाँग में फ्रेक्चर था और उसके मुँह से आवाज नहीं निकल रही थी।

"शरीर पर लगे घाव तो भर जाएँगे सर, लेकिन जो घाव इस बच्चे के मन पर लगे हैं, क्या उन्हें कोई भर पाएगा! जब पाल ही नहीं सकते, तो बच्चे जनते ही क्यों हैं लोग?" कहते-कहते वह आक्रोशित हो गया था, मानो मन की भड़ास निकाल रहा हो। आगे बोला—

"अभी तक बच्चा बोल नहीं पा रहा सर। उसको कोई देखनेवाला भी नहीं है। बाप जेल में है और माँ अस्पताल में जीवन-मौत के बीच झूल रही है।"

अचानक आदित्य को लगा, जैसे वह सपना देख रहा हो। प्रसून गुमसुम अस्पताल में बेड पर पड़ा खामोशी से छत को निहार रहा है।

"नहीं···नहीं, ऐसा नहीं हो सकता।"

"क्या नहीं हो सकता सर? यही हुआ है। बेचारा बच्चा!" वह अपने आप में ही बड़बड़ाया, "पता नहीं क्या होगा अब उसका। ईश्वर करे इसके माँ-बाप में सुलह हो जाए और वे अपनी-अपनी गलतियों में सुधार करें।"

फार्मेसिस्ट अपनी रौ में बोले जा रहा था, पर इधर आदित्य जैसे कुछ सुन ही नहीं रहा था। नन्हे पिंटू की हालत ने उसे बहुत कुछ सोचने पर मजबूर कर दिया था। अपने घर के झगड़े में आदित्य ने हमेशा ही चित्रा को गलत समझा, लेकिन कितना असहिष्णु था वह चित्रा के प्रति। उसके काम को उसने कभी गंभीरता से लिया ही नहीं। अगर अपना अहं छोड़कर वह उसके काम में हाथ बँटा देता या उसे समझने

की थोड़ी सी भी कोशिश करता, तो ऐसी नौबत ही नहीं आती। आखिर चित्रा भी इनसान है, अगर वह प्यार से बात करेगा तो उसकी समझ में भी आ जाएगा।

प्रसून के जीवन के लिए वह चित्रा से अपने संबंध सुधारने का एक प्रयास जरूर करेगा।

अगले दिन सुबह आदित्य ने घर फोन किया तो प्रसून स्कूल जा चुका था।

"आ गई घर की याद?"

चित्रा का स्वर सुन एक बार उसका मन हुआ कि कह दे, वह एक व्यस्त डॉक्टर है। अगर वह फोन नहीं कर सका तो उसे ही बात कर लेनी चाहिए थी, लेकिन अपने अहं को उसने किसी तरह अंदर धकेला।

"सॉरी चित्रा, दरअसल यहाँ काम बहुत था। बीमारी काफी बढ़ गई थी, इसलिए समय नहीं मिल पाया।" उसने नरम स्वर में कहा।

आदित्य का स्वर सुन चित्रा खामोश हो गई। क्या यह वही आदित्य है, जो बात-बात पर काटने को दौड़ता था।

"तुम सुन रही हो न?" आदित्य का स्वर सुन चित्रा चौंकी।

"हाँ!"

"प्रसून कैसा है! वह तुम्हें तंग तो नहीं कर रहा है?" आदित्य का स्वर मन की गहराइयों से आता प्रतीत हो रहा था।

"आदित्य, तुम कब लौट रहे हो?" बहुत देर से चुपचाप आदित्य की बात सुन रही चित्रा ने पूछ ही लिया।

"बहुत जल्दी। अब तुम्हें ऑफिस को देर हो रही होगी, शाम को बात करूँगा। प्रसून से भी बात करनी है।" कहकर आदित्य ने फोन रख दिया। लेकिन चित्रा बहुत देर तक रिसीवर हाथ में उठाए आदित्य के कोमल स्वरों को महसूस करती रही।

आज दोनों अपने-अपने ऑफिस में कतई तनावमुक्त थे। ऐसा लग रहा था, जैसे बादलों की ओट से निकलकर शीतल सुंदर चाँद निकल आया हो।

□

नशा

कहते हैं जवानी का गुमान हमें मुगालतों की दुनिया में खींच ले जाता है। हम सपनों में उतरने लगते हैं। जमीनी हकीकतों से कतई अनजान, इन्हीं सपनों पर इतराने-इठलाने लगते हैं। सच्चाइयों से परे अपना बिल्कुल अलग ही संसार गढ़ लेते हैं। और फिर भ्रम में जीते हुए पूरी तरह इसी में रम जाते हैं। आत्म-ग्लानि से भरे विनय को जवानी के सरूर में अपनी यही नादानियाँ आज बार-बार कचोट रही थीं। दीपिका से मुलाकात और फिर घर तक बढ़ी नजदीकियाँ। उनकी ओर से पावन पहल और अपनी बचकानी सोच पर वह शर्मसार था।

पहला बुलावा था वह दीपिका के घर से। जिस गति से ऑटो सड़क पर दौड़ रहा था, उससे कहीं तेज गति विनय के मन की थी। बगल में बैठी दीपिका लगातार कुछ बोले जा रही थी। ऑटोवाले को निर्देश दे रही थी और साथ ही सड़क की दुर्दशा के लिए निर्माण विभाग को कोस रही थी। लेकिन विनय को तो इससे कुछ लेना-देना नहीं था। ऑटो किसी गड्ढे पर उछलता तो उसे लगता, उसका मन उछल रहा हो। ऑटो अब गलियों से होकर निकल रहा था, पतली गलियों में जगह-जगह खड़े स्कूटर, साइकिल इत्यादि ऑटो की गति कम करते, लेकिन इसका विनय के मन की गति पर कोई असर न होता।

एक हलके से झटके के साथ ऑटो रुका और साथ ही दीपिका की आवाज आई, "उतरो, हमारा घर आ गया।"

विनय ऑटो से उतर गया और दीपिका के साथ दरवाजे पर खड़ा हो गया। दरवाजा खुलने में थोड़ी देर हुई तो विनय का दिल धड़कने लगा। ऐसा लगा, जैसे कोई इम्तिहान देने जा रहा हो और इम्तिहान भी ऐसा, जिसमें पास होना जीवन-मरण का प्रश्न हो। विनय की धड़कन तेज हो गई। दीपिका से कुछ पूछना ही चाहता था

कि तभी दरवाजा खुल गया, दीपिका की छोटी बहन ने दरवाजा खोला और विनय की ओर ध्यान से देखा।

लगता है, यहाँ तो छोटे-बड़े सारे सदस्य उसकी परीक्षा लेनेवाले हैं आज। विनय को बैठक में बिठाकर दोनों बहनें अंदर चली गईं। विनय ध्यान बँटाने के लिए इधर-उधर देखने लगा। छोटी सी, लेकिन सुरुचिपूर्ण ढंग से सजाई गई बैठक, साधारण फर्नीचर, दीवारों पर कुछ पेंटिंग्स, जो शायद छोटी बहन मोनिका ने बनाई होंगी।

"माँ, ये है विनय।" तभी दीपिका माँ को लेकर कमरे में दाखिल हुई। विनय हाथ जोड़कर उठ खड़ा हुआ। यही समय है अपनी छाप छोड़ने का। विनय ने मन-ही-मन सोचा।

आधा घंटा वहाँ बैठ विनय वापस चला आया। दीपिका की माँ ने उसे दोबारा आने को कहा तो उसका मन बल्लियों उछलने लगा। इसका मतलब वह उनको पसंद आ गया है।

"बहुत खुश नजर आ रहा है। आज कॉलेज के बाद कहाँ गायब हो गया था तू?" हॉस्टल पहुँचते ही दीपक ने ताना मारा।

लेकिन विनय अपनी खुशी को अभी मन में ही रखना चाहता था, इसलिए टाल दिया।

अभी पिछले वर्ष ही बी.टेक. की परीक्षा उत्तीर्ण कर उसने इस कॉलेज में एम.टेक. में प्रवेश लिया था। यों तो बी.टेक. करने के उपरांत ही उसे नौकरी मिल रही थी, लेकिन माता-पिता की इच्छा उसे उच्च शिक्षा दिलाने की थी।

"नौकरी और पैसा कमाने के फेर में तुम आगे नहीं पढ़ पाओगे। उच्च शिक्षा का अलग ही महत्त्व होता है।" पिता के इस कथन को स्वीकार कर विनय ने आगे पढ़ाई करना उचित समझा।

यहीं उसकी मुलाकात दीपिका से हुई, जो बी.टेक. अंतिम वर्ष की छात्रा थी। दोनों का एक ही विषय होने के कारण दीपिका कभी-कभी विनय से मार्गदर्शन ले लिया करती। लेकिन धीरे-धीरे विनय को लगने लगा था कि दीपिका सिर्फ पढ़ाई के कारण उससे मिलने नहीं आती। कभी-कभी वह ऐसे बेवकूफी भरे सवाल करती कि विनय को आश्चर्य होता कि ये एक मेधावी छात्रा द्वारा पूछा जा सकता है।

वहीं की निवासी होने के कारण दीपिका अपने घर से ही कॉलेज आती-जाती थी, जबकि विनय हॉस्टल में रहता था। कॉलेज की लाइब्रेरी या लॉन में अकसर मुलाकात होती और दीपिका कोई-न-कोई टॉपिक को पकड़ बहस आरंभ कर

देती। कई बार बात करते-करते विनय ने महसूस किया था कि दीपिका अपलक उसकी ओर ताक रही है, तब वह असहज हो उठता।

धीरे-धीरे दोनों की मुलाकातें बढ़ने लगीं, लेकिन चर्चा का विषय पढ़ाई की वर्तमान हालत और कॉलेज के वातावरण से आगे न जा पाता। दीपिका विद्रोही स्वभाव की थी और अनुचित बात से समझौता नहीं कर सकती, इसलिए अक्सर वर्तमान हालात को लेकर उनमें बहस हो जाती। विनय जहाँ परिस्थितियों से समझौता करने की सलाह देता तो दीपिका उससे भिड़ जाती।

उनकी इस दोस्ती की चर्चा धीरे-धीरे कॉलेज में होने लगी थी और दबी जुबान में साथ के लड़के विनय को चिढ़ाने भी लगे थे।

धीरे-धीरे विनय के मन में दीपिका के लिए कब कोमल भावनाओं ने जन्म ले लिया, वह स्वयं भी नहीं समझ पाया। लेकिन दोनों में से किसी ने एक-दूसरे से कभी इस संबंध में बात नहीं की। कभी-कभी तो विनय को लगता, वह गलत तो नहीं समझ रहा। एक पल दीपिका बहुत प्यार से बात करती, तो दूसरे ही पल बहस पर उतर आती।

"माँ आपसे मिलना चाहती है। शाम को आप मेरे साथ घर चल रहे हैं?"

दो टूक शब्दों में दीपिका ने मानो अपना आदेश सुना दिया तो विनय को झुँझलाहट हुई।

'कैसी लड़की है? घर ले जाना चहती है, वह भी आदेश देकर?' मन में भावनाएँ उपजने लगीं, उससे पहले ही अपनी लट्ठमार भाषा से उन्हें कुचलकर रख देती है यह तो। लेकिन इस स्वभाव के बावजूद दीपिका उसे अच्छी लगती थी। मन की साफ, बिना किसी लाग-लपेट के अपनी बात कह जाती। अभी तक तो विनय को भी पता नहीं था कि उसके घर में कौन-कौन हैं। इतना पूछने का अधिकार कभी दिया ही नहीं उसने, न ही विनय ने इस बारे में उससे कुछ पूछने की इच्छा रखी।

"लेकिन क्यों?"

"कह दिया न, माँ मिलना चाहती है।"

विनय समझ गया कि दीपिका ने जरूर उसके बारे में कुछ कहा होगा और माँ ने उसे देखने के लिए बुलाया होगा। मन-ही-मन खुश हुआ विनय। लेकिन बाहर से शांत रहा, आखिर अपनी अहमियत दिखलाना भी जरूरी था।

"अचानक ही! पहले मुझसे पूछ तो लिया होता, कोई काम तो नहीं है मुझे शाम को।"

"काम है तो रहने दो, अगली बार आपसे समय लेकर माँ को बताऊँगी।" दीपिका का मुँह फूल गया था और विनय उसको नाराज करने का जोखिम हरगिज नहीं उठा सकता था। सो वह क्लास समाप्त होने के बाद दीपिका के साथ चल दिया।

वहाँ पहुँचकर ही उसे पता चला कि दो वर्ष पहले दीपिका के पिता और भाई की सड़क दुर्घटना में मृत्यु हो गई थी। माँ को पिताजी की मिलनेवाली पेंशन से घर चलाने में मुश्किल हुई तो दीपिका ने अपनी पढ़ाई के बाद ट्यूशन पढ़ाना शुरू कर दिया था। भाई जिंदा होता तो इस समय लगभग विनय के ही बराबर होता। लेकिन तब से दीपिका ने घर-बाहर दोनों को ही इस तरह सँभाला कि माँ को कोई कष्ट न हो। लेकिन फिर भी पति और जवान बेटे की मौत से हुए कष्ट को न तो दीपिका दूर कर सकती थी, न कोई और।

दीपिका का एक और रूप विनय के सामने था। इतनी जिम्मेदार तो वह उसे कदापि नहीं समझता था। अभी तक तो उसके मन में दीपिका की छवि एक विद्रोही स्वभाव वाली प्रतिभाशाली लड़की की थी।

धीरे-धीरे विनय का दीपिका के घर जाना बढ़ता गया। दीपिका अकसर माँ का बहाना कर उसे घर ले जाती और माँ विनय पर इतना प्यार उड़ेलती कि विनय को अपनी माँ की याद आने लगती।

विनय अब एक ऐसे मौके की तलाश में था, जब दीपिका से अपने मन की बात कह सके।

अगले वर्ष तक दीपिका अपना बी.टेक. पूरा कर लेगी और वह एम.टेक.। नौकरी लगने के बाद वे विवाह के बारे में सोच सकते हैं। इस बार घर जाएगा तो माता-पिता से भी इस संबंध में बात कर लेगा।

लेकिन इस बीच कुछ ऐसा घटित हो गया कि विनय दुविधा में पड़ गया।

"कल माँ ने आपको बुलाया है।"

"लेकिन क्यों?"

"मुझे क्या पता, माँ से ही पूछ लेना।"

दीपिका का यह स्वभाव कभी-कभी विनय को आहत कर जाता। एक बार तो उसका मन हुआ कि न जाए, लेकिन मन के वशीभूत होकर अगले दिन शाम को वह दीपिका के घर पहुँच ही गया।

"बहुत देर कर दी, बेटा। मैं तो कब से तुम्हारा इंतजार कर रही थी।" माँ का

स्नेही स्वर सुन उसका गुस्सा ठंडा हो गया।

और उसके बाद जो कुछ घटा, वह अप्रत्याशित था विनय के लिए। थोड़ी ही देर में दीपिका और मोनिका पूजा की थाली लेकर उसके सामने बैठ गईं। थाली में रोली-अक्षत के साथ-साथ राखी के धागे भी रखे थे।

विनय को लगा, जैसे वह सपना देख रहा है। यह कैसा खेल खेला जा रहा है मेरे साथ।

"क्या सोच रहे हो, बेटा?" उसके कानों में माँ की आवाज पड़ी।

"दीपिका कहती थी, बिल्कुल भैया की तरह है तो मुझे यकीन नहीं आता था, लेकिन बेटा, तू पहली बार जिस दिन घर आया, मुझे लगा, मेरा किशन सामने बैठा है। वैसा ही चेहरा, वही आदतें।" कहते-कहते उसकी आँखों से आँसू बहने लगे।

विनय तो जैसे समाधिस्थ हो गया था। सुनकर भी कुछ सुनने की स्थिति में नहीं था।

"दीपिका को तू जानता है। कितनी अक्खड़ स्वभाव की है, लेकिन तुझे देखकर वह भी···।"

तो दीपिका इसलिए उसके नजदीक आई थी, और मैं बेवकूफ कुछ और ही समझ बैठा। अब क्या करूँ? क्या कह दूँ कि उसे किसी का भाई नहीं बनना। वह तो प्यार करता है दीपिका से! बहुत कुछ सोचा विनय ने, लेकिन कह न पाया। मोनिका और दीपिका ने उसके हाथ में राखी बाँधी और उसका मुँह मीठा कराया। वह तो किसी बुत की तरह परिस्थितियों के वशीभूत होकर सबकुछ करता गया।

उसको यह क्यों नहीं याद था कि आज रक्षाबंधन है। शायद इसलिए भी कि उसकी कोई बहन नहीं थी, इसलिए इस त्योहार की महत्ता को कभी नहीं समझा उसने।

माँ ने शाम को भोजन करके जाने का आग्रह किया, तो चुपचाप मान लिया उसने। घर के सभी लोग बहुत खुश नजर आ रहे थे। विनय को चुप देख मोनिका ने दो बार उसकी उदासी का कारण पूछा भी, लेकिन विनय के पास कोई जवाब होता तो देता।

हॉस्टल वापस आया तो देखा कि दीपक कमरे में नहीं था। चुपचाप बत्ती बुझाकर लेट गया। क्या सोचा था उसने और क्या हो गया। अब क्या करे वह? क्या कल दीपिका का सामना कर पाएगा वह?

एक मन हुआ कि कल से दीपिका से मेलजोल कम कर दे। दीपिका ने उससे

जो पवित्र रिश्ता बनाया है, क्या उसकी गरिमा बनाए रख पाएगा वह? अगर इसके बाद किन्हीं कमजोर क्षणों में दीपिका के प्रति उसका मन भावनाओं में बह जाए, तो अपने आप को कभी माफ नहीं कर पाएगा। वैसे भी कुछ महीने और हैं यहाँ पर, किसी तरह से काट लेगा और फिर कभी इस शहर में लौटकर नहीं आएगा। हाँ, यही ठीक रहेगा।

लेकिन दूसरे ही पल उसे दीपिका, मोनिका और उनकी माँ की आँखों में तैरता हुआ अगाध स्नेह याद आ गया।

'किशन जिंदा होता तो तेरे ही बराबर होता, बेटा। तेरी बातें, तेरा चेहरा-मोहरा मेरे किशन से इतना मिलता है कि तुझे खुद भी यकीन नहीं होगा।' और माँ अंदर से किशन का फोटो उठा लाई थी। उसने फोटो देखी तो माँ की बात उसे सच लगी, काफी कुछ समानता लगी, उसे किशन के फोटो और अपने चेहरे में।

माँ की आँखों से आँसू बह रहे थे और अपने आप को कभी कमजोर साबित न होने देनेवाली दीपिका आँखों में छलक आए आँसुओं को छुपाने के लिए दौड़कर दूसरे कमरे में चली गई थी।

इतने प्यार भरे रिश्ते को क्या वह अपनी एक छोटी सी कमजोरी के कारण गँवा दे। आजकल के वातावरण में जहाँ अपने खून के रिश्ते ही दगा दे जाते हैं, उस समय में ऐसा पवित्र रिश्ता बनना उसकी खुशकिस्मती होगी।

दोनों स्थितियों पर सोचते-सोचते विनय को न जाने कब नींद आ गई। सुबह उठा तो मन में दृढ़-संकल्प था। मन-ही-मन लिये गए निर्णय से वह स्वयं को हलका महसूस कर रहा था।

आज रविवार होने के कारण छुट्टी का दिन था। सुबह जल्दी तैयार होकर बाजार से होते हुए विनय सीधे दीपिका के घर पहुँच गया। विनय को अचानक घर पर देख परिवार के सभी सदस्यों के चेहरों पर खुशी की लहर दौड़ गई।

"कल तो मुझे पता ही नहीं था कि मेरी बहनें रक्षाबंधन पर मुझे अपने प्यार का इतना खूबसूरत रिश्ता तोहफे में देनेवाली हैं। मैं तो कल खाली हाथ ही चला आया था।" और ये कहते हुए उसने अपने हाथ में रखे दोनों पैकेट मोनिका के हाथ में रख दिए।

"इसकी जरूरत नहीं थी बेटा, रिश्तों की गहराई तोहफों से नहीं मापी जाती, ये तो मन की भावनाओं से प्रकट होती है।"

"ठीक कह रही हैं माँ। आपको पहली बार देखा था तो भैया की बहुत याद

आई थी। माँ से कहा तो उन्होंने आपसे मिलने की जिद की। ये रिश्ता हम आप पर थोपना नहीं चाहते थे, लेकिन···।" यह दीपिका थी।

"ऐसा मत कहो। मुझे तो दो बहनें मिल गईं और साथ ही एक प्यारी माँ।" विनय के शब्दों में दृढ़ता थी, साथ ही मन में बदलते हुए रिश्तों का अहसास। वह आत्मग्लानि से भरा था। उसका सारा गुमान चला गया। जवानी का जो नशा उस पर चढ़ा था, वह काफूर हो गया था।

□

एक और बेड खाली हो गया

"अरे राजू, जल्दी से आओ, एक और बेड खाली हो गया! जल्दी से डेड बॉडी हटाकर चादर बदल दो और जिसका अगला नंबर हो, उसे बेड दे दो।" नर्स सिस्टर रोजी ने बार्ड बॉय राजू को आवाज देते हुए कहा।

रोजी की आवाज सुनते ही जमीन पर लेटे हुए कई मरीजों ने आशापूर्ण नजरों से राजू की ओर देखा कि शायद अब उनमें से किसी एक मरीज को जमीन छोड़ बड नसीब हो जाए।

"कौन है इनके साथ? जल्दी से बताइए, टेड बॉडी कहाँ लेकर जाना है? टाइम नहीं है अपने पास। बहुत काम करना है अभी।" राजू डेड बॉडी के पासवाले बेड पर जाकर लगभग चिल्लाते हुए बोला।

पिता की मृत्यु का सुरेश अभी शोक भी नहीं मना पाया था कि अब पिता की लाश उठाकर बेड खाली करवाने की जल्दबाजी देखिए।

"मैं दिल्ली में बिल्कुल नया हूँ, अपने दो-एक रिश्तेदारों को बुलवा लूँ, तभी पिता की लाश ले जा पाऊँगा।" सुरेश ने दुःख मिश्रित आग्रह करते हुए कहा।

"इतना टाइम नहीं है अपने पास। देखते नहीं, मरीजों की लाइन लगी पड़ी है।" रोजी कटु स्वर में बोली। फिर राजू से बोली, "जब तक इसके रिश्तेदार आते हैं, तब तक डेड बॉडी मोर्चरी में डाल दो। बहुत सारे मरीज लाइन में हैं। जल्दी से बेड खाली करवाओ।"

और थोड़ी ही देर में राजू ने सुरेश के पिता की लाश को मोर्चरी में डालकर तुरंत ही बिस्तर की चादर बदल दी। अब वह किसी अन्य मरीज को फर्श से उठाकर बिस्तर दिलवाने की जल्दबाजी में व्यस्त हो गया था। ऐसे ही मौके तो उसे कुछ ऊपर की कमाई का अवसर देते थे। जमीन से उठकर बिस्तर पर लेटने

की एवज में दर्द से कराहते गंभीर बीमारियों से ग्रस्त मरीजों के रिश्तेदारों को यह सौदेबाजी बुरी भी नहीं लगती थी।

पिता की लाश को मोर्चरी में छोड़ सुरेश अस्पताल के समीप स्थित पी.सी.ओ. बूथ पर फोन करने चला गया। अपने मामा, जिनके सहारे पर वह पिता का इलाज कराने पहाड़ के सुदूर गाँव से दिल्ली तक चला आया था, को पिता की मृत्यु की खबर देने के पश्चात् जब उसने दूसरा फोन मिलाने का प्रयास किया, तो लाइन में खड़ा एक आदमी लगभग चिल्लाकर बोला, "अरे, इतने सारे फोन करने थे तो कहीं और जाते, देखते नहीं, लाइन में इतने लोग खड़े हैं।"

"दरअसल मेरे पिता की मृत्यु हो गई है और उसकी खबर रिश्तेदारों को देनी थी इसलिए···।" सुरेश की उँगलियाँ फोन पर ही रुक गई थीं।

"अरे तो किसी एक रिश्तेदार को बताकर उसे ही सबको बताने को कह दो, हमारा टाइम क्यों खराब कर रहे हो?" उस व्यक्ति का स्वर अब और भी उग्र था।

"आप एक और फोन कर किसी एक सगे-संबंधी को सूचित कर दीजिए। क्या बताएँ बेटा! यहाँ सभी को जल्दी है। किसी के जीवन-मरण से यहाँ किसी को फर्क नहीं पड़ता। अस्पताल है, रोज पता नहीं कितनी मौतें होती हैं।" सुरेश के ठीक पीछे खड़े व्यक्ति ने विनम्रता से कहा। उसका स्वर सुरेश को तपती रेत में ओस की बूँद के समान प्रतीत हुआ।

तुरंत ही काँपती उँगलियों से उसने अपनी बहन की ससुराल में फोन मिलाया और उन्हें अन्य संबंधियों को सूचित करने का आग्रह कर सुरेश टेलीफोन बूथ से बाहर निकल आया और मोर्चरी के बाहर आकर एक पेड़ की छाँव में बैठ गया।

मामाजी और जीजाजी को आने में एक घंटा तो लग ही जाएगा। वह भी तब, जब कि आज छुट्टी का दिन है। नहीं तो और भी मुश्किल हो जाती। उसे एक-एक क्षण गुजारना अत्यंत कठिन लग रहा था। प्रतीक्षा का यह समय उसे वापस अपने गाँव ले गया।

पिता की बीमारी कई महीनों से ठीक होने में नहीं आ रही थी। गाँव के समीपवर्ती अस्पताल के चक्कर काट-काट कर सुरेश परेशान हो गया था, किंतु उन पर दवाइयों का कोई प्रभावकारी असर नजर नहीं आ रहा था।

"देखिए, इनके कुछ परीक्षण करने होंगे। यहाँ पर तो ये सुविधाएँ उपलब्ध हैं नहीं, अच्छा होगा कि आप इन्हें किसी बड़े अस्पताल में लेकर जाएँ, तभी बीमारी पकड़ में आ पाएगी।" गाँव के समीपवर्ती प्राथमिक स्वास्थ्य केंद्र के डॉक्टर ने यह

कहकर अपना पल्ला झाड़ लिया था।

डॉक्टर की राय सुनकर माँ सुरेश के पीछे लग गई थीं, "बेटा, इन्हें जल्दी से दिल्ली ले जा। सुना है, वहाँ बहुत बड़े-बड़े अस्पताल हैं। कल सुबह ही पैठाणी जाकर अपने मामा को फोन कर बता दे कि तू पिताजी को लेकर दिल्ली आ रहा है, वह सब इंतजाम कर देगा। क्या करूँ बेटा! इनकी हालत मुझसे तो देखी नहीं जाती।"

माँ की बात सुरेश टाल नहीं पाया। वैसे वह भी तो इतने महीनों से पिता की हालत देखकर परेशान था। शायद दिल्ली में डॉक्टर उनकी बीमारी का पता लगा पाएँ और वे ठीक से इलाज कर पाएँ।

सुरेश गाँव के पास ही स्थित प्राथमिक विद्यालय में अध्यापक था। उसकी दो बड़ी बहनें थीं, जो कि विवाहित थीं और अपने-अपने घरों में प्रसन्न थीं। दूसरे दिन सुबह-सुबह ही पैठाणी जाकर सुरेश ने मामा और बड़ी बहन को फोन कर गंभीर रूप से बीमार पिता को दिल्ली लेकर आने की सूचना दी और स्कूल से छुट्टी लेकर, पिता को लेकर दिल्ली रवाना हो गया। इन परिस्थितियों में बहन के घर जाना उसने उचित नहीं समझा और पिता को लेकर मामा के घर पर चला गया।

मामा का घर देखकर सुरेश हतप्रभ रह गया था। एक कमरा, साथ में छोटा सा किचन और छोटी सी गैलरी, जिसमें बच्चों का कुछ सामान रखकर कमरे का रूप दे दिया गया था। कहाँ रहेंगे यहाँ इतने लोग? मामा का स्वयं भी चार लोगों का परिवार था—मामा, मामी और उनके दो बच्चे, वही कैसे रह पाते होंगे?

उस पर दो और लोग रहने आ गए। इस घर से बड़ी तो उनकी गौशाला है। सुरेश मन-ही-मन सोचता रह गया था। अपने मन को तसल्ली देते हुए सोचा कि चलो, कुछ दिन की ही तो बात है। पिताजी की हालत में सुधार होते ही वह तुरंत यहाँ से चला जाएगा।

"जीजाजी को कल ही अस्पताल में दिखवा देंगे, हमारे गाँव का एक व्यक्ति वहाँ नौकरी करता है और मैंने उसी से कह दिया है कि थोड़ा जल्दी दिखला देना। वरना यहाँ तो महीनों लग जाते नंबर आने में।"

भोजन के वक्त मामाजी ने कहा तो सुरेश कुछ आशान्वित हुआ। यहाँ की स्थिति देखकर मामा-मामी पर अधिक समय तक कदापि बोझ नहीं बनना चाहता था वह!

अगले दिन मामाजी के साथ पिता को लेकर अस्पताल पहुँचा, तो वहाँ की

भीड़ देखकर दंग रह गया। लग रहा था, जैसे कोई मेला लगा हो। पहाड़ के किसी कौथीग की तरह अस्पताल में लगी भीड़ देखकर एक पल को तो सुरेश हताश हो गया था कि यदि इस भीड़ में वह आज पिता को डॉक्टर को न दिखा पाया, तो दो दिन से पैठाणी बाजार में उसके फोन का इंतजार कर रही माँ को आज सायं को वह क्या जवाब देगा? सौभाग्यवश, चार घंटे की प्रतीक्षा के बाद जब उसके पिता का नाम पुकारा गया, तो सुरेश की जान में जान आ गई थी। डॉक्टर ने प्रारंभिक जाँच कर कुछ टेस्ट कराने को कहा और टेस्ट की रिपोर्ट लेकर मिलने को कहा।

मामाजी ने फिर गाँव के उसी व्यक्ति से कहलवाकर जल्दी से टेस्ट करवा लिये। इसके उपरांत आरंभ हुए सुरेश के अस्पताल के चक्कर! कभी कोई रिपोर्ट लेना, तो कभी कोई। मामाजी भी रोज-रोज नहीं आ सकते थे, क्योंकि प्राइवेट नौकरी जो थी उनकी। वे बेचारे आखिर कब तक छुट्टी लेते। सुरेश की दौड़-धूप और मामाजी के परिचित के सहयोग से लगभग एक सप्ताह बाद जब सभी जाँच रिपोर्ट मिल गई, तो सुरेश आश्वस्त हुआ था कि अब पिता का उपयुक्त इलाज संभव हो पाएगा और वह सुकून से अपने गाँव वापस जा पाएगा।

कुछ दिनों बाद ही वह महसूस करने लगा था कि मामी परेशान रहने लगी है। पिता का हाल जानने के लिए दिल्ली में रहनेवाले रिश्तेदारों का मामाजी के घर आना-जाना भी होने लगा था। मामी वैसे तो कुछ न कहती, लेकिन बच्चों पर बार-बार उनका बिगड़ना, उनके स्वभाव में आए परिवर्तन को स्पष्ट कर देता था।

एक बार दबी जुबान से सुरेश ने पिता को कुछ दिनों के लिए दीदी के घर ले जाने की सलाह दी थी, तो मामा ने डाँटकर उसे चुप करा दिया था।

"क्यों? क्या हमारा घर छोटा लग रहा है तुझे, जो बहन के घर जाएगा। उसके सास-ससुर भी साथ में रहते हैं और दिल्ली में हम जैसे सामान्य लोगों के पास इतने ही बड़े घर हैं। रात होते ही चारपाइयों के नीचे से चारपाइयाँ निकालकर ही सब लोग रात गुजारते हैं। बेटा, ऐसी ही है यहाँ की जिंदगी। इसलिए तू परेशान मत हो और ढंग से जीजाजी का इलाज करा।" दूसरे दिन सुरेश पिता के टेस्ट की सारी रिपोर्ट लेकर डॉक्टर से मिला।

"इनकी हालत तो काफी खराब है। आँतों का इंफेक्शन काफी बढ़ चुका है। इन्हें तुरंत अस्पताल में भर्ती करवा दीजिए।" डॉक्टर के इतना कहते ही सुरेश एक पल को तो घबरा गया, किंतु अगले ही क्षण उसे ठीक भी लगा कि अब उन्हें मामाजी के घर में और नहीं रहना पड़ेगा।

अस्पताल के वार्ड में पहुँचते ही वार्ड ब्वॉय ने मरीजों से भरे हुए एक बड़े से हॉल में जमीन में एक गद्दा बिछाकर पिताजी को वहाँ पर लेट जाने का आदेश दिया, तो सुरेश का खून खौल उठा, "अरे, इतने बीमार और बुजुर्ग आदमी को जमीन पर लिटाते हुए शर्म नहीं आती तुमको? उनके लिए बिस्तर का इंतजाम नहीं हो पाया क्या?"

"जोर से मत बोलो, बाबूजी! यह दिल्ली है, यहाँ रोज न जाने कितने मरीज भर्ती होते हैं। इतने बेड नहीं हैं यहाँ पर, कोई बेड खाली होगा तो मिल जाएगा।" वार्ड बॉय तल्खी से बोला।

थोड़ी देर में नर्स आई तो जमीन पर लेटे हुए पिता को कुछ दवाइयाँ खिलाने का निर्देश दे गई और उनकी बाँह पर ग्लूकोज चढ़ा गई। जिस बेदर्दी से उसने सुई उनकी बाँह में चुभोई, उसको महसूस कर सुरेश की तो आह निकल गई थी। लेकिन नर्स के चेहरे पर कोई भाव न थे।

सुरेश को लगा, ये सब लोग जैसे मशीन हों। चेहरे पर बिना किसी भाव के ये लोग ऐसे काम कर रहे हैं, मानो रोबोट हों। मरीज के दु:ख-दर्द से इनका कोई लेना-देना नहीं है।

दो-तीन दिन बाद मामा के उसी परिचित की बदौलत पिता को एक अदद बेड मिल गया था, क्योंकि पास ही के कमरे से एक व्यक्ति ठीक होकर घर वापस जा चुका था।

पिता की हालत में अपेक्षानुरूप बहुत अधिक सुधार नहीं हो रहा था। पिता के पास बैठे सुरेश को बार-बार लगता था कि मानो जमीन पर लेटे हुए हर मरीज की निगाह उसी बेड पर लगी है कि कब बेड खाली हो और उन्हें भी एक अदद बेड नसीब हो।

"सुरेश! क्या हो गया था जीजाजी को अचानक? कल शाम तक तो ठीक थे।" मामाजी का स्वर सुनकर सुरेश तंद्रा से जागा। मामाजी के साथ जीजाजी और गाँव के कुछ और लोग भी मोर्चरी में सुरेश के सामने खड़े थे।

"साहब! इतनी देर तक आपके पिता की लाश को सँभालकर रखा है। क्या उसका मेहनताना नहीं देंगे?" मोर्चरी के बाहर खड़े चौकीदार ने खीसें निपोरते हुए कहा, तो सुरेश का मन वितृष्णा से भर उठा। लाश के साथ भी सौदेबाजी! जेब में जो कुछ भी बचा था, उसे ललचाई नजरों से देख रहे चौकीदार के हाथ में रख सुरेश व्यथित मन लिये अस्पताल से बाहर निकल आया।

इसके बाद कब वह पिता का अंतिम संस्कार कर उनका अस्थि-कलश लेकर कोटद्वार की बस में बैठ गया, उसे कुछ ज्ञात नहीं। लगता था, जैसे पहाड़ से आने के बाद वह भी रोबोट जैसा निष्प्राण हो गया है। बस चलने में अभी कुछ देर थी, किंतु सुरेश को आई.एस.बी.टी. पर एक-एक पल बस चलने का इंतजार करना बहुत भारी पड़ रहा था। विगत एक माह में इस मायानगरी के कटु अनुभवों को याद कर वह यहाँ से तुरंत निकल जाना चाहता था। बस में यात्रा करते हुए पूरी रात उसकी आँखों के समक्ष अस्पताल में घटित एक-एक घटना, जो उसने स्वयं अपनी आँखों से देखी थी, प्रकट होने लगी। सुरेश सोचने लगा कि क्या यही दिल्ली जैसे महानगरों की झूठी शानो-शौकत है? जहाँ की दौड़ती-भागती जिंदगी में एक पल रुककर अपने-पराए किसी के प्रति भी संवेदना अथवा सहानुभूति के दो शब्द कहने की भी फुरसत नहीं है।

एक पल के लिए वह सोचने को विवश हो गया था कि इससे लाख गुना बेहतर जिंदगी तो हम पहाड़ में जी रहे हैं, जहाँ की माटी में दुनिया भर की दुःख-विपदा को समेटकर सुख बाँटने की परंपरा जन्म-जन्मांतर से आज तक भी रची-बसी है। दोपहर बाद गाँव पहुँचकर उसने बरामदे में पिता का अस्थि-कलश रख माँ को यह दुःखद समाचार सुनाया, तो माँ जोर-जोर से चीखती हुई बेहोश हो गईं। माँ की चीखें सुनकर पल भर में ही पूरा-का-पूरा गाँव ही नहीं, अपितु आसपास के गाँवों के लोग भी उनके घर एकत्र होकर सुरेश व उसकी माँ को ढाढ़स बँधाते हुए सांत्वना देने लगे।

अपनों के बीच से सहानुभूति के बोल सुन सुरेश की आँखों से दिल्ली में सूख चुके आँसू एकाएक अश्रुधार बनकर निकल आए और वह फूट-फूटकर रोने लगा। रोते-रोते जब उसका मन कुछ हलका हुआ तो वह महसूस कर रहा था कि महानगरों व शहरों में आधुनिकता की चकाचौंध में कब की जिंदा दफन हो चुकी मानवीय संवेदनाएँ तो वास्तविक रूप में पहाड़ के कण-कण में रची-बसी हैं, जिनके बीच आज वह अपना दुःख हलका कर सका है।

□

मनीऑर्डर

"सुंदरू के पिता का मनीऑर्डर नहीं आया, इस बार न जाने क्यों इतनी देर हो गई? वैसे महीने की दस से पंद्रह तारीख के बीच उनके रुपए आ ही जाते थे। उनकी ड्यूटी आजकल लेह में है। पिछले महीने तक वे सुदूर आइजाल (मिजोरम) में तैनात थे, तब भी पैसे समय पर आ गए थे, किंतु इस बार तो हद हो गई थी। आज महीने की सत्ताईस तारीख हो गई और सुंदरू के पिता के रुपए तो दूर, लेह-लद्दाख जाने के बाद से कोई चिट्ठी तक नहीं आई। समझ में नहीं आता कि कहाँ से बच्चों की फीस व घर के राशन पानी के लिए पैसों का इंतजाम करूँगी?"

रंजू के मन में जहाँ कई तरह की आशंकाओं के बादल मँडरा रहे थे, वहीं वह इस बात को लेकर कुछ ज्यादा ही परेशान थी कि अगले दो-एक दिनों में मनीऑर्डर न आने पर पैसों की व्यवस्था करेगी तो करेगी कहाँ से? आखिर मनीऑर्डर की प्रतीक्षा में कितने दिनों से वह बच्चों को उनकी फीस सहित हल लगानेवाले, घराट की मरम्मत कर रहे मिस्त्री सहित न जाने कितने लोगों से वादा जो कर चुकी थी।

मोहनलाल ने टोलका व पलडुंगा के खेतों का हल तो पहले ही आधे-अधूरे में ही छोड़ दिया है। उसके पास गाँव के तीन-चार और लोगों के खेतों में हल चलाने का जिम्मा है। अगले दो-तीन दिनों में यदि उसे रुपए नहीं मिले, तो हमारे खेतों में उसकी दिलचस्पी बिल्कुल ही खत्म हो जाएगी। मिस्त्री भी तब से तीन-चार बार आ चुका है रुपए लेने। बच्चों की भी तो पंद्रह तारीख तक स्कूल की फीस जमा करनी थी। आज तक तो वह बच्चों को किसी तरह मनाकर बेमन से स्कूल भेजे जा रही थी, लेकिन आजकल में यदि मनीऑर्डर नहीं आता तो इस बड़ी मुश्किल में कहाँ जाएगी वह। इसी उधेड़बुन में आज का आधा दिन भी बीत चुका था।

जब सुंदरू के पिता घर आते, तो मोहनलाल से जो भी काम करवाओ, वह हर

पल तैयार रहता। पिछली बार की होली में मोहनलाल ज्यूठांण के खेतों के पुश्ते से नीचे गिर गया था, तो सुंदरू के पिता ने अकेले ही उसे कंधे पर लादकर चार मील दूर अस्पताल तक पहुँचाया था।

यद्यपि मामला हलकी-फुलकी चोट में ही टल गया, क्योंकि नीचे गोबर का ढेर था, जिसमें गिरने से वह अधिक चोटिल होने से बच गया। कुछ दिन बाद मोहनलाल जब हमारे चौक में आया, तो टोपी उतारकर सुंदरू के पिता के पाँवों में रखकर कह रहा था, "काका नहीं होते तो उस दिन मर ही जाता मैं। काकी, यह अहसान जिंदगी भर नहीं भूल पाऊँगा। काका के मेरे ऊपर पहले भी इतने अहसान हैं कि अब मैं आपके खेतों में बिना रुपए लिये हल जोतूँगा।" उस दिन मोहनलाल की बातें सुनकर रंजू खूब हँसी थी।

सुंदरू के पापा घर आते तो मोहनलाल उनके ही इर्द-गिर्द मँडराता रहता। वे जब भी घर आते, तो एक पेटी फौजी रम लेकर आते और घर क्या गाँव में हर किसी को पिलाते रहते। हल लगानेवाले से लेकर लकड़ी फाड़नेवाले तक सब-के-सब दोगुना उत्साह के साथ काम करते और इसके साथ ही घर में यकायक चहलकदमी बढ़ जाती। रंजू को भी अच्छा लगता। लोग कम-से-कम उन दिनों तो उसकी व उसके परिवार की खैर-खबर पूछते हैं। किंतु आज घर के चौक की मुँड़ेर पर अकेली बैठी रंजू यह नहीं समझ पा रही थी कि उसकी दुविधा का अंत कैसे होगा? वह इतनी गहरी सोच में डूबी हुई थी कि अहसास ही नहीं हुआ कि कब शाम के पाँच बज गए और स्कूल से बच्चों के लौट आने का समय हो गया। बच्चों की चहल-पहल के बाद ही उसकी एकाग्रता टूटी।

आज का पूरा दिन भी मनीऑर्डर की प्रतीक्षा में पोस्टमैन की राह ताकते ही व्यतीत हो गया, तो रंजू अत्यधिक हताश हो गई थी, साथ ही तरह-तरह की आशंकाओं व अनहोनी के खयालों से ही उसका पूरा बदन सिहर उठता था।

स्कूल से लौटने के बाद तीनों ही बच्चों ने कल फीस के पैसे न देने पर स्कूल न जाने की जिद पकड़ ली। मिस्त्री ने भी कल से घराट की मरम्मत का काम बीच में ही छोड़ देने का रैबार भिजवा दिया। शंकाओं, आशंकाओं के बीच उसने बुझे मन से किसी तरह हिम्मत जुटाकर बच्चों के लिए खाना बनाया और खाना खिलाकर तीनों को सुला दिया, किंतु स्वयं उसकी तो भूख व नींद दोनों ही न जाने कहाँ लुप्त हो चुकी थी।

रात गहराती जा रही थी, किंतु रंजू के कानों में तो आज शाम को कलावती

सासूजी के कहे शब्द बार-बार गूँज रहे थे, "ब्वारी! रवासन के गधेरे से लेकर तुम्हारे घराट के कोने तक पूरी की पूरी सार में कब की हल जुताई हो गई है, केवल तुम्हारे खेत ही बीच-बीच में बदरंग लग रहे हैं। मोहनलाल से कहकर कल सुबह ही सारे खेतों में हल लगवा लो। इस बार क्या हो गया इस मोहनलाल को? पहले तो सबका काम छोड़कर सबसे पहले लगा दिया करता था तुम्हारा हल।"

रंजू सोचे जा रही थी कि ऐसी जगहँसाई तो पहले कभी नहीं हुई। हमारे खेतों में बुआई न होगी तो मैं किस तरह दुनिया को मुँह दिखाऊँगी? सारे लोग क्या कहेंगे? सुंदरू के पिता की साख भी तो मिट्टी में मिल जाएगी। नहीं-नहीं, मैं ऐसा हरगिज नहीं होने दूँगी।

बीच-बीच में हिम्मत जुटाकर रंजू सोचती कि कल सुबह मधवा ससुरजी से हल जोतने के लिए विनती कर लेती हूँ, परंतु पिछले महीने बच्चों की कॉपी, किताब व स्कूल की पोशाक के लिए एक हजार रुपए भी तो उन्हीं से उधार लिये हैं। अब हल लगाने के लिए भी उन्हीं से कहूँगी तो वे क्या सोचेंगे? सुबह उठकर रंजू गौशाला की तरफ जा रही थी कि तब तक मधवा ससुरजी स्वयं ही रास्ते में मिल गए।

"ब्वारी! हवलदार की चिट्ठी-पत्री आई कि नहीं? अरे, उसका मनीऑर्डर नहीं आया, तो इस मोहनलाल के भरोसे खेत बंजर ही छोड़ दोगी क्या? थोड़ी देर में बिजुंडा (बीज का थैला) लेकर आ जाना, मैं अपने बैलों को लेकर बुआई करने टोलका पलडुंगा के खेतों में पहुँच जाऊँगा।" मधवा ससुर की बातों से रंजू की आँखें छलछला आई थीं। उसे लगा कि कोई तो है गाँव में, जो उसकी चिंताओं में शामिल है।

आज सुबह उसने खिलानधार पोस्ट मास्टरजी के पास सुंदरू को यह पूछने के लिए भेजा कि उनके पैसे आए क्या? तो सुंदरू मायूस होकर लौटकर बताने लगा, "माँ! बिसनू दादा मुझे डाँटते हुए बोले कि हमने खा लिये तुम्हारे पैसे? अरे! तेरे बाप ने मनीऑर्डर भेजा ही नहीं, तो मैं तुम्हें पैसे कहाँ से दूँ? हमारे यहाँ रुपयों के पेड़ लगे हैं, जो सारे गाँव में बँटवाता फिरूँ? वहाँ कश्मीर जाकर पूछो, कहीं तेरे बाप ने दूसरी शादी तो नहीं कर ली?"

बिसनू की फटकार से मर्माहत सुंदरू हताश मन से घर लौटा, तो रंजू ने उसे गले लगा लिया और बहुत देर तक उसका सिर सहलाते हुए उसे सांत्वना देती रही, ताकि बाल मन पर बिसनू के कड़वे बोलों का कुप्रभाव न पड़े। पोस्टमास्टर द्वारा

कहे गए एक-एक शब्द यद्यपि जहरीले तीर की तरह उसके शरीर में चुभ रहे थे और मन करता था कि अभी खिलानधार जाकर पोस्टमास्टर की खबर ले, किंतु दूसरे ही पल समाज तथा परिवार की प्रतिष्ठा का खयाल आते ही रंजू खुद ही फफक-फफककर रो पड़ी।

कई रोज बीत गए किंतु सुंदरू के पिता का मनीऑर्डर नहीं आया। मनीऑर्डर की प्रतीक्षा करते-करते वह थक गई। मनीऑर्डर की आस में घर से लेकर खेत-खलिहान तक आते-जाते वह पोस्टमैन को टकटकी लगाए देखती रहती, लेकिन अब तो पोस्टमैन ने उनके चौक से जाने का रास्ता ही बदल दिया। मोहनलाल, मिस्त्री, लकड़ी फाड़नेवाले यहाँ तक कि गाँव के अधिकांश लोगों ने भी रंजू के घर की तरफ झाँकना भी बंद कर दिया था। हाँ, संकट की इस घड़ी में मधवा ससुरजी और कलावती सासूजी जैसे दो-एक लोगों ने रंजू का हौसला बनाए रखा।

आर्थिक तंगी के बीच बड़ी बेचारगी व लाचारी में रंजू ने एक-डेढ़ माह और गुजार दिए, लेकिन अब तक भी न तो कोई चिट्ठी आई और न ही मनीऑर्डर मिला, तो तरह-तरह की अनिष्ट की आशंकाओं ने उसके मन-मस्तिष्क को झकझोरकर रख दिया। अब तो उसकी आशाएँ एकदम ही धूमिल हो गईं। "मम्मी! पापा कब आएँगे?" बच्चों के मासूम, किंतु बोझिल सवालों का रंजू के पास कोई जबाव नहीं था। वह निरुत्तर हो, आकाश को ताकते शून्य में निहारती रह जाती और अतीत की परछाइयों में डूबती-तैरती सोचती कि काश! उसने मायके में पिता का कहना मानकर उस समय बी.टी.सी. कर लिया होता, तो आज उसे कदापि यह दिन न देखना पड़ता।

रंजू को याद आ रहा था कि आज से लगभग बीस वर्ष पूर्व प्रथम श्रेणी में बारहवीं पास करते ही उसे और उसकी सहेली प्रभा को पौड़ी से बी.टी.सी. में प्रवेश हेतु आमंत्रण-पत्र एक साथ प्राप्त हुआ था। कितनी मिन्नतें की थीं प्रभा ने उससे, बी.टी.सी. ज्वॉइन करने हेतु। पिता ने भी फौज से चिट्ठी में बी.टी.सी. ज्वॉइन करने की सलाह दी थी, किंतु उसने किसी की एक नहीं सुनी थी और बी.टी.सी. करने से साफ इनकार कर दिया था। प्रभा की तो प्रशिक्षण समाप्त होते ही तुरंत नौकरी भी लग गई थी और वर्तमान में वह उसी गाँव के समीपवर्ती हाईस्कूल में प्राध्यापक पद पर थी। वह सोचती रह गई थी कि काश! आज उसने भी सहेली व परिवारवालों का कहना मानते हुए स्वावलंबन की प्रेरणा ली होती, तो वह भी अवश्य किसी स्कूल में शिक्षिका के पद पर होती और आज उसे तथा उसके परिवार को ये दुर्दिन न देखने पड़ते।

अपनी परिस्थितियों से सबक लेते हुए रंजू ने सुंदरू के साथ-साथ अपनी दोनों ही पुत्रियों को स्वावलंबी बनाने का प्रण कर लिया था, ताकि जो गलती उसने स्वयं की है, उसके बच्चों के साथ उसकी पुनरावृत्ति न हो।

शाम को बच्चों के साथ चौक में बैठी रंजू सोच में डूबी थी कि अचानक सुंदरू के पिता के बूटों की पदचाप सुनाई दी। बूटों की आहट सुन रंजू की ठहरी हुई जिंदगी में यकायक जैसे नवजीवन का संचार हो गया था। सामने उसने सुंदरू के पिता को खड़ा पाया, तो निढाल होकर उनकी बाँहों में गिर पड़ी। सुंदरू ने माँ को सहारा दिया और सुंदरू के पिता ने उसे गले से लगा लिया। एक मूक संवाद और उसका अनोखा अहसास, मानो रंजू के दु:खों के पहाड़ एक ही झटके में भर-भराकर गिर पड़े हों।

"मैं पिछले महीने मनीऑर्डर नहीं भेज सका। तुझे दु:ख उठाने पड़े होंगे।" सुंदरू के पिता बोले।

"किसने कहा मुझे दु:ख उठाने पड़े? मनीऑर्डर नहीं आया, न सही। भुम्याल देवता की कृपा से आप सकुशल आ गए, इससे बड़ी बात क्या है मेरे लिए।" रंजू शांत स्वर में पति की बाँहों में झूलती हुई बोली।

माता-पिता के प्रेमालाप से बेखबर सुंदरू और उसकी बहनें पापा का बैग खोलकर उसमें कुछ ढूँढ़ने की कोशिश कर रही थीं।

अभी कुछ क्षण पूर्व तक वीरान पड़े रंजू के घर और चौक में फिर से चहल-पहल प्रारंभ हो चुकी थी, जिनमें बिसनू पोस्टमास्टर से लेकर पोस्टमैन, गाँववाले, मोहनलाल, मिस्त्री, लकड़ी फाड़नेवाले सभी सम्मिलित थे, कोई नहीं थे तो सिर्फ मधवा ससुरजी और कलावती सासूजी।

□

एक यक्ष-प्रश्न

"नर सेवा ही नारायण सेवा है! किसी का दुःख हरना एक बहुत बड़ा धार्मिक अनुष्ठान है, पूजा है। मात्र अपने लिए तो एक जानवर भी जीता है, लेकिन वह इनसान ही क्या, जो अपने आसपास के वातावरण के प्रति इतना भी संवेदनशील न हो कि दीन-हीन तथा रुग्ण लोगों के प्रति उसका दिल न पसीजे?" गोपाल की इन बातों से गिरीश के उद्वेलित एवं कुंठित मन को कितनी शांति मिली होगी, इसकी कल्पना नहीं की जा सकती।

"लेकिन गुरुजी! यह सब जो आप कह रहे हैं, वह तो कहीं दिखता ही नहीं। समाज में कुष्ठ रोगियों के प्रति जो अस्पृश्यता का भाव लोगों के दिलोदिमाग में है, उसे कैसे दूर किया जाए? यही असली यक्ष-प्रश्न है, जिसका उत्तर शायद आचार्य देव! आपके पास भी न हो।"

ठीक ही तो कहता है गिरीश। पूरे दस वर्ष बीत चुके हैं, गोपाल द्वारा स्थापित किए गए इस 'नर सेवा नारायण सेवा' आश्रम को। दो हजार से अधिक कुष्ठ रोगी रह रहे हैं यहाँ।

आश्रम की स्थापना उसे क्यों करनी पड़ी, इसकी भी एक लंबी कहानी है। गोपाल नहीं चाहता था कि जीवन के अंतिम क्षणों में जो उपेक्षा और पीड़ा उसके बाबा को सहनी पड़ी, वह किसी और को भी भुगतनी पड़े।

गिरीश आज अपने पिता को इस आश्रम में लेकर आया था, उसकी व्यथा सुनकर गोपाल को अपने बीते दिन याद आ गए।

सियोली गाँव की वह नौखंभा तिबार अब सूनी पड़ चुकी है। उसके खँडहर हुए पत्थरों की नक्काशी बताती है कि अपने जमाने में कभी यह इमारत बुलंद रही थी। मकान के छज्जे के नीचे लगे पत्थरों पर हाथी, घोड़े, मोर तथा अन्य जंगली

जानवरों के चित्र खुदे हुए हैं। इन सुंदर पत्थरों पर बनी कलाकृतियाँ भवन-स्वामी के वैभव और समृद्धि के साथ ही तत्कालीन समय की बेजोड़ स्थापत्य कला की कहानी खुद-ब-खुद बयाँ करती हैं। कभी जीवन की चहल-पहल, हर्ष व उल्लास के क्षणों का साक्षी यह विशाल भवन आज जंगली जीवों, चूहों, बिल्ली व कुत्तों की सैरगाह बन चुका है। कितनी चहल-पहल रहती थी उनके घर में।

गाँव भर की सभी गतिविधियों का केंद्र रहती थी उनकी तिबारी। छोटे-बड़े सभी उनके चौक में इकट्ठा हो जाते थे। उत्सव और त्योहारों के मौके पर गाँव-परिवार के लोगों के ठहाकों से तिबारी गूँजती थी। सचमुच जीवन के उत्साह, उमंग व उम्मीदों के इंद्रधनुषी रंग मानो भगवान् ने गोपाल के खुशहाल घर में उड़ेलकर रख दिए हों। कितनी हँसी-खुशी से जीवन की गाड़ी चल रही थी उसके बाबा की। पूरी धनपुर पट्टी में अपनी अलग पहचान थी उनकी। इलाके भर के सभी विद्वज्जन उनके सामने नत-मस्तक होते थे। ज्योतिष, कर्मकांड, श्रीमद्भगवद् गीता तथा वेदों-उपनिषदों के मर्मज्ञ थे वे।

रामचरितमानस की चौपाइयों एवं श्रीमद्भगवद्गीता के श्लोक सहित वेदों की ऋचाओं के उपाख्यान उन्हें कंठस्थ याद रहते थे, इसीलिए 'मानस-मर्मज्ञ' तथा देवऋषि जैसे अंलकरणों से लोग उन्हें संबोधित करते। लोग कहते, लक्ष्मी और सरस्वती क। आपस में बैर है, किंतु उनके घर में लक्ष्मी और सरस्वती का एक साथ वास था।

बाबा के धारा-प्रवाह प्रवचनों पर लक्ष्मी की वर्षा होती थी; दूध, फल, सब्जियों तथा अन्न का अकूत भंडार। श्रद्धालु यजमान अच्छी-अच्छी चीजें व मूल्यवान वस्तुएँ ढो-ढोकर उनके घर तक पहुँचाने में अपना सौभाग्य समझते और बाबा की सेवा को अपने लिए वरदान मानते।

ज्योतिष में तो उनकी इतनी पकड़ थी कि लोग उन्हें त्रिकालदर्शी कहकर पुकारते। भूत, भविष्य व वर्तमान के लिए लोगों के बारे में उनकी टिप्पणियाँ बड़ा महत्त्व रखती थीं। उन्होंने जीवन में कभी भी पंचांग नहीं खरीदा। वे हमेशा अपना बनाया पंचांग ही प्रयोग में लाते। अंकगणित से वे खगौलिक गतिविधियों की जानकारी रखते और ग्रहों की दिशा एवं दशा ज्ञात करके व्यक्ति के जीवन में उसके पड़नेवाले प्रभावों का गहन अध्ययन करने के बाद जब ठोस टिप्पणी करते, तो लोग उनके ज्योतिष ज्ञान के कायल हो जाते।

एक बार जम्मू-कश्मीर के तत्कालीन महाराजा ने उन्हें अपने यहाँ

श्रीमद्भागवत का प्रवचन करने के लिए आमंत्रित किया। उनकी विद्वत्ता तथा वाक्पटुता से महाराजा इतने अभिभूत हो गए कि उन्होंने वहाँ की चौदह बीघा जमीन के साथ ही उस पर लगे सेब के बागान भी उन्हें भेंट कर दिए। कुछ वर्षों तक वहाँ के बगीचों से बेचे गए फलों के पैसे मनीऑर्डर के जरिए बाबा को आते रहे।

बगीचे की रखवाली के लिए जिस व्यक्ति को उन्होंने वहाँ चौकीदार रखा था, वही आज वहाँ का मालिक बन गया। अब उसके बीबी-बच्चे कहते हैं कि ये उनकी पुश्तैनी जमीन है। भारत-पाक विभाजन के बाद तो वहाँ के हालात और खराब हो गए।

बाद में बाबा ने सोचा कि गढ़वाल की जमीन ही नहीं देखी जा रही है, तो जम्मू-कश्मीर कौन जाएगा आतंकियों से जूझने? जहाँ बंदूक के खौफ से अब पूरी घाटी काँप रही है। अब कहाँ वह जमीन गई होगी और कहाँ वे सेब के बागान? भगवान् जाने!

दरअसल उसके बाबा ने संपूर्णानंद संस्कृत विश्वविद्यालय से नव्य व्याकरण एवं ज्योतिष में आचार्य किया था। उन्हीं दिनों वेदों की ऋचाओं, उपनिषदों, श्रीमद्भगवद्गीता, रामायण, रामचरितमानस आदि का गहन अध्ययन करते-करते उनके मन में वैराग्य उत्पन्न हो गया।

उन्होंने पच्चीस साल की युवावस्था में ही शास्त्री और आचार्य कर तमाम धार्मिक ग्रंथों का गहन अध्ययन कर लिया था। छब्बीसवें साल में उनका तन-मन पूरी तरह वैरागी बन गया। अब वे लगातार घूम-घूमकर धार्मिक जन-जागरण करने लगे। गाँव से दादी ने बाबा को ढूँढ़ने के लिए लोगों को बनारस, वृंदावन तथा मथुरा भेजा। बाद में ताऊजी ने उन्हें भगवा भेष में पकड़ लिया तथा जबरन घर ले आए।

घर आकर कुछ दिनों तक वे असामान्य रहे, किंतु जैसे ही उनकी जबरन शादी कराई गई तो वे सामान्य होते चले गए और शीघ्र ही गाँव और समाज के लोगों के लिए वे आदर्श बन गए। फिर उनका संदेश था कि लिबास से वैरागी नहीं, वरन् मन से वैरागी बन जाओ और अपने इन्हीं सात्त्विक व सदआचरण युक्त विचारों से उन्होंने लोगों का दिल जीत लिया। यही कारण था कि उनके कहे का लोगों पर त्वरित प्रभाव पड़ता था।

शायद किस्मत के लिखे को कोई भी नहीं टाल सकता। उनके सदआचरण की मर्मज्ञता नियति के लिखे को नहीं टाल पाई। एक दिन अचानक उन पर कुष्ठ रोग के लक्षण दिखे, तो लोगों को अपनी आँखों पर विश्वास ही नहीं हुआ। श्रद्धालु

यजमान सोचते कि वे कोई बड़ा दुस्स्वप्न देख रहे हैं। ज्यों-ज्यों उनके शरीर पर कुष्ठ रोग का असर बढ़ता गया, त्यों-त्यों श्रद्धालु यजमानों की श्रद्धा उनके प्रति कम होती चली गई।

एक साल के अंतराल में ही उनके प्रति लोगों का मान-सम्मान, श्रद्धा, विश्वास तथा भक्ति समाप्त हो गई और जीवन के अंतिम क्षणों में वे गाँव की रूढ़िवादी परंपराओं और अंधविश्वास के शिकार हो गए। गाँववालों ने जब एक दिन भरी पंचायत में सुरेशानंद आचार्य को गाँव छोड़ने का फरमान सुनाया, तो उनके परिवार पर जैसे दिन-दहाड़े वज्रपात हो गया।

गोपाल को लगा, जैसे एक युग सा ठहर गया हो, साँसें रुक गईं और जीवन का सुर बेसुरा राग बन गया। गाँव के पार मंगरा के खेतों के छोर पर बाँज के पेड़ों की छाँव में उनके लिए एक झोंपड़ी तैयार की गई। उस झोंपड़ी में उन्हें तन्हा छोड़ दिया गया। यहाँ तक कि खाना भी उन्हें दूर से दिया जाने लगा।

उनके जीवन के पूरे कालखंड पर दृष्टिपात करते हुए गोपाल को लगता कि स्वर्ग और नरक दोनों का अहसास मनुष्य को प्राय: अपने जीते-जी ही मिल जाता है। उनके इस जीवन के कर्म इतने पवित्र थे कि उन्हें इस तरह के नरक जैसी यंत्रणा नहीं मिल सकती थी, लेकिन उन्हें किन कारणों से इतनी बड़ी सजा भगवान् ने दी, यह लोगों की समझ से परे था।

कुछ लोगों ने कहा कि यह पूर्व जन्म के कर्मों का प्रतिफल है। कुष्ठ जैसे असाध्य रोग से लड़ते-लड़ते उन्होंने गाँव के पार बनी उसी झोंपड़ी में एक रात दम तोड़ दिया। गोपाल को बाबा के पास जाने से किस प्रकार रोका गया था! लोग कहते कि 'यह छूत की बीमारी है, तुम्हें भी लग जाएगी।'

गाँववालों ने गोपाल को बाबा का क्रिया-कर्म भी करने नहीं दिया। सबने कहा कि कुष्ठ रोगी को आग में जलाओगे, तो पूरे क्षेत्र में आग के धुएँ के साथ कुष्ठ रोग फैल जाएगा, इसलिए पास के गधेरे में ही उन्हें दफना दिया गया था। बाबा के मरने के बाद भी गोपाल के परिवार से गाँववालों की बेरूखी कम नहीं हुई। समाज में उनको लोगों की हेयदृष्टि का सामना करना पड़ा। गोपाल के मन में कुष्ठ रोगियों के प्रति सेवाभाव, सच मानिए तो यहीं से जाग्रत् हुआ था। समाज की उपेक्षा और बाबा के अपमान के दंश ने उसके अंदर नए गोपाल का प्रादुर्भाव किया।

"क्या सोचने लगे, गुरुजी!" गिरीश ने गोपाल का हाथ थामकर पूछा तो यकायक उसकी तंद्रा टूट गई। कुछ ही पलों में आदमी सोच-सोचकर बरसों पुरानी

अतीत की स्मृतियों में कैसे डूब जाता है? वह सोचने लगा। सचमुच कितने दुःखद तथा मानसिक यंत्रणादायक दिन थे वे! लेकिन अब अन्य कोई गोपाल या उसका परिवार उस तरह की यंत्रणा नहीं झेलेगा, यह निश्चय वह कर चुका था।

उसने गिरीश को बताया कि इस 'नर सेवा नारायण सेवा आश्रम' में इस समय दो हजार से अधिक कुष्ठ रोगी हैं, जिनकी सेवा व उपचार चल रहा है। इसके साथ ही उन्हें शारीरिक ही नहीं, मानसिक तौर पर भी समाज में सम्मान से जीने योग्य बनाने हेतु निरंतर प्रयास किया जा रहा है।

गिरीश के कुष्ठ रोगी पिता को अपने आश्रम में प्रवेश कराने के पश्चात् गोपाल बोला, "यह तुम्हारे ही नहीं, बल्कि मेरे भी पिता हैं और इन जैसे हजारोहजार कुष्ठ रोगियों की सेवा करना ही मेरा धर्म तथा मेरे जीवन का एकमात्र लक्ष्य है।"

पिता को आश्रम में छोड़ने के बाद वहाँ से निकलकर गिरीश सोचते हुए जा रहा था कि हमारे रूढ़िवादी समाज द्वारा ठुकराए गए इन बेसहारा, निराश्रित मनीषियों की सेवा करते हुए ही गोपाल को शायद अपने इस यक्ष-प्रश्न का उत्तर मिल जाए!

□

चक्रव्यूह

जैसे ही घड़ी की सुइयों ने बारह बजाए और एक-एक करके बाहर घंटों की आवाज सुनाई दी, तो शशांक ने सिर ऊपर उठाकर घड़ी की ओर देखा।

'ओफ्हो! आज फिर बारह बज गए! लगता है, घर पहुँचते-पहुँचते एक तो बज ही जाएगा। पल्लवी फिर मुँह फुलाकर सो गई होगी, किंतु क्या करे वह भी? दो दिन बाद ही तो सेमिनार है, जिसमें सहभागिता हेतु किसी विदेशी कंपनी के उच्चाधिकारी यहाँ आ रहे हैं।' चूँकि शशांक की कंपनी को उनसे बहुत अच्छा व्यवसाय मिलने की उम्मीद है, इसलिए रात-रात भर काम करके सेमिनार की तैयारी हो रही है।

उसने एक अँगड़ाई ली। विदेशी कंपनी के प्रतिनिधियों के समक्ष प्रस्तावित प्रेजेंटेशन की रूपरेखा तैयार हो चुकी थी। उसने घंटी बजाकर चपरासी को बुलाया।

"क्यों रामदीन! सब जा चुके हैं या अभी भी कोई बैठा है?"

"साहब, बड़े साहब आधा घंटा पहले ही गए हैं। अब आप ही ऑफिस में हैं।" रामदीन बोला।

"ठीक है, अब मैं भी चलता हूँ।"

रामदीन ने शशांक का ब्रीफकेस उठाया और उसे कार पार्किंग तक छोड़ गया। शशांक इतना थक चुका था कि इस वक्त उसका गाड़ी चलाने का कतई मन नहीं कर रहा था, लेकिन क्या करता, ड्राइवर को तो उसी ने छुट्टी दी थी।

"यहाँ से घर पहुँचने में अभी आधा घंटा और लगेगा।"

घर पहुँचकर डुप्लीकेट चाबी से उसने घर का दरवाजा खोला और चुपके से घर में दाखिल हो गया। पल्लवी की सख्त हिदायत थी कि देर रात में पहुँचने पर घंटी मत बजाया करो, बच्चों की नींद खराब होती है।

उसके आने की आहट से मामा की नींद खुल गई।

"साहब, खाना लगाऊँ?"

"नहीं मामा, मैं ऑफिस में खाकर आया हूँ।" कहते हुए शशांक अपने शयनकक्ष में चला गया।

पल्लवी इस सबसे बेखबर गहरी नींद में सो रही थी। शशांक बिस्तर पर लेट गया, किंतु नींद उसकी आँखों से कोसों दूर थी।

क्या यही जिंदगी चाही थी उसने? बचपन से ही पढ़ाई में अव्वल शशांक ने बारहवीं के बाद जब देश के नामी तकनीकी संस्थान से इंजीनियरिंग की पढ़ाई अच्छे अंकों से उत्तीर्ण की, तो उसके सामने नौकरी के प्रस्तावों की झड़ी सी लग गई थी। कोई भी अच्छी कंपनी इस होनहार इंजीनियर को अपने हाथों से निकलने नहीं देना चाहती थी।

शशांक एक मध्यवर्गीय परिवार से था और अपनी योग्यता के अनुसार पैसा कमाने की चाह रखता था। अपने दोस्तों से सलाह लेकर उसने एक कंपनी में नौकरी कर ली। यहाँ उसे वेतन का बहुत अच्छा पैकेज मिला था, किंतु काम करते-करते रात कब होती थी, यह पता नहीं चलता। सप्ताह के पाँच दिन तो सुबह से देर रात तक ऑफिस में ही व्यतीत होते, लेकिन शनिवार तथा रविवार को पूर्ण अवकाश होने के कारण शशांक को अपने लिए समय मिल जाता। इन दो दिनों में वह दोस्तों के साथ खूब मौज-मस्ती करता और वेतन का भरपूर उपयोग करता।

उसकी प्रतिभा और परिश्रम को देख कंपनी ने उसे दो वर्ष के लिए अमेरिका जाने का प्रस्ताव दिया तो शशांक फूला नहीं समाया। उसके माता-पिता भी अपने पुत्र की प्रगति से बहुत प्रसन्न थे।

अमेरिका से वापस लौटते ही शशांक के माता-पिता ने एक संस्कारित परिवार की सुशील लड़की पल्लवी से शशांक का रिश्ता तय कर दिया। शशांक ने पहले ही घर पर कह दिया था कि उसे नौकरीवाली लड़की नहीं चाहिए। लड़की पढ़ी-लिखी हो, ताकि वह घर को अच्छी तरह से चला सके, साथ ही बच्चों को पर्याप्त समय देकर उन्हें अच्छे संस्कार दे सके। आर्थिक रूप से किसी मदद की उसे आवश्यकता नहीं थी, क्योंकि उसकी कंपनी उसे काफी अच्छा वेतन और सुख-सुविधाएँ दे रही थी।

विवाह होते ही पल्लवी ने शशांक के बिखरे हुए घर को सँभाल लिया। शशांक को अब लगता कि औरत के बिना घर-घर नहीं होता। विवाह के तुरंत बाद ही

शशांक को पदोन्नति मिली, तो उसे लगा उसकी जिंदगी में पल्लवी का आगमन उसके लिए बहुत शुभ है।

पदोन्नति के साथ-साथ जहाँ उसकी जिम्मेदारियाँ बढ़ती जा रही थीं, वहीं दूसरी ओर घर के लिए समय कम होता जा रहा था। आरंभ में सप्ताहांत का समय वह पल्लवी के साथ ही बिताया करता था, लेकिन अब तो काम के दबाव के कारण कभी-कभी यह भी संभव नहीं हो पाता था और सप्ताहांत में भी अधिकांशतया किसी-न-किसी मीटिंग अथवा सेमिनार में व्यस्त रहने लगा था।

कुछ ही समय बाद पल्लवी गर्भवती हो गई। हर महीने उसे जाँच करवाने डॉक्टर के पास जाना पड़ता, तो शशांक यथासंभव प्रयत्न करता कि उसे अपने साथ ही डॉक्टर के पास लेकर जाए, किंतु ऐन वक्त पर कोई-न-कोई काम आ जाता और उसे मन मसोसकर पल्लवी को अकेले ही जाँच करवाने जाने को कहना पड़ता।

पल्लवी ने एक पुत्री को जन्म दिया और उसके पालन-पोषण में व्यस्त हो गई। अब उसने शशांक से समय पर न आने की शिकायत करना लगभग बंद ही कर दिया था। शशांक को लगा कि शायद अब पल्लवी उसकी मजबूरियाँ समझने लगी है।

इस बीच शशांक की एक और पदोन्नति हो चुकी थी और उसे मुंबई स्थित मुख्यालय में स्थानांतरित कर एक महत्त्वपूर्ण विभाग का इनचार्ज बना दिया गया था।

जैसे-जैसे उसकी व्यस्तताएँ बढ़ती जा रही थीं, अपने दिन-प्रति-दिन के काम के लिए उसकी पल्लवी पर निर्भरता बढ़ती जा रही थी। यहाँ तक कि उसे अपनी जरूरतों का सामान खरीदने के लिए बाजार तक जाने की फुरसत नहीं मिल पाती थी। कई बार उसे लगता कि क्या इतना पैसा वह इसलिए कमा रहा है कि उसके पास उसे खर्च करने का भी वक्त नहीं है। लेकिन दूसरे ही पल यह सोचकर संतोष कर लेता कि वह स्वयं न सही, उसके अपने तो उस पैसे से एक सुखद जिंदगी जी रहे हैं।

समय बीतता जा रहा था। पल्लवी अब दो बच्चों की माँ थी। शशांक को बच्चों से बात करने का भी बहुत कम समय मिलता। सुबह जब वह उठता, बच्चे स्कूल जा चुके होते और रात को वापस लौटता तो बच्चे सो चुके होते। कभी जल्दी आने का प्रयास करता तो ऑफिस से किसी-न-किसी कार्य से बार-बार फोन आते रहते। उसे लगता, इससे अच्छा तो वह ऑफिस में ही ठीक था।

यह सब सोचते-सोचते न जाने कब उसे नींद आ गई। सुबह उठा तो सिर भारी था।

"रात कब घर आए, मुझे उठा तो देते?" पल्लवी ने पूछा।

"बहुत देर हो गई थी। सोचा, तुम्हें परेशान न करूँ। परसों एक सेमिनार है, उसकी तैयारी चल रही हैं।" शशांक निरपेक्ष भाव से बोला।

अगले दो दिन बहुत निर्णायक थे। शशांक अपनी कार्य-कुशलता एवं वाक्पटुता से विदेशी कंपनी से एक बहुत बड़ा व्यवसाय प्राप्त करने में सफल रहा था। इसी खुशी में शाम को एक पार्टी का आयोजन किया गया था।

शशांक ने यह खुशखबरी पल्लवी को फोन पर सुनाई, तो उसने गर्मजोशी से उसे बधाई दी।

"शाम को तैयार रहना! इस खुशी में एक बहुत बड़ी पार्टी दी गई है। मैं तो घर नहीं आ पाऊँगा, तुम ड्राइवर के साथ आ जाना।" शशांक उत्साहित होकर बोला।

"नहीं शशांक, मैं नहीं आ पाऊँगी। बच्चों की परीक्षाएँ चल रही हैं। अगर अच्छे नंबर नहीं आए, तो वे हतोत्साहित हो जाएँगे। प्लीज शशांक, समझो!" पल्लवी आहिस्ता से बोली।

"ठीक है।" शशांक ने फोन बंद कर दिया।

शाम को पार्टी में हर जगह शशांक के चर्चे हो रहे थे। सब इस सफलता का श्रेय शशांक को ही दे रहे थे।

शशांक सुनकर मुसकराने का प्रयास कर रहा था, किंतु इस समय उसे पल्लवी की कमी खल रही थी। आखिर क्या पाया उसने इतनी भागदौड़ करके? आज जब सब इस सबका श्रेय उसे दे रहे हैं, तो उसके अपने इस भीड़ में कहाँ हैं? इसके बाद उसके वेतन में कुछ और वृद्धि हो जाएगी, कुछ और सुविधाएँ बढ़ा दी जाएँगी, लेकिन करेगा क्या वह इस वेतन-वृद्धि का? जितना उसे मिल रहा है, क्या उसे खर्च करने का समय है उसके पास? जिनके लिए वह यह सब जुटाने का प्रयत्न कर रहा है, क्या वे लोग हैं उसके साथ?

शशांक पता नहीं कब अपनी ही धुन में पार्टी से बाहर निकल आया और खिन्न मन से कार पार्किंग की तरफ बढ़ने लगा। आज सचमुच उसे पल्लवी और बच्चों की बहुत याद आ रही थी।

अचानक ही उसका मोबाइल बज उठा, "शशांक कहाँ हो तुम? सी.एम.डी. साहब कब से तुम्हें तलाश कर रहे हैं। तुमसे व्यक्तिगत तौर पर मिलना चाहते हैं। जल्दी पार्टी हॉल में पहुँचो।" शशांक के सहयोगी विशाल का फोन था।

"अभी आया, मैं बस हॉल के बाहर ही खड़ा हूँ।" और शशांक वापस हॉल की ओर मुड़ गया।

'अब कोई चारा नहीं है शशांक! तुम्हें अब इसी दुनिया में और ऐसे ही रहना है। तुम्हें इन सबकी और इन्हें तुम्हारी आदत जो पड़ चुकी है। चाहकर भी इस चक्रव्यूह से निकलना अब तुम्हारे लिए संभव नहीं है।' शशांक मानो अपने आप से कह रहा था।

'पल्लवी मुझे माफ करना।' मन-ही-मन कहता हुआ शशांक एक बार फिर हॉल के अंदर था, जहाँ तालियों की गड़गड़ाहट के बीच फूल-मालाओं के साथ उसका स्वागत-सम्मान किया जा रहा था।

□

दीनू

धारचूला से पिथौरागढ़ का सँकरा और सर्पीला मोटर मार्ग, कभी नीचे गोरी गंगा के दर्शन होते हैं, तो कभी काली गंगा के। इन दोनों का संगम स्थल बहुत ही सुंदर, किसी का भी हृदय मोह लेनेवाला। मुंस्यारी की ओर से आ रही गोरी गंगा और धारचूला की ओर कैलाश से आती काली गंगा जौलजीवी में एक-दूसरे में विलय हो जाती हैं। गोरी गंगा अपने स्वरूप को काली गंगा में समाहित कर अद्भुत संगम में परिवर्तित हो जाती है, जो आगे पंचेश्वर तीर्थ तक अपने अनुपम प्राकृतिक व आध्यात्मिक सौंदर्य को बिखेरती हुई प्रकृति प्रेमियों, सैलानियों को अपने मोहपाश में बाँध लेती है। इन चित्ताकर्षक नजारों को देखकर ऐसा प्रतीत होता है कि कुदरत ने सारी नैसर्गिक सुंदरता जैसे यहाँ उड़ेलकर रख दी हो।

आनंद गाँव व पहाड़ों की चोटियों के बारे में कुछ-न-कुछ बताता जा रहा था, एकाएक सँकरी घाटी आई तो मालपा प्रकरण की चर्चा शुरू हो गई। ओह! कैसा समय था वह, बस याद करते ही रोंगटे खड़े हो गए। राघवेश अचानक कहीं खो सा गया था। आनंद बोला, "क्या हो गया?"

राघवेश ने जैसे अपने को झकझोरकर फिर पहली स्थिति में लाते हुए कहा, "होना क्या है, सोच रहा हूँ कि प्रकृति भी क्या है, कभी-कभी कैसी लीला खेलती है! सन् 1999 में मालपा प्रकरण जब हुआ 14 प्रदेशों के लोग, जो मानसरोवर की यात्रा पर आए थे, अलग-अलग दल जगह-जगह फँस गए थे और मालपा पर तो कहर ही ढा लिया था प्रकृति ने। पूरी पहाड़ी ने ऊपर से गिरकर दर्जनों लोगों को अपना शिकार बना दिया था। कुछ लोगों का तो पता ही न चला, मलबे के साथ नदी में बह गए थे और कुछ की लाशों को भी बड़ी मुश्किल से निकालना पड़ा था। सेना का सहयोग लेना पड़ा था, बल्कि स्थिति यह थी कि सेना भी असहाय

सी हो गई थी। क्या करती—चारों ओर सड़क टूट चुकी थी और मालपा में ऊपर से पहाड़ गिरता जा रहा था। नीचे बचे लोग ऊपर से मलवा गिरता देख कभी इधर भागते, कभी उधर भागते, चीखते-चिल्लाते, पर कुदरत की भी यह कैसी माया रही कि दौड़ने-भागने की कोई जगह नहीं। एक ओर पेड़, पत्थर और मलबे को बहाती उफनती नदी और ऊपर की ओर भयंकर चट्टान से गिरते भारी पत्थर और मलबा। अपनी मौत को स्वयं अपने सामने देखा था लोगों ने।

हेलीकॉप्टर में सेना के जवान ऊपर घूमते, पर असहाय होकर इस विनाशकारी दृश्य को देखकर उनका भी दिल पसीज जाता था। एक तो बिल्कुल सँकरी घाटी, हेलीकॉप्टर के नीचे उतरने का सवाल ही नहीं। दूसरे उस क्षेत्र के चार-पाँच किलोमीटर तक कोई भी ऐसा सुरक्षित स्थान नहीं था, जहाँ हेलीकॉप्टर उतर पाता। दूर उतरता भी तो कई किलोमीटर तो सड़क जगह-जगह टूटी है और मालपा में तो दोनों तरफ आधा-आधा किलोमीटर सड़क का कहीं पता ही नहीं, कहाँ चली गई। हेलीकॉप्टर से सेना के जवान ठीक मालपा पर भी नीचे कूदते पर सिवाय मौत के उन्हें भी फिलहाल कुछ हासिल नहीं हो सकता था, क्योंकि लगातार ऊपर से पहाड़ गिरता जा रहा था।"

राघवेश अभी बात पूरी भी नहीं कर पाया था कि अचानक आनंद ने गाड़ी रोकी और एक छोटी सी झोंपड़ी की ओर हाथ से इशारा करते हुए बोला, "दीनू से मिलेंगे साब आप?"

"यह दीनू कौन है?"

"अरे साब, वही दीनू, जो इतने वज्रपात में दर्जनों लोगों के बीच अकेला बच गया था। तीन दिन बाद मलबे के बीच फँसे दीनू को सेना के जवानों ने जिंदा निकाल लिया था। इसका पूरा परिवार तो यात्रियों के साथ मलबे में दबकर खत्म हो गया था, यह वहीं मालपा में एक छोटी सी झोंपड़ी बनाकर छोटी-मोटी चाय की दुकान कर बच्चों को पाल रहा था। कुछ दिनों से तो बहुत खुश रहता था। एक बंगाली यात्री ने कह दिया था कि उसके बेटे को साथ ले जाएँगे और अच्छी नौकरी लगवा देंगे। मानसरोवर यात्रा से लौटते हुए लड़के को साथ ले जाने की बात हो गई थी। किंतु किसको पता था कि यात्री के मानसरोवर से लौटने से पहले ही वह हमेशा के लिए यहाँ से चला जाएगा।"

राघवेश तुरंत कार से नीचे उतरा और झोंपड़ी की ओर बढ़ने लगा, देखा कि दीनू के छोटे से कमरे में उसके बिस्तर से लेकर हर एक कोने में हार्डबोर्ड पर

चित्र-ही-चित्र फैले हुए हैं; कुछ टीन सीटों पर, कुछ कागजों में, और वह चित्र बनाने में डूबा हुआ है। थोड़ी देर तक खड़े रहने के बाद भी दीनू ने नजर नहीं उठाई और वह चित्र बनाने में ही डूबा दिखाई दिया, तो आनंद ने आवाज देकर कहा, "दीनू दा!"

बड़ी मुश्किल से दीनू ने धीरे से सिर उठाया, एक निगाह डाली, हाथ से इशारा किया और फिर डूब गया अपनी दुनिया में।

राघवेश बोला, "क्या दीनू बोला नहीं?"

"नहीं साब, उस हादसे ने उसकी आवाज को छीन लिया, पर इच्छा शक्ति तो देखिए, गजब की है।"

"इतने चित्र कहाँ भेजते हैं ये, कौन बनवाता है इन चित्रों को?"

"अरे साब, आपको मालूम नहीं, मालपा की दुर्घटना ने जहाँ इससे पूरे परिवार को छीन लिया, वहीं भगवान् ने क्या जादू किया कि यह पत्थर पर जीवंत चित्र बनाने लगा। धीरे-धीरे लोगों ने इसे समझा, यह झोंपड़ी सरकार ने बनवा दी थी। बड़ी मुश्किल से तो यह मौत के मुँह से बचकर आया, छह माह तक तो दिल्ली अस्पताल में रहा, पर अब तो पूरी दुनिया भर के लोगों का ताँता लगा रहता है इसके पास।

"किताब छपवानेवाले लोग हों या पहाड़-प्रेमी लोग, देश के कोने-कोने से आकर इसके बनाए चित्रों को खरीदकर ले जाते हैं। यह तो लखपति बन गया, साब लखपति।"

"लेकिन इसकी स्थिति तो···।"

"अरे साब, ये चाहे तो खरीद ले आधा डीडीहाट, इतना पैसा है इसके पास, पर सब 'मंगलम्' संस्था को दे देता है। इन सात-आठ साल में इसने सैकड़ों लोगों की आँखों का ऑपरेशन करवाया, जो लूले-लँगड़े हैं, उनका इलाज कराने से लेकर उन्हें बैसाखी देना और व्हील चेयर से लेकर उनके बच्चों को पढ़ाने तक की जिम्मेदारी अपने ऊपर ले रखी है।"

राघवेश जहाँ-का-तहाँ खड़ा-का-खड़ा रह गया था। उसकी नजर दीनू के चेहरे से हटने का नाम नहीं ले रही थी। वह कभी सामने खड़े पहाड़ और नीचे बहती नदी को, और कभी उस झोंपड़ी के कोने में बसे दीनू के संसार को एकटक देखे जा रहा था। दीनू के साथ हुए हादसे की कल्पना भर से उसके रोंगटे खड़े हो गए। उसने नदी के संगम पर गहरी सोच में डूबे व्यक्ति का चित्र उठाया, उस पर

अंकित धनराशि को जेब से निकालकर दीनू के सामने रखी और डीडीहाट की ओर चल पड़ा। कार में बैठे-बैठे वह लगातार उस चित्र को देखता रहा। कैसा सजीव दृश्य उकेरा है इस तसवीर में, जैसे सारी दुनिया समा दी है दीनू ने।

उस जीवंत तसवीर के सम्मोहन से वह न जाने किस दुनिया में खो गया। कुछ क्षणों के लिए वह जीवन के झंझावातों, आपाधापी से मुक्त तसवीर की गहराइयों में डूबता चला गया।

□

उत्सर्ग

मेंढापणी की खड़ी चढ़ाई को पार करना माउंट एवरेस्ट पर फतह हासिल करने जैसा था। कमोबेश इन पहाड़ी पगडंडियों की चौड़ाई ज्यूरांगली की आत्मघाती हथेली की मानिंद चौड़ाई लिये नितांत सँकरी व सर्पाकार गलियों से मेल खाती थी, अंतर सिर्फ इतना था कि यहाँ बांज, बुराँस, अंय्यार के घने जंगलों को सूरज की किरणें भी भेदकर जमीन नहीं छू पाती थीं। इन जंगलों से सटे हुए बुग्यालों में दूर-दूर तक पसरा हुआ आनंद और आत्मविस्मृत कर देनेवाली मनोरमता अन्यत्र वाकई दुर्लभ थी।

इन चित्ताकर्षक बुग्यालों के निचले हिस्सों में फैले घने जंगल, दूर-दूर तक भी कहीं आखिर छोर न दिखता। इन्हीं विशाल एवं विस्तृत पहाड़ों को काटकर बनाई गई सड़क, एकबारगी लगता था कि प्रकृति के अकूत सौंदर्य पर मनुष्य द्वारा की गई यह अवांछित छेड़छाड़ है, लेकिन फिर लगता था कि मानवीय हलचल के बिना प्राकृतिक सौंदर्य का सोपान कैसे? 'हजारों साल से नरगिस अपनी बेनूरी पे रोती है, बड़ी मुश्किलों से होता है चमन में दीदावर पैदा।' इन बीहड़ अभयारण्यों व गिरि-कंदराओं के बीच बस में बैठकर जाना किसी स्वर्गिक आनंद से कम न था। खिड़की के शीशों को खोलते ही शीतल मंद बयार के झोंके, सामने दिखते फेनिल झरने, ऊँचाई से गिरते प्रपात, पक्षियों का कलरव, इस निस्तब्धता व नीरवता को तोड़ती बस की घों-घों।

यात्रियों में कुछ लोग प्रकृति के इन दिलकश नजारों का आनंद ले रहे थे। पहली बार पहाड़ों की यात्रा करनेवालों को भय व रोमांच का मिश्रित अहसास इन सँकरी सड़कों पर किंचित् जाग उठता था। बस के अंदर कुछ ऐसे भी लोग थे, जिन्हें बाहरी प्राकृतिक सौंदर्य से कुछ लेना-देना नहीं था, वे अपनी और-और बातों में

मशगूल अपने-अपने तर्क-वितर्क गढ़ रहे थे।

कुछ देर में जी.एम.ओ. की एक बस सड़क किनारे स्थित एक चाय की दुकान पर रुकी। ड्राइवर ने झटके से अपना दरवाजा खोलकर उतरते हुए कहा, "सभी लोग चाय पी लो, आगे फिर बस कहीं नहीं रुकेगी।" बस के रुकते ही कार्तिकेय अपने साथियों के साथ बस से उतरकर चाय की दुकान पर लगी बेंच पर बैठ गया।

"चाचा! चार चाय।"

और केतली में पहले से ही तैयार चाय को पीतल के गिलासों में भर-भरकर थमाते हुए दुकानदार बोला, "कहाँ से आए हो, बेटा?"

"दिल्ली से पहाड़ घूमने आए हैं।"

"अभी पढ़ते हो क्या?"

"नहीं।"

"क्या करते हो फिर?"

"हम पत्रकार हैं!"

पत्रकार सुनते ही तो दुकानकार के चेहरे के भाव बदल गए। उसके चेहरे से जैसे कोई असहाय पीड़ा व दर्द उमड़ पड़ा हो। ऐसा लगा, जैसे इसके अंदर दफन एक दर्द भरी कहानी कुछ बयाँ कर अपने को हलका करना चाहती हो। कार्तिकेय ने काका को कुरेदा, "हमारा पत्रकार होना अच्छा नहीं लगा आपको?"

"अब तो कुछ भी अच्छा नहीं लगता।" दुकानदार एक ठंडी साँस लेकर बोला, "आप लोग क्या लिखते हो? किसके बारे में लिखते हो? क्या गरीब की पीड़ा को कभी देखा है आपने? क्या गरीबों को स्थान देते हो आप लोग अपनी खबरों में, अखबारों में?

"सरकार की चाटुकारिता करने के अलावा आज कुछ रह गया है क्या? कभी मिशन रही होगी पत्रकारिता, पर आज स्वार्थों में ही सिमट गई है। चुग्गा डालो और खबरें लिखवाओ, खबरें छपवाओ या छिपवाओ। कुछ भी करा लो। मैं देख रहा हूँ कि आज के अखबार हों, चाहे पत्रिकाएँ, कुछ खास किस्म के सच ही उगल रहे हैं। विज्ञापन पाने की होड़ ने तो आप लोगों की आँख व कानों पर ताले जड़ दिए हैं, बुरा मत मानना, बेटा।" फिर थोड़ा सिर हिलाते काका बोले, "गहरी नींद में सोए हुए को जगाया जा सकता है, लेकिन बेटा, ठग नींद में सोए को ढोल-नगाड़ों से भी नहीं जगाया जा सकता।"

काका की बातों से कार्तिकेय को जैसे साँप सूँघ गया था। ठगा सा वह अवाक् केवल सफेद दाढ़ीवाले बूढ़े काका की ओर देखता रह गया। इस तरह की अप्रत्याशित व बेबाक टिप्पणी से उसे लगा कि यह सामान्य पहाड़ी दुकानदार नहीं, वरन् परिस्थितियों का मारा एक संवेदनशील व जागरूक नागरिक है, जो व्यवस्थाओं के खोखलेपन का शिकार है, लेकिन देश, काल व परिस्थितियों पर पैनी निगाह रखता है।

उसने धीरे से काका से पूछा, "काका, अपने बारे में आप कुछ बताएँगे?"

"क्या बताएँ? बताने को कुछ रहा होता तो बताते।"

जब कार्तिकेय ने जोर देकर उनसे कुछ बताने का आग्रह किया तो गंभीर मुद्रा में काका बोले, "सबकुछ खोकर क्या पाया हमने, मान-मर्यादा सभी मिट्टी में मिल गई। हम तो अभागे ही रहे।" कहते हुए उनकी आँखों में आँसू छलक आए।

कार्तिकेय ने झट से काका का हाथ पकड़ा, "आपको बुरा लगा हो तो माफ कीजिएगा।"

फिर काका थोड़ा सा शांत हो गए। बातों के साथ-साथ चाय बनाने व लोगों के हाथों में चाय का गिलास पकड़ाने का काम भी काका करते रहे। इस उम्र में भी लोगों के जूठे बरतन धोने की काका की क्या मजबूरी हो सकती है, यह दिल ही दिल में सोचकर कार्तिकेय और परेशान हो उठा।

"काका अकेले काम पर जुटे हैं और बच्चे···" तभी एक आदमी, जो पास बैठा था, बोला, "बच्चों ने ही तो धोखा दिया। धोखेबाज निकले दोनों। इस उम्र में बूढ़े माँ-बाप को हमेशा के लिए चौराहे पर छोड़ गए। एक सेना में था, जो लड़ाई में शहीद हो गया और दूसरा पत्रकार था, जो मुजफ्फरनगर कांड की बलि चढ़ गया।"

यह सुनते ही कार्तिकेय स्तब्ध रह गया। काका को ढाढ़स बँधाते हुए बोला, "काका, यह तो बहुत बुरा हुआ।"

बहुत देर तक शांत रहने के बाद चुप्पी तोड़ते हुए काका बोले, "एक बेटा देश की सेवा में कुरबान हो गया, उसका मुझे कोई गम नहीं है, वह हमेशा के लिए चला गया, यह दुःख तो कलेजे पर हमेशा रहेगा, पर कहीं ऐसा भी सुना तुमने कि जिन लोगों के हाथों में आम आदमी की सुरक्षा की बागडोर हो, वह किसी नौजवान को इसलिए मार डालें कि वह अपनी माँ-बहनों की इज्जत बचाने की कोशिश कर रहा हो?"

"काका! माँ-बहनों की इज्जत बचानेवाले को तो हमेशा ही सम्मानित किया जाना चाहिए।" कार्तिकेय बोला।

"मिल गया उसे सम्मान! इससे बड़ा क्या सम्मान हो सकता है। उसको हमेशा के लिए सुला दिया।" यह कहते हुए काका की आँखों से अश्रुधारा बहने लगी।

"क्या कसूर था उसका। अपने अधिकारों की लड़ाई लड़ना, अन्याय के विरुद्ध आवाज उठाना क्या गुनाह है? लोगों के साथ राज्य माँगने के लिए दिल्ली जाना क्या स्वतंत्र देश में अपराध है? पर खाकी वर्दीधारियों की गुंडई का शिकार हो गया मेरा बेटा। अरे, रोकना भी था उन्हें तो लाठियाँ मारते कम-से-कम लूला, लँगड़ा, अपाहिज बनकर ही सही, पर कैसे भी घर लौटता, मुझे कहने को तो होता मेरा एक बेटा जिंदा है। उसका कसूर भी क्या था, जब माँ-बहनों की इज्जत लूटी जा रही थी, तो वह कैसे चुपचाप रहता या वहाँ से भाग जाता। पीठ पर गोली नहीं खाई उसने। उन दरिंदों का जमकर मुकाबला कर अंतिम क्षण तक वह माँ-बहनों की इज्जत बचाने के लिए संघर्ष करता रहा।

"मैं पूछता हूँ, निहत्थे व बेकसूर लोगों पर गोलियाँ चलाना कहाँ की मर्दानगी है? बहू-बेटियों की इज्जत पर डाका डालना क्या बहादुरी है? वे भूखे भेड़िए कानून के हाथों से भी छूट गए। हमारा कानून इतना बौना है कि अपराधी उसकी पकड़ में ही नहीं आते।" एक गहरी और लंबी साँस लेकर काका बोले।

"मेरे हँसते-खेलते परिवार को न जाने किसकी नजर लग गई! मैं तो अब एक जिंदा लाश बनकर रह गया हूँ। मेरे अंदर प्रतिशोध की ज्वाला धधक रही है और उसी प्रतिशोध की ज्वाला ने मुझे शायद जिंदा रखा है। मैं चाहता हूँ कि उन वहशी दरिंदों को सजा मिले, जिन्होंने रामपुर तिराहे व मुजफ्फरनगर में पहाड़ की बहू-बेटियों की इज्जत तार-तार की। माँ-बहनों की इज्जत पर हाथ डालनेवाले किसी कीमत पर नहीं बचने चाहिए।"

काका के स्वर में अब और उग्रता आ गई थी। कार्तिकेय के पास खड़ा उसका एक मित्र बोला, "काका कानून तो अपना काम करेगा ही, उन्हें जरूर सजा मिलेगी।"

"किस कानून की बात करते हो तुम! कहाँ है कानून? कानून के रखवालों ने ही ऐसा तांडव किया तो कानून रहा कहाँ? माँ-बहनों की इज्जत बचानेवाले को ही मौत के आगोश में सुला दिया। वाह रे कानून!"

चाचा की बात सुनकर कार्तिकेय का गला रुँध गया। अपने दो-दो बेटों को खोने का गम झेल रहा है काका। उसके अंदर की आग उसकी आँखों में भी साफ दिख रही थी। साहस जुटाकर धीरे से कार्तिकेय बोला, "आपके बेटे का बलिदान व्यर्थ

नहीं जाएगा, आखिरकार इस क्षेत्र के लोगों की राज्य की माँग तो पूरी हो गई है।"

"बाबू साहब, राज्य मिलने के बाद जो उम्मीदें थीं, उन उम्मीदों पर खरे नहीं उतरे। हमारे लोग आज भी हताश और निराश हैं, अपना राज मिलने के बाद भी वही फटेहाल हैं।" काका लगातार कहते जा रहे थे।

काका की व्यथा सुन कार्तिकेय का मन व्यथित हो उठा। एक के बाद एक दोनों बेटों को खोना और उसमें भी एक तरफ देश के लिए कुरबान होने का फख्र तो दूसरी तरफ अपनों के हाथों बेटे के गोलियों से छलनी होने का मलाल। सामने से दिख रहे बर्फीले पहाड़ों की धवलता प्राकृतिक सौंदर्य की मनोरम छटा कार्तिकेय से जैसे प्रश्न पर प्रश्न कर रहे थे।

तभी बस चालक ने बस में बैठने के लिए आवाज दी। कार्तिकेय, जिसके हाथ में चाय का गिलास पकड़ा का पकड़ा ही रह गया था, चाय का एक घूँट पिए बिना भारी मन लिये बस में बैठा और किसी गहरी सोच में डूब गया।

□

संपत्ति

आज ऑफिस से लौटते ही सोफे पर निढाल सा पड़ गया सुहास। डेढ़ घंटा बस में खड़े-खड़े टाँगें दुखने लगी थीं। कुछ देर आँखें मूँद सोफे पर ही लेट जाना चाहता था वह। सौम्या ने चाय बनाई और कुछ लिफाफे भी सामने सरका दिए उसके।

"तीन-चार चिट्ठियाँ आई हैं आपकी।" वह बोली।

सिर उठाकर उसने एक सरसरी निगाह लिफाफों पर डाली।

बैंक की मोहर लगे एक खाकी लिफाफे को देख उसे जैसे करंट लग गया हो। वह उठ बैठा। लपककर उसने लिफाफा उठा लिया, फिर चोर नजरों से सौम्या की ओर देखने लगा। सौम्या का चेहरा निर्विकार था।

सुहास का अंदेशा ठीक निकला, बैंक का नोटिस था यह। पिछले तीन माह से वह आवास ऋण की किश्तें नहीं दे पाया था। उसके पुराने रिकॉर्ड को ध्यान में रखते हुए पत्र की भाषा तो संयत थी, लेकिन इसके बाद क्या हो सकता है, सुहास इससे अनभिज्ञ नहीं था। किस तरह उसने यह मकान जोड़ा था, वह वही जानता था।

कंप्यूटर प्रशिक्षण के बाद पंद्रह वर्ष पूर्व नौकरी की तलाश में वह दिल्ली चला आया था। प्राइवेट कंपनी में नौकरी लगने के दो वर्ष उपरांत ही सौम्या से उसका विवाह हो गया। सौम्या अपने नाम के अनुरूप गुणवती थी। सुहास की छोटी सी तनख्वाह में ही उसने घर गृहस्थी का कुशल प्रबंधन कर लिया था।

धीरे-धीरे परिवार भी बढ़ता गया और सुहास की तनख्वाह भी। बच्चों के बड़े होने के उपरांत खाली समय में सौम्या ने पड़ोस के बच्चों को ट्यूशन पढ़ाना शुरू कर दिया। इससे सुहास का थोड़ा हाथ बँट जाता था।

दिल्ली जैसा शहर। तनख्वाह का बड़ा हिस्सा किराए में ही निकल जाता।

धीरे-धीरे सुहास ने अपने घर का सपना सँजोना शुरू किया। दस-बारह साल की जमा-पूँजी और बैंक से कर्जे का जुगाड़ कर उसने सातवें माले पर दो कमरे का फ्लैट खरीद लिया।

तब से अब तक सबकुछ ठीक चल रहा था, लेकिन इधर मंदी का दौर शुरू हुआ, तो अमेरिका के बड़े बैंकों ने अपने आप को दिवालिया घोषित कर दिया। अमेरिका की इस मंदी को भारत की छोटी-छोटी कंपनियों ने खूब भुनाया।

मंदी के नाम पर कर्मचारियों की छँटनी, वेतन कटौती आम बात हो गई थी। सुहास की कंपनी भी इससे अछूती न रही। मंदी के बहाने कुछ लोगों को बाहर का रास्ता तक दिखा दिया गया। सुहास भाग्यशाली था कि पिछले पंद्रह वर्षों से वह एक ही कंपनी में काम कर रहा था। उसकी निष्ठा और लगन को देखते हुए उसे निकाला तो नहीं गया, लेकिन वेतन में लगभग 40 प्रतिशत की कटौती कर दी गई। सुहास के पैरों तले जमीन खिसक गई। घर में सभी को आमदनी के हिसाब से खर्च करने की आदत पड़ गई थी। अब इसमें कटौती कैसे हो पाएगी, यह सुहास की समझ से परे था।

इस संबंध में सुहास ने सौम्या को भी कुछ नहीं बताया। घर के खर्चों में तो कोई अंतर नहीं आया, लेकिन तीन माह से सुहास आवास ऋण की किश्तें नहीं दे पाया था।

आज तो सौम्या ने बैंक के लिफाफे को नहीं देखा, लेकिन कल अगर कानूनी नोटिस आता है तो सौम्या से कैसे छिपा पाएगा। जिस घर की दीवारों से उसे इतना लगाव, इतना अपनापन है, वह कभी छिन गया तो फिर क्या होगा?

इसी उलझन में पड़ा वह कोई-न-कोई जुगत निकालने की तलाश में लगा रहता। फ्लैट बेच भी नहीं सकता। फिर दूसरा ठौर तलाशना होगा, किराया तो देना ही पड़ेगा।

सुहास को वह दिन याद आ गया, जब पहली बार वह सौम्या और बच्चों को फ्लैट दिखाने लाया था। कितने खुश थे सब, घर की दीवारों के रंग से लेकर उसकी सजावट सब वहीं तय हो गया था।

बच्चे खुश थे कि अब उन्हें खेलने से कोई नहीं रोकेगा, वरना किराए के घर में तो हमेशा मकान-मालिक की चख-चख सुनते रहो।

बहुत सोच-विचार के बाद भी सुहास को जब कोई रास्ता नहीं सूझा, तो अंततः उसने फ्लैट बेचने का ही मन बना लिया। बैंक का ऋण चुकता करने के

बाद कुछ पैसा बच जाएगा। एक-दो वर्ष का किराया तो निकल ही जाएगा। फिर वह हमेशा तो ये मंदी रहनी नहीं। कुछ समय बाद परिस्थितियाँ बदलेंगी तो देख लेंगे। सौम्या को वह समझा देगा और सौम्या बच्चों को। यह सोचकर उसने अगले ही दिन किसी प्रॉपर्टी डीलर से बातें चलाने का फैसला किया।

सुबह ऑफिस निकलते हुए उसने घर की दीवारों पर गौर से नजर डाली, मानो उन्हें आँखों में समा लेना चाहता हो।

"कोई अच्छा प्रॉपर्टी डीलर है तेरी नजर में।" ऑफिस में अपने घनिष्ठ मित्र दीपक से सुहास ने पूछा। दीपक द्वारा कारण पूछने पर न चाहते हुए भी सुहास को सबकुछ बताना पड़ा।

"तेरी भाभी और बच्चों से कैसे निगाह मिला पाऊँगा, समझ नहीं आता, लेकिन कोई और चारा भी तो नहीं।" उसके स्वर में हताशा थी।

"लेकिन सुहास, आजकल मंदी के इस दौर में तुझे फ्लैट की कीमत भी सही नहीं मिलेगी। अव्वल तो तुझे खरीदार ही नहीं मिलनेवाला और कोई मिल भी गया, तो तेरी मजबूरी का फायदा उठाने की कोशिश करेगा। फिर भी मैं देखता हूँ कि क्या हो सकता है।" दीपक ने उसे वस्तुस्थिति बताते हुए भरोसा दिलाया।

दो-तीन दिनों बाद सुहास को एक कोने में ले जाकर दीपक चुपके से बोला, "यार, मैं एक डॉक्टर को जानता हूँ, अपनी किडनी बेच सकता है तू।"

यह सुन सुहास का मुँह खुला-का-खुला रह गया। क्या जवाब दे, उसकी समझ में नहीं आया। दीपक ने क्या कहा, जैसे उसे सुनाई ही नहीं दिया।

"तुम एक किडनी पर भी जी सकते हो। एक छोटा सा ऑपरेशन। किसी को पता भी नहीं चलेगा। दो-तीन दिनों में घर आ जाओगे। भाभी से कह देना, टूर पर जा रहे हो।" दीपक कहे जा रहा था, लेकिन कहीं खोया सा सुहास कुछ सुन रहा था कुछ नहीं।

"इसके अलावा कुछ और नहीं हो सकता?" सुहास को अपनी ही आवाज कहीं दूर से आती लगी।

जवाब मिला, "और क्या है तेरे पास बेचने के लिए, इसको बेचकर इतना पैसा तो मिल ही जाएगा कि तू मकान के ऋण के डेढ़-दो वर्ष का एकमुश्त पैसा जमा कर सके। तब तक स्थिति सुधर जाएगी।"

"क्या इतना पैसा मिल जाएगा कि डेढ़ दो वर्षों की ऋण की किश्त चुका सकूँ?" सुहास बोला।

"हाँ, क्यों नहीं, इस धंधे में मंदी नहीं है मेरे यार।" दीपक विद्रूप हँसी हँसा।

"चलो, सोचकर बताऊँगा।" कहकर सुहास घर की ओर चल पड़ा।

अपनी ही सोच में डूबा सुहास घर पहुँचा, तो सौम्या और बच्चे उत्साह से भरे थे।

"कल आपकी छुट्टी है। बहुत दिनों से बाहर नहीं निकले हैं। बच्चे भी जिद कर रहे हैं। घर के लिए कुछ खरीदारी भी हो जाएगी।" सौम्या ने चाय का कप सुहास की ओर बढ़ाते हुए कहा।

"क्या शॉपिंग करनी है, मुझे भी तो पता चले।" सुहास ने अपने मन की ऊहापोह सौम्या के सामने जरा भी जाहिर नहीं होने दी।

"परदे पुराने हो गए हैं। घर की दीवारों से मैच भी नहीं करते। सोच रही हूँ, बदल डालूँ।"

तभी दोनों बच्चे भी आकर सुहास के दोनों ओर बैठ गए।

"पापा, हमें भी अपने लिए कुछ लेना है। बाजार में बहुत अच्छे-अच्छे पोस्टर आए हैं। हम घर को अच्छी तरह सजाएँगे। नया सा लगेगा फिर से।" बच्चों का उत्साह देखते ही बनता था।

"ठीक है, तो कल हम सब बाजार चलेंगे, लेकिन अभी तुम दोनों पढ़ाई करो।" बच्चे खुश होकर अपने कमरे की ओर दौड़ पड़े। सुहास रात को बिस्तर पर लेटा तो नींद नदारद थी। पूरी रात करवटों में कट गई।

सौम्या और बच्चे जिस उत्साह से घर को सजाने-सँवारने की तैयारी कर रहे थे, उस घर को वह बचा भी पाएगा या नहीं।

बार-बार दीपक का सवाल कानों में गूँज उठता, 'किडनी बेचेगा अपनी?'

एक मन सोचता कि यदि बाद में कभी उसकी किडनी खराब हो गई तो क्या होगा?

'लेकिन इसकी संभावना बहुत कम है।' सुहास मन-ही-मन अपने आप को दिलासा दे रहा था।

अगला दिन बच्चों के साथ बाजार और पार्क में बीत गया, बच्चों की पिकनिक भी हो गई थी।

सौम्या घर आकर परदों को दीवारों से लगाकर देख रही थी तो बच्चे पुरानी पेंटिंग्स व पोस्टर निकालकर उनकी जगह नई लगाने में व्यस्त थे।

"अपना घर तो अपना ही होता है। हर समय उसे सजाते-सँवारते रहने का मन

करता है।" सौम्या परदों की तह बनाते हुए बोली।

"हाँ! यह बात तो है।" सुहास ने भी उसकी हाँ में हाँ मिलाई।

दिन भर के घटनाक्रम ने सुहास का निर्णय लेना आसान कर दिया था।

अगले दिन सोकर उठा, तो सुहास अपने आप को हलका महसूस कर रहा था।

"सौम्या! मैं तुमसे कुछ कहना भूल गया। एक-दो दिन में शायद मुझे ऑफिस के काम से बाहर जाना पड़े। मेरा सूटकेस तैयार कर देना।" सौम्या उसके चेहरे के भाव पढ़ पाए, इससे पहले ही सुहास तेजी से निकल गया।

अपने घर और परिवार की खुशियाँ बचाने के लिए अपनी 'निजी' संपत्ति बेचने के अलावा और कोई उपाय नहीं था उसके पास।

□

नीयत

गृहस्थी की गाड़ी सिर्फ पैसा, सुंदरता या फिर सुशिक्षित होने से ही नहीं चलती। वह समर्पण, समझ और सरोकार की आहुति भी माँगती है। स्वच्छंदता नहीं, त्याग चाहती है। पर उसने तो यह कभी सीखा ही नहीं। उसकी हनक और सनक ही उसे ले डूबी। आज शिरीष उससे दूर हो गया, तो सिर्फ इसीलिए।

सुगंधा का दर्प अब दरकने लगा था और रोहित के रात-रात फोन उसे अखरने लगे। वह समझने लगी, पति-पत्नी के बिगाड़ में कैसे लोग अपना जुगाड़ ढूँढ़ लेते हैं। लेकिन मजबूरी थी, जब तक काम फँसा था, तो फोन अटेंड करने ही पड़ते। किंतु वे पल उसे बड़ा असहज कर देते। अब तो बिटिया भी बड़ी हो चली थी। घंटी बजते ही उसके भी कान खड़े हो जाते।

'क्या जिंदगी बना ली है मैंने अपनी।' सोच का यह सिलसिला चला ही था कि ट्रिन-ट्रिन फोन बज उठा। खुशबू ने घड़ी की ओर देखा। तकरीबन वही रोज का ही समय। रात के साढ़े ग्यारह बजे थे। सुगंधा ने फोन उठाया और उसकी ओर पीठ कर धीमी आवाज में बातें करने लगी।

कुछ दिनों से यह नित्य का नियम ही हो गया। रात को सन्नाटे में जब पहली बार फोन की घंटी घनघनाई थी, तो खुशबू और सुगंधा दोनों चौंक उठे थे। इसके बाद फोन आने का यह क्रम रोज का ही हो गया। खुशबू भी इसकी आदी सी हो गई। पर वह नजरें बचाकर कनखियों से मम्मी को घूरती। उन्हें तनावग्रस्त देख कभी-कभार पूछ भी लेती, "मम्मी, क्या हुआ ?"

"कुछ नहीं।" कहकर सुगंधा टाल जाती।

खुशबू फिर ज्यादा जोर भी नहीं देती। वैसे भी घर में जब से उसने होश सँभाला, तनाव ही पाया। खुशबू के पिता शिरीष सेना में अधिकारी थे, तो माँ सुगंधा देहरादून स्थित एक प्रतिष्ठित स्कूल में अध्यापिका।

खुशबू को याद ही नहीं है कि बचपन में कभी उसने मम्मी-पापा को दो घड़ी भी प्यार से बातें करते देखा हो। हमेशा उन्हें लड़ते-झगड़ते ही पाया।

"तुमने मेरी कभी परवाह ही नहीं की। तुम्हें तो हमेशा अपनी और अपनी नौकरी की ही पड़ी रहती है। दांपत्य जीवन क्या होता है, तुम जैसी दंभी महिला क्या जाने।"

"मैं स्वाभिमानी हूँ और होना भी चाहिए। तुम तो यही चाहते हो न कि औरत पैरों की जूती बनी रहे। एक-एक पाई के लिए पति की मोहताज हो। हर पुरुष की यही सोच रहती है। तभी उनके पौरुष को शांति भी मिलती है।"

खुशबू भी अब इतना समझने लगी थी कि पिता मम्मी को बिना वजह उलाहना नहीं देते थे। वे चाहते थे, माँ अपनी नौकरी छोड़कर उनके साथ रहे और घर-परिवार पर ध्यान दे। लेकिन अहं की शिकार मम्मी को यह कतई मंजूर नहीं था।

शादी के एक साल बाद ही खुशबू आ गई, तो कुछ समय के लिए शिरीष-सुगंधा के बीच की खाई पटती सी लगी। पर फिर वही रवैया। दो-तीन महीने बाद ही खुशबू को आया के भरोसे छोड़ सुगंधा ने फिर नौकरी पर जाना आरंभ कर दिया। सुबह ही स्कूल निकल जाती और देर शाम घर लौटती। आजिज आ चुके शिरीष का मन अब सुगंधा से हटने लगा।

इधर सुगंधा अपनी गलतियों पर तो गौर करती नहीं थी, उलटे अब शिरीष पर ही बेवफाई के इल्जाम लगाने लगी। जोरों से चिल्लाती।

"बाहर तो लड़कियों के साथ गुलछर्रे उड़ाते फिरते हो और घर में बीवी-बेटी के पास आकर संन्यासी बने खामोशी ओढ़ लेते हो।"

जवाब में शिरीष उतनी ही ऊँची आवाज में बोलता, "तो क्या करूँ ? ऐसा क्या है इस घर में जो मैं किलकारी मारूँ। घर से बाहर अगर मैं खुशी ढूँढ़ता हूँ तो तुम्हें जलन क्यों होती है ?"

माँ-पिता के बीच यही झगड़े देखते-देखते खुशबू बारह वर्ष की हो आई। अति हो गई, तो कुछ ही समय पूर्व दोनों पति-पत्नी ने अलग-अलग रहने का फैसला कर लिया। खुशबू के लिए सुगंधा ने जिद की, तो शिरीष उसे उसके पास ही छोड़ने को राजी हो गया।

अब समस्या उस फ्लैट को लेकर थी, जिसमें सुगंधा और खुशबू रह रहे थे। फ्लैट का स्वामित्व शिरीष और सुगंधा दोनों के नाम से था। शिरीष सुगंधा के हिस्से का पैसा देकर उसका स्वामित्व अपने नाम पर कराना चाहता था, जबकि सुगंधा

तलाक के एवज में उस पर अपना हक चाहती थी।

एक-दूसरे से अलग हो जाने के बाद भी यही मसला उन दोनों के बीच झगड़े की जड़ बना हुआ था। मामला घर की चहारदीवारी से कोर्ट-कचहरी तक जा पहुँचा। इसी बीच मौका ताड़ सुगंधा की मदद को हाउसिंग सोसाइटी का चेयरमैन रोहित आगे आ गया। वह पेशे से वकील भी था। उसने आग में घी का काम किया। आए दिन सुगंधा को वह उकसाता रहता, "अरे! कैसे नहीं देंगे मेजर साहब इसे आपको? तलाक के हरजाने के रूप में तो उन्हें ये देना ही पड़ेगा। मैं लड़ूँगा आपका केस।"

जब-तब किसी-न-किसी बहाने वह मिलने घर आ धमकता या देर-सवेर फोन घनघनाता रहता।

जब पहली बार रात ग्यारह बजे उसका फोन आया, तो सुगंधा चौंक उठी।

"हैलो! क्या कर रहे हैं आप? मैंने सोचा, केस के बारे में आपसे कुछ बातें कर लूँ।" रोहित बोला।

"जी इस समय!" सुगंधा रोहित के इस देर रात आए फोन का मंतव्य समझ रही थी। उसे अंदर-ही-अंदर खीझ आई कि जो बात कल भी हो सकती थी, उसके लिए उसे रात ग्यारह बजे फोन करने की क्या जरूरत थी! खैर, वह गुस्सा पी गई और कुछ बोलती इससे पहले ही रोहित बोल उठा, "अगर आपको आपत्ति न हो तो...।" बात यहीं अधूरी छोड़ दी उसने।

"आज स्कूल में देर शाम तक मीटिंग चलती रही, सिर दुःख रहा है। हम कल बात कर लें, तो कैसा रहेगा?" सुगंधा ने विनम्रतापूर्वक उसका आग्रह टाल दिया।

"चलो ठीक है।" कहकर रोहित ने फोन रख दिया, तो सुगंधा ने बड़ी चैन की साँस ली। लेकिन अगले दिन फिर लगभग उसी समय फोन घनघना उठा। सुगंधा ने चोर नजरों से खुशबू की तरफ देखा। खुशबू की आँखों में उतरते सवालों से नजरें फेर सुगंधा ने चुपचाप फोन उठाया।

"सुगंधाजी! मैं रोहित, क्या करें दिन भर इतना व्यस्त रहता हूँ, समय ही नहीं मिल पाता। इसलिए फिर आपको इस समय परेशान कर दिया।" और वह धीमे से कुटिल हँसी हँसा।

उसकी हँसी की आवाज सुगंधा के कानों में पिघले शीशे की तरह पड़ी। लेकिन अपने को संयत रखते हुए उसने उससे अपने केस की प्रगति संबंधी सवाल दाग दिया। आखिर काम तो उसका ही था और इस झंझट से वह जितनी जल्दी हो, मुक्ति भी चाहती थी।

"इसको तो बस आप अपने पक्ष में ही समझिए। अगली तारीख में ही फैसला हो जाएगा। आप सहयोग कीजिए और मेजर साहब से संबंधित कुछ सूचनाएँ दे दीजिए। बस, काम हुआ समझो।"

रोहित के फोन अब अकसर किसी-न-किसी बहाने देर रात इसी तरह आने लगे थे। हालत यह हो गई कि अब सुगंधा को लगने लगा कि वह अपनी बड़ी होती बेटी से नजरें नहीं मिला पा रही है।

बिस्तर पर लेटती, तो लगता खुशबू की नजरें पीछा कर रही हैं। पूछ रही हैं कि रोहित अंकल को ऐसा कौन सा काम है, जिसके लिए उन्हें देर रात ही बात करनी होती है?

सुगंधा का स्कूल आवासीय था और वहाँ की आवश्यकताओं को ध्यान में रखते हुए कई दिनों से स्कूल प्रबंधन सुगंधा पर स्कूल परिसर में ही रहने के लिए दबाव डाल रहा था। लेकिन सुगंधा इसे टाले जा रही थी। वह मकान खाली कर शिरीष को केस जीतने का कोई मौका नहीं देना चाहती थी। उसके पास स्थायी आवास का न होना ही तो एक मुद्दा था, जो उसे मकान का स्वामित्व दिला सकता था।

किंतु पिछले कुछ दिनों से रोहित के लगातार देर रात आनेवाले फोन-कॉल्स ने उसे बुरी तरह विचलित कर दिया था। वह आत्म मंथन करने लगी—

शिरीष उसे उसके हिस्से का पैसा देने को तैयार है, जिसे वह खुशबू के भविष्य के लिए सुरक्षित रख सकती है। स्कूल परिसर में रहने से उसके खर्च भी कम होंगे और खुशबू का भविष्य भी बेहतर बन पाएगा। पर रोहित जानबूझकर केस को लंबा खींच रहा है, ताकि वह उसकी कठपुतली बनी रहे। उसने तय किया, वह कुछ दिन और देखेगी, नहीं तो फिर दूसरा रास्ता निकालना होगा।

लेकिन इस बीच संयोग से ऐसा हुआ कि उसे ज्यादा इंतजार नहीं करना पड़ा। वह कुछ दिनों से राहत महसूस कर रही थी। रात को फोन अब लगभग बंद ही थे, 'हो सकता है, रोहित को उन दिनों मुझसे केस संबंधी काम ही रहा होगा, पर मुझे तो अनावश्यक ही शक करने की आदत पड़ गई है।'

सुगंधा ने मन-ही-मन सोचा। किंतु उसकी यह खुशफहमी अधिक समय तक बनी न रह सकी।

रात बारह बजे फोन घनघनाया, तो सुगंधा और खुशबू दोनों चौंक उठीं।

पिछले कुछ दिनों से सुगंधा फोन की आवाज कम करना भी भूल गई थी।

"हैलो सुगंधाजी! सो गईं क्या?" जाना-पहचाना स्वर सुन सुगंधा का मन आया कि कह दे नहीं, आधी रात को वह तारे गिन रही है। लेकिन कह नहीं पाई।

"आपके केस का निर्णय अगली तारीख में तो हो ही जाएगा। उसके बाद आपसे बात करने का मौका कहाँ मिलेगा। आज श्रीमतीजी भी मायके गई हैं, अकेलापन महसूस हो रहा था। सोचा, आपसे बातें करूँ।" रोहित की आवाज नशे में बुरी तरह लड़खड़ा रही थी। सुगंधा एक पल को सन्न रह गई। उसको खामोश पाकर रोहित फिर बोला।

"आप भी तो अकेली हैं। कभी तो हमसे बात कर लिया कीजिए, आपका मन भी बहल जाएगा। आखिर इस सोसाइटी में हम ही आपके काम आएँगे।" रोहित नशे में चूर बड़बड़ाए जा रहा था।

सुगंधा ने फोन पटककर उसका तार निकाल दिया। गुस्से की आग और काम फँसे होने की मजबूरी के मिले-जुले भाव उसके मन को बुरी तरह मथ रहे थे। एक पल के लिए उसे लगा, मानो सिर फट जाएगा।

बिस्तर पर आकर लेटी, तो नींद जैसे उड़ गई थी। आखिर रोहित ने उसे समझा क्या है! ठीक है, शिरीष और उसमें नहीं बनी और तलाक हो गया, तो इसका मतलब यह तो नहीं कि वह चौराहे पर खड़ी है और जिसके जी में आया, वह उसके मन बहलाने का जरिया बन जाए?

मन पक्का कर वह अगले दिन रोहित के ऑफिस जा धमकी।

"मैंने शिरीष से समझौता कर लिया है, मैं केस वापस लेना चाहती हूँ।" दो टूक शब्दों में उसने अपना निर्णय रोहित को सुना दिया।

सकपकाते हुए वह बोला, "अरे मैडम, आप तो बुरा मान गईं, अब तो आप केस जीतनेवाली हैं। अब इस समय…।"

उसे बीच में टोकते हुए सुगंधा बोली, "आपने सुना नहीं मैंने क्या कहा, मुझे केस वापस लेना है।"

उसके तेवर देख रोहित सहम गया, पर अपनी हरकत से वह बाज नहीं आया। बोला, "ठीक है मैडम, जैसा आप चाहें। लेकिन केस फ्री में नहीं लड़े जाते। हम तो उसके लिए भी तैयार थे, बशर्ते आप हमारी बात मान जातीं। दोनों का मन बहल…।"

बीच में ही सुगंधा ने टोकते हुए कहा, "कितने पैसे देने हैं?" गुस्से से उसके शरीर में जैसे असंख्य चींटियाँ रेंगने लगी थीं। जल्दी ही वह वहाँ से बाहर निकल जाना चाहती थी।

"दो लाख तो दे ही दीजिए। कुछ और नहीं तो, पैसा तो ठीक मिल ही जाए।" रोहित ने बेशर्मी से अपनी बत्तीसी निपोरी।

"मैं आपको दो दिन बाद का चेक दे रही हूँ। निकलवा लीजिएगा।" चेक उसकी मेज पर फेंककर सुगंधा पैर पटकती हुई गुस्से में बाहर निकल आई।

'अभी बहुत से काम करने हैं। शिरीष से बात करनी है और फिर स्कूल परिसर में शिफ्ट होना है···।' बड़बड़ाते हुए उसके कदम तेजी से घर की ओर मुड़ गए।

□

बड़ी सीख

कचहरी परिसर के बाहर आज कुछ ज्यादा ही मजमा लगा था। तीन दिन से यहाँ पूर्व स्वतंत्रता सेनानी संतन सिंह का बेटा जितेंद्र अपने परिवार सहित अनशन पर बैठा था। उसकी नाराजगी सरकार के रवैये को लेकर थी। उसका कहना था, सरकारी अनदेखी के चलते ही स्वतंत्रता आंदोलन के अग्रणी सेनानी का परिवार आज चौराहे पर आ खड़ा है। पूरे तीन दिन कोई भी सरकारी प्रतिनिधि उसे पूछने नहीं आया, तो गुस्से में उसने यहीं पर मय परिवार आत्महत्या की धमकी दे डाली। मामले को हवा देने के लिए वहाँ कुछ उत्साही पत्रकार व इलेक्ट्रॉनिक मीडिया के लोग भी आ जुटे।

जितेंद्र प्रसिद्ध स्वतंत्रता संग्राम सेनानी संतन सिंह का इकलौता पुत्र था। संतन सिंह के पिता गाँव के बड़े जमींदार थे। स्कूली शिक्षा पूरी होने पर उन्होंने आगे की पढ़ाई हेतु उन्हें इलाहाबाद भेज दिया था। संतन सिंह बचपन से ही प्रखर बुद्धि के थे, इसलिए पिता उन्हें कलक्टर बनाना चाहते थे। उन्हें इलाहाबाद भेजने का उनका मकसद भी यही था।

लेकिन घर से बाहर रहकर बेटा कहीं विमुख न हो जाए, यह सोचकर पड़ोसी गाँव के जमींदार की पुत्री लीलावती से उनका ब्याह करवा दिया। पंद्रह वर्ष की लीलावती दुलहन बन संतन सिंह के घर आ गई।

शुरू में तो संतन का मन पढ़ाई में बिल्कुल भी न लगता। दो दिन की छुट्टी होने पर भी वे गाँव लौट आते। लेकिन धीरे-धीरे उनका मन अंग्रेजी सरकार द्वारा भारतीयों पर किए जानेवाले जुल्मों से आहत होने लगा। फिर एक दिन वे अपने कुछ मित्रों के साथ स्वतंत्रता आंदोलन में कूछ पड़े। हर महीने घर भाग आनेवाले संतन का जब महीनों तक कुछ पता न चला, तो घर में चिंता हुई। पिता ने गाँव से अपने

एक पुराने नौकर को इलाहाबाद उनकी खोज-खबर को भेजा। वहाँ पता चला, वे तो कॉलेज ही छोड़ चुके हैं।

इस बीच संतन व उनके साथियों की उग्र गतिविधियों के चलते ब्रितानी पुलिस हरकत में आ गई। उनकी घेराबंदी के साथ-साथ अब घर में भी तहकीकात होने लगी। पिता को उनकी ये हरकतें नागवार गुजरीं। पर पत्नी को पता लगा, तो वह भी इस मुहिम के लिए मचलने लगी। उसने गाँव की ही कुछ महिलाओं को एकत्र कर स्वदेशी आंदोलन शुरू कर दिया। इससे संतन के पिता और भड़क उठे। उन्हें यह कतई मंजूर नहीं था कि समृद्ध घर की बहू सारा साज-शृंगार छोड़ खादी के कपड़े पहने और इधर-उधर सड़कों पर भटके। इसको लेकर उन्होंने कई बार उसे फटकारा भी। पर अपने पति की मदद करने की बात कहकर उसने ससुर को निरुत्तर कर दिया।

देश आजाद हुआ तो संतन को कई लोगों ने राजनीति में उतर आने की सलाह दी। पर वे कहते, "मैंने देश को आजाद करवाने के लिए लड़ाई लड़ी थी, अब देश आजाद हो गया है, तो मेरा काम भी खत्म, कुछ और पाने की लालसा नहीं है मन में।" लोग चुप हो जाते।

इसके बाद संतन ने अपने गाँव में रहकर खेती करना ही उचित समझा। आंदोलन के दौरान गोली लगने और उसके बाद समुचित इलाज न हो पाने से उनका बायाँ पाँव खराब होने लगा, पर हिम्मत नहीं हारी।

बाद में सरकार ने स्वतंत्रता संग्राम सेनानियों को नौकरी सहित कई अन्य सुविधाएँ दीं, लेकिन संतन ने पेंशन के अलावा अन्य सभी सुविधाएँ लेने से विनम्रतापूर्वक मना कर दिया। पेंशन से मिलनेवाली राशि भी वह गरीब और जरूरतमंद लोगों में बाँट देते।

विवाह के कई वर्षों बाद घर में पुत्र हुआ, तो परिवार में खुशी की लहर दौड़ गई। नाम रखा गया 'जितेंद्र'। माँ-बाप ने उसे अपने ही संस्कारों में ढालने की कोशिश की, पर उसकी फितरत कुछ अलग ही थी। पढ़ने-लिखने में वह सामान्य ही था। किसी तरह उसने स्नातक किया, और फिर सरकारी नौकरी की तलाश में लग गया। पिता उसे समझाते, "बेटा, तुम सरकारी नौकरी के लायक तो हो नहीं, इसलिए कोई अपना धंधा-पानी ही शुरू कर लो।"

पिता की इस सलाह से वह भड़क उठता। धीरे-धीरे वह जुबान भी लड़ाने लगा, कहता, "कैसे स्वतंत्रता सेनानी हैं आप कि अपने इकलौते बेटे के लिए एक

अदद सरकारी नौकरी का जुगाड़ भी नहीं कर सकते।"

संतन सिंह बेटे की इन बातों को सुन सन्न रह गए। उन्हें उसकी इस सोच पर बड़ी ग्लानि हुई। मन-ही-मन कहने लगे, 'क्या अपने पुत्र को नौकरी दिलवाने के लिए ही उन्होंने आंदोलन किया था। पर पुत्र को यह न लगे कि पिता उसके लिए कुछ नहीं कर रहे, यह सोचकर उन्होंने पत्नी से सलाह-मशविरा किया और फिर एक खेत बेचकर गाँव में ही एक छोटी सी दुकान खोल ली। पर पढ़े-लिखे जितेंद्र को यह काम अपमानजनक लगा। माँ के समझाने पर मन मसोसकर उसे दुकान पर बैठना ही पड़ा। दुकान से ठीक-ठाक आमदनी होने लगी, पर उसका चंचल मन खुराफातों में ही लगा रहता।

दुकानदारी अब उसकी ठीक-ठाक चलती देख माता-पिता ने उसका विवाह कर अपनी अंतिम जिम्मेदारी से भी मुक्त हो जाना चाहा और एक पढ़ी-लिखी अच्छे घर की लड़की संयुक्ता से उसकी शादी कर दी। बहू के घर आते ही स्थिति बिगड़ने लगी।

संयुक्ता भी जितेंद्र की तरह ही चंचल थी। उसे पति का दुकान में बैठना बिल्कुल ठीक नहीं लगता। वह उसे और उकसाने लगी, "सरकार आज स्वतंत्रता सेनानी आश्रितों को कितनी सुविधाएँ दे रही है। पर तुम्हारे पिता हैं कि तुम्हारे बारे में कुछ सोचते ही नहीं। उन्हें तो सिर्फ समाज-सेवा का भूत सवार है। अपने इकलौते बेटे की जिंदगी की उन्हें कोई चिंता ही नहीं।"

पत्नी की ये बातें आग में घी का काम करतीं। वह और भड़क उठता। बात-बात पर अपनी सारी खीझ पिता पर उतार देता। माँ समझाती, "बेटा, सारी जिंदगी तुम्हारे पिता ने उसूलों के लिए बिता दी, इसीलिए लोग उनका इतना सम्मान करते हैं। अब बुढ़ापे में उन्हें गलत कामों के लिए मजबूर मत करो।"

पर वह माँ से भी भिड़ जाता। कहता, "पिता उसका भला ही नहीं चाहते।"

एक औलाद, वह भी थी ऐसी। संतन सिंह चिंता में डूब जाते, इससे उनका स्वास्थ्य खराब रहने लगा। एक दिन उन्हें दिल का दौरा पड़ा और हमेशा-हमेशा के लिए वह परिवार से दूर हो गए।

संतन सिंह के तो पूरे इलाके के लोग मुरीद थे। उनकी मौत की सूचना सुन घर में सैलाब उमड़ पड़ा। बेतहाशा भीड़ ने जितेंद्र को इस बात का और अहसास तो दिला दिया कि उन्हें लोग कितना मानते हैं। पिता की इसी लोकप्रियता को वह अब भुनाने में लग गया। पिता की मौत की संवेदना की आड़ में उसने कई अधिकारियों

और राजनीतिज्ञों के चक्कर काटे, पर बात नहीं बनी। इसी भाग-दौड़ में उसकी मुलाकात एक दलाल से हो गई, जिसने दो लाख रुपए में उसे नौकरी दिलवाने का आश्वासन दिया। सौदा तय हो गया तो जितेंद्र ने पैसों की व्यवस्था के लिए माँ से खेत बेचने की इजाजत चाही।

बेटे को समझाने में असफल रही माँ ने थक-हारकर उसे खेत बेचने की अनुमति तो दे दी, किंतु अंदर-ही-अंदर उसका मन टूट गया। सोचती, जिस व्यक्ति ने जीवन भर अपने सिद्धांतों से कभी समझौता नहीं किया, उसी का बेटा उसकी मृत्यु के बाद नौकरी लगाने के लिए रिश्वत देने जैसा घृणित कार्य कर रहा है। लेकिन घर में सुख-शांति के लिए उसे इस पाप का भागी बनना पड़ा।

दलाल पैसे लेने के बाद गायब हो गया, तो जितेंद्र आग-बबूला हो उठा। कैसे कहे, उसने नौकरी के लिए रिश्वत दी। पर अब स्वतंत्रता संग्राम सैनिकों के आश्रितों की आड़ लेकर वह परिवार सहित कचहरी परिसर में धरने पर बैठ गया।

लीलावती को पता चला तो उस पर जैसे किसी ने घड़ों पानी उड़ेल दिया हो। बेटा अब इस नौटंकी पर उतर आया कि अपने पिता का नाम ही मिट्टी में मिला देना चाहता है। वह तमतमा उठी।

इधर अनशन स्थल पर खासी भीड़ जमा हो गई थी। कुछ छुटभैयों ने सियासी दुकानें सजा लीं और लगे सरकार को जमकर कोसने। मीडिया के लोग भी आ पहुँचे।

इसी तमाशे के बीच जितेंद्र ने बगल में बैठी अपनी छोटी बिटिया को गोद में बिठा लिया और जेब से जहर की शीशी निकालकर उसे पिलाने का नाटक करने लगा। तभी भीड़ में भगदड़ मची। जोर का एक नारी स्वर उभरा, "हटो-हटो, क्या मजमा लगा रखा है। कोई तमाशा हो रहा है क्या?" लोग तितर-बितर हो गए।

सामने माँ लीलावती के उग्र तेवर देख जितेंद्र और संयुक्ता के होश उड़ गए। उन्होंने सोचा भी नहीं था कि वह यहाँ आ धमकेगी। पास ही बैठे दोनों बच्चे 'दादी माँ' कहते हुए दौड़े और उससे लिपट गए।

"माँ आप यहाँ?" सकपकाते हुए जितेंद्र उठ खड़ा हुआ, तो माँ ने आगे बढ़कर एक जोर का तमाचा उसके गाल पर दे मारा।

चारों तरफ सन्नाटा छा गया। मीडिया के लोग भी सकते में आ गए। किसी के मुँह से कोई आवाज न निकली।

"तुम इतने अकर्मण्य हो, यह तो मुझे मालूम था, लेकिन इतने बेशर्म भी हो,

यह नहीं जानती थी। अपने देश को आजाद कराने के लिए क्या इसलिए लड़ाई लड़ी थी कि तुम जैसे कपूत उस महान् स्वतंत्रता संग्राम सेनानी के नाम को अपने स्वार्थों के लिए बैसाखी की तरह इस्तेमाल करें।"

"लेकिन जिन लोगों ने देश के लिए कुरबानी दी, उनके लिए आजाद मुल्क के हुक्मरानों का कोई फर्ज नहीं है! देश पर कर्ज है उन सपूतों का। उसको उतारना क्या देशवासियों का फर्ज नहीं है ?" कुछ अति उत्साही मीडिया वालों ने लीलावती से सवाल किया।

उनका यह बेतुका सवाल सुन वह और भड़क उठी, "कौन सा कर्ज, कैसा कर्ज! क्या अपने देश, अपने घर के लिए कुछ करना अहसान होता है, जिसे उतारा जाए। कोई किसी पर अहसान नहीं करता, यह सबका फर्ज है और सबको अपना-अपना फर्ज अदा करना चाहिए। बगैर किसी अपेक्षा के।"

फिर वह अपनी बहू से मुखातिब हुई, "इसकी इस नौटंकी में तुम भी चली आई इस नालायक के साथ। अनशन करने के लिए। अरे, तुम तो अर्धांगिनी हो इसकी। तुम्हारा फर्ज है, उसे सही राह दिखाना और सही रास्ते पर लाना। भीख और अनुदान से जिंदगी नहीं चलती। कुछ करना है तो कर्म करो। तभी आनेवाली पीढ़ी भी तुम्हें याद रखेगी।"

उसने खबरनवीसों को भी नहीं बख्शा। बोली, "तुम तो चौथे स्तंभ हो, इस व्यवस्था के। समाज को दिशा देना तुम्हारा परम दायित्व है। तुम ही भटक जाओगे तो लोगों को दिशा कौन देगा।"

सभी सिर झुकाए खड़े थे। बिल्कुल मौन। सभी को अपनी-अपनी जिम्मेदारी व दायित्वों का अहसास हो आया। धीरे-धीरे भीड़ छँट गई। सब चुपचाप एक बड़ी सीख लिये अपने-अपने गंतव्यों को चल दिए।

□

अनजान रिश्ता

गाड़ी के हॉर्न की आवाज आई तो उसका ध्यान स्वत: ही घड़ी की ओर चला गया। साढ़े नौ बज चुके थे। वह तैयार तो हो चुकी थी, लेकिन नाश्ता नहीं किया था। जल्दी में एक टोस्ट मुँह में ठूँसा और पर्स हाथ में लेकर बाहर निकल आई।

इस शहर में आए उसे एक सप्ताह हो चुका था, लेकिन अभी तक व्यवस्थित नहीं हो पाई थी। सुरभि एक निजी कंपनी में मेडिकल ऑफिसर के पद पर कार्यरत थी। कंपनी का एक ऑफिस इस शहर में भी था और वह हफ्ते पहले ही स्थानांतरित होकर यहाँ आई थी।

स्थानांतरण पर एक बार तो मन हुआ नौकरी छोड़ दे, लेकिन सिद्धांत के समझाने पर चली ही आई। उसका कहना भी ठीक था, जब बच्चे छोटे थे और उन्हें हमारी जरूरत थी, तब तो हम नौकरी छोड़ नहीं पाए। अब जब बच्चे अपने में व्यस्त हैं और घर में कुछ खास करने को नहीं, तो नौकरी छोड़ने का क्या औचित्य है।

वैसे भी कंपनी ने एक फर्निश्ड मकान लीज पर लेकर दिया था। कोई परेशानी नहीं। सुबह कंपनी की गाड़ी लेने आ जाती, शाम को छोड़ जाती। सिद्धांत स्वयं आकर सब देख गया था।

"कुछ दिन देख लो। ठीक लगे तो बता देना। मैं भी स्थानांतरण के लिए आवेदन कर दूँगा।" जाते-जाते सिद्धांत कह गए थे।

सिद्धांत सरकारी नौकरी में थे। इस शहर में भी उनका तबादला हो सकता था। वैसे भी अकेले रहने की इच्छा सुरभि की भी नहीं थी।

यों तो शहर ज्यादा बड़ा नहीं था, लेकिन महानगरीय सभ्यता धीरे-धीरे यहाँ भी हावी होने लगी थी। जिस क्षेत्र में सुरभि रह रही थी, वह हिस्सा कभी शहर से

अलग-थलग था। कुछ एकांतपसंद लोगों ने बड़े-बड़े भूखंड लेकर उनमें मकान बनाए थे। चारों तरफ हरियाली और उसके बीच ये कॉटेजनुमा मकान।

धीरे-धीरे शहर बढ़ा और शहरी विकास इस क्षेत्र की सुंदरता को भी लील गया। जमीन की कीमतें बढ़ीं तो लोगों ने अतिरिक्त जमीन को बेच दिया, जिसे प्रॉपर्टी डीलरों ने हाथोहाथ खरीदकर उसे छोटे-छोटे प्लॉट में विभक्त कर बेच दिया। अब तो वह क्षेत्र भी कंकरीटो का जंगल सा लगता था।

लेकिन फिर भी क्षेत्र के पुराने सौंदर्य का बखान करती कुछ कोठियाँ अभी भी मौजूद थीं। ऐसा ही एक घर सुरभि के घर के बगल में भी था। आम, लीची के पेड़ों के उन झुरमुटों के बीच उसकी लाल-लाल खपरैल ही नजर आती, आते-जाते सुरभि की निगाह कई बार उस घर की ओर चली जाती, लेकिन कभी कोई प्राणी नजर नहीं आया उसे।

'कितने भाग्यशाली हैं ये लोग, जो प्रकृति के इस सुरम्य वातावरण में रहने का लुत्फ उठा पाते हैं।' सुरभि मन-ही-मन सोचती।

रविवार का दिन। सुरभि फुरसत में थी। थोड़ी देर से उठी और चाय पीने बाहर छत पर आकर बैठ गई। स्वत: ही बगलवाले घर की ओर निगाह चली गई। अधेड़ उम्र की एक महिला माली को कुछ हिदायत दे रही थी। साथ ही स्वयं भी फूलों के पौधों की कतारों में से कुछ पुष्प तोड़ रही थी। 'गुलदस्ते में सजाने के लिए तोड़ रही होगी। घर की मालकिन होगी शायद,' सुरभि ने सोचा।

तभी एक अन्य व्यक्ति व्हीलचेयर पर एक अति वृद्ध पुरुष को वहाँ पर ले आया। इस महिला के श्वसुर होंगे। पिता भी हो सकते हैं। सुरभि मन-ही-मन अनुमान लगा रही थी। कुछ देर तक सुरभि उनके क्रियाकलाप देखती रही, फिर अंदर चली गई।

रविवार बीता तो सुरभि फिर अपने काम में व्यस्त हो गई। आते-जाते फिर कभी बगलवाले घर में निगाह चली ही जाती, लेकिन फिर कोई न दिखाई दिया।

रात के नौ बजे एक दिन घर की घंटी बजी तो सुरभि चौंकी। कौन आ गया इस समय? कहीं अस्पताल में कोई इमरजेंसी तो नहीं आ गई? इन्हीं आशंकाओं में डूबती-उतरती सुरभि को निर्मला ने आकर सूचना दी, "कोई मिलने आई है आपसे।"

निर्मला पास ही की बस्ती में रहती थी और सुबह से शाम तक सुरभि के घर पर रह उसका काम करती। खाना बनाकर अब जाने की तैयारी में ही थी कि घंटी

बज गई। आगंतुक कोई महिला है। लेकिन कौन हो सकती है इस वक्त? सुरभि गाउन का फीता बाँधती बाहर चली आई।

"माफ कीजिएगा। आपको इस वक्त परेशान किया, लेकिन परिस्थिति ही ऐसी आ गई थी। मेरे ससुरजी की तबीयत अचानक बिगड़ गई है और मैं अकेली हूँ इस वक्त।" परेशानी से उसके माथे पर पसीने की बूँदें छलक आई थीं।

सुरभि ने कुछ न पूछा। उन्हें बैठने को कह कपड़े बदलने अंदर चली गई। पाँच मिनट में ही अपना बैग हाथ में उठाए सुरभि बाहर निकल चुकी थी।

"आप भी सोचेंगी, जान न पहचान और रात गए आपको यों परेशान कर दिया। आपके पड़ोस में ही रहते हैं हम।" इस वक्त सुरभि को परेशान करने की लाचारी उसकी बातों से झलक रही थी।

"कैसी बात कर रही हैं आप? डॉक्टर का यह तो कर्तव्य होता है।" सुरभि ने उसके अपराध-बोध को दूर करने का भरसक प्रयास किया। तो ये हैं हमारी पड़ोसी और जो वृद्ध सज्जन उनके साथ दिखाई दिए थे, वह इनके श्वसुर हैं। पति कहीं बाहर होंगे शायद और बच्चे, वह भी बाहर ही होंगे।

अपने ही खयालों में डूबती-उतरती सुरभि उस घर में प्रवेश कर गई। सीधे ही उनके शयनकक्ष में पहुँची। वृद्ध तेज ज्वर से तड़प रहे थे। गीली पट्टी उनके माथे पर थी, जो माथे पर रखते ही थोड़ी देर में सूख जाती। पास ही खड़ा एक व्यक्ति पट्टियाँ बदल रहा था। उन दोनों के पहुँचते ही वह एक ओर खड़ा हो गया।

"घबराने की कोई बात नहीं, वायरल है। दो-तीन दिन लगेंगे ठीक होने में।" सुरभि ने उस महिला को सांत्वना दी और कुछ दवाइयाँ लिख दीं।

"इन्हें आप कल सुबह ही मँगा सकती हैं। अभी जो दवाई मैंने दी है, उससे इनका बुखार उतर जाएगा और रात को चैन से सो पाएँगे।" बाहर निकलते हुए उसने उस महिला से कहा।

अब सुरभि का ध्यान उस घर की आंतरिक सजावट पर गया। कलात्मक फर्नीचर, लकड़ी का सजावटी सामान, पुरानी मूर्तियाँ, पूरा घर ही उसे एंटीक लगा। मन-ही-मन गृहस्थियों की कलात्मक रुचि की प्रशंसा करते हुए सुरभि वापस चली आई।

अगले दिन सुरभि घर लौटी तो उसके लगभग एक-डेढ़ घंटे बाद पड़ोस की गृहस्वामिनी एक बार फिर उपस्थित थी, उसका धन्यवाद प्रकट करने के लिए। साथ में अपने बगीचे के ताजे फूलों का गुलदस्ता भी साथ था।

"दरअसल ससुरजी अल्जाइमर से पीड़ित हैं। उम्र भी काफी हो चुकी है, इसलिए थोड़ी सी बीमारी में ही घबरा जाती हूँ मैं।"

"और आपके पति?"

"वे अब इस दुनिया में नहीं हैं।" कहते हुए उसने निगाहें झुका लीं।

कुछ देर शांति पसरी रही। सुरभि की हिम्मत न हुई कि वह उसके बच्चों के बारे में कुछ पूछे।

बातों-ही-बातों में पता चला कि उसका नाम सुलक्षणा है और वह यहाँ स्थानीय डिग्री कॉलेज में अंग्रेजी की प्रोफेसर है।

"बस दो साल और उसके बाद रिटायर हो जाऊँगी।"

कुछ देर बैठकर वह चली गई, लेकिन अपने व्यक्तित्व की स्पष्ट छाप वह सुरभि के मन-मस्तिष्क पर छोड़ चुकी थी।

अगले रविवार को अपने घर आने का निमंत्रण देकर वह चली गई तो सुरभि ने यह मौका अपने हाथ से न जाने दिया। अनजान शहर में अपनी इस पड़ोसन से जान-पहचान बढ़ाने का कोई मौका नहीं छोड़ना चाहती थी सुरभि। इसके पीछे हरियाली के घने झुरमुटों के बीच रंग-बिरंगे फूलों से महकते उस घर को बार-बार देखने का लालच भी था।

सुलक्षणा के ससुर अब पूर्णतया स्वस्थ थे, लेकिन पुराने अल्जाइमर के कारण उन्हें सँभालना कठिन हो जाता। ऊपर से नब्बे वर्ष से अधिक की उम्र। सुरभि मन-ही-मन इस महिला की जीवटता की कायल हो गई।

धीरे-धीरे उसका उस घर में आना-जाना बढ़ता गया। लेकिन दोनों के बीच में एक आवरण था। एक खोल, जिससे निकलने का प्रयास न सुरभि ने किया, न ही सुलक्षणा ने।

"अपनी नई सहेली को पाकर तुम्हें तो हमारी आवश्यकता ही नहीं महसूस होती अब।" सिद्धांत ने मजाक किया, तो सुरभि झेंप गई।

ठीक ही तो कहा सिद्धांत ने। आजकल हर समय फोन पर सुलक्षणा का गुणगान ही तो करती रहती है वह। अगले महीने तक सिद्धांत भी स्थानांतरित होकर आ जाएँगे, तो फिर व्यस्त हो जाएगी सुरभि। तब कहाँ इतना मौका मिलेगा सुलक्षणा से मिलने का।

मिलना-जुलना बढ़ा तो बहुत सी बातें भी होने लगीं। और एक दिन सुरभि ने सुलक्षणा से उसके बच्चों के बारे में पूछ ही लिया।

प्रश्न सुनते ही सुलक्षणा के चेहरे के भाव ऐसे बदल गए, जैसे खुले नीले आसमान में अचानक काले बादल घिर आए हों और वर्षा की बूँदें आँसू बनकर नयनों को भिगोने लगी हों।

सुरभि को अपने प्रश्न पर लज्जा हो आई। क्या आवश्यकता थी, उसे यह सवाल पूछने की? क्यों उनके जख्मों को कुरेदा उसने? ऐसा लगता है या तो इनके बच्चे हैं ही नहीं या फिर उनसे जुड़े कुछ और जख्म खाए हैं इन्होंने। लेकिन थोड़ी देर की शांति के बाद इसका जो जवाब उन्होंने दिया, इसकी तो सुरभि ने कल्पना भी न की थी।

"शादी ही नहीं हुई तो बच्चे कैसे?"

सुनकर सुरभि जैसे आसमान से गिरी। शादी नहीं हुई तो ससुरजी कहाँ से आए। शायद उसने कुछ गलत सुना होगा।

"हाँ सुरभि, यही सच है। वर्षों से अपने सीने में दफन इस राज को तुमसे कहने का मन हो रहा है।" और सुलक्षणा ने अपनी कहानी सुरभि को सुना दी—

"सुलक्षणा के पिता और अनुपम के पिता पुराने मित्र थे। दोनों का अपना-अपना व्यवसाय था। अनुपम के पिता ने पुरानी दोस्ती को रिश्तेदारी में बदलने की इच्छा जाहिर की, तो किसी को कोई ऐतराज नहीं था। सुलक्षणा की माँ ने एक बार उसकी छोटी उम्र और पढ़ाई पूरी न होने का जिक्र किया था, लेकिन पिता ने अपना ही घर कह तुरंत ही विवाह हेतु हामी भर दी।

"अनुपम, सेठ दीनानाथ का इकलौता बेटा था। तीन वर्ष का था, जब एक सड़क दुर्घटना में माँ की मृत्यु हो गई और पिता गंभीर रूप से घायल हो गए। तन के घाव तो भर गए, लेकिन पत्नी की असमय मौत से मन पर पड़े घाव कभी न भर पाए। अनुपम की माँ और पिता दोनों की भूमिका निभाई दीनानाथ ने। अनुपम की छोटी उम्र को देखते हुए शुभचिंतकों ने दीनानाथ को दूसरा विवाह करने की सलाह दी, लेकिन वे नहीं माने।

"अब वही अनुपम पच्चीस-छब्बीस वर्ष का सुदर्शन युवक विदेश से मैनेजमेंट की पढ़ाई पूरी कर अपने पिता के व्यवसाय को बखूबी सँभाल रहा था। उसी अनुपम का रिश्ता जब सुलक्षणा के लिए आया, तो पूरा परिवार खुशी से झूम उठा।

"छुटपन से अनुपम को देखती आ रही सुलक्षणा को अचानक ही अपने रिश्ते बदल जाने का अहसास हुआ, लेकिन इससे वह नाखुश नहीं थी। इतना बदलाव उन दोनों के संबंधों में अवश्य आया था कि पहले अनुपम से निस्संकोच हँसी-ठिठोली

करनेवाली सुलक्षणा अब उससे बात करने में शरमाने लगी थी।

"दोनों के विवाह को अब एक माह शेष था। सेठ दीनानाथ उत्साहित थे। लगभग रोज ही होनेवाली बहू सुलक्षणा से बात करते। उसकी रुचि-अरुचि को ध्यान में रख खरीदारी की जा रही थी। कभी सुलक्षणा को ही अपने पास बुला लेते।

"'बेटे को तो काम से फुरसत नहीं, तुम ही विवाह की तैयारी में मेरी मदद करो।' जब-तब अनुपम की व्यस्तता की शिकायत सुलक्षणा से करना न भूलते दीनानाथ। विवाह से तीन दिन पहले ही अनुपम ने ऑफिस जाना बंद किया था। वह भी तब, जब पिता गुस्सा ही हो गए थे उस पर।

"लेकिन होनी को कुछ और ही मंजूर था। विवाह समारोह के लिए सिलवाई गई पोशाक अनुपम को फिट नहीं आई, तो स्वयं ही अपने टेलर के पास पहुँच गया। वापस लौट रहा था, लेकिन घर न पहुँच पाया। एक फोन आया और पिता बदहवास से अस्पताल पहुँचे। लेकिन तब तक सबकुछ समाप्त हो चुका था। पता चला गाड़ियों से लदा एक ट्रक सामने आते स्कूटर सवार को बचाने के प्रयास में अनुपम की मर्सिडीज के ऊपर पलट गया।

"बुरी तरह घायल अनुपम को बड़ी मुश्किल से निकालकर अस्पताल पहुँचाया गया, लेकिन उससे पहले ही अनुपम की साँसें टूट चुकी थीं।"

इतना बड़ा आघात कैसे सहा होगा सुलक्षणा ने? और उसके बाद ये इनके साथ कैसे? सुरभि का मन इस हृदय-विदारक घटना को सुन भर आया। सुलक्षणा भी कुछ देर खामोश रही। शायद अपने आँसू रोकने का प्रयास कर रही थी। सुरभि ने भी कुछ न पूछा, थोड़ी देर बाद सुलक्षणा ने आगे बोलना आरंभ किया—

"दोनों परिवारों पर तो जैसे वज्र गिर पड़ा था। सुलक्षणा के हाथों पर तो अभी मेहँदी का रंग ठीक से चढ़ा भी न था कि किस्मत ने उससे सबकुछ छीन लिया।

"सुलक्षणा अपने शोक से उबरी तो उसे सबसे पहले अपने होनेवाले श्वसुर का ध्यान आया, उनके पास जाए या न जाए, कुछ दिन इसी दुविधा में रही। अंततः मन कड़ा कर उनसे मिलने चली ही गई।

"सेठ दीनानाथ तो अपना संतुलन ही खो बैठे थे। दिन-रात अपने भव्य पूजागृह में ही भगवान् की मूर्तियों के सामने बैठे एकटक उन्हें निहारते रहते। न खाने की सुध न सोने की। 'यह अन्याय उनके साथ ही क्यों?' शायद यही पूछते होंगे भगवान् से।

"सुलक्षणा सीधे उनके पूजा के कमरे में चली गई। कुछ देर तक अनजानी

निगाहों से उसे देखते रहे। पहचानने की कोशिश करते, लेकिन नहीं पहचान पाए तो मुँह फेर लिया।

"उस दिन से सुलक्षणा ने नित्य उनके पास जाने का नियम बना लिया। डॉक्टरों के परामर्श और सुलक्षणा की सेवा-शुश्रूषा से दीनानाथजी में कुछ सुधार हुआ।

"'बेटी, मैं तुझे अपनी बहू नहीं बना पाया।'

"सुलक्षणा को पहचानने के बाद उनके मुँह से निकला पहला वाक्य दोनों को आँसुओं से सराबोर कर गया।

"मन-ही-मन इस हादसे से डरी सुलक्षणा आश्वस्त हुई। दीनानाथजी के चेहरे पर कोई गिला-शिकवा, किसी घृणा का नामोनिशान नहीं था।

"अब सुलक्षणा अपना अधिकतम समय दीनानाथजी की सेवा में ही गुजारने लगी थी। और धीरे-धीरे घर में इस बात का विरोध भी होने लगा था। लेकिन सुलक्षणा ने किसी की न सुनी।

"पत्नी और बेटे को इस शहर में खो देने के बाद दीनानाथजी का यहाँ रहने का मन न था। सारा व्यवसाय समेटने के बाद वह किसी दूरस्थ स्थान में शांतिपूर्वक अपना जीवन बिताना चाहते थे।

"औने पौने दामों में सबकुछ बेच अब वह वहाँ से जाने की तैयारी में थे।

"'मैं आपको अकेला नहीं छोड़ूँगी। मैं आपके साथ चलूँगी।'

"सुलक्षणा की बात सुन दीनानाथजी चौंक गए। सुलक्षणा की ओर देखा, लेकिन उसके स्वर की दृढ़ता और चेहरे के भाव देख समझ गए कि वह अपने निश्चय से नहीं डिगनेवाली। घर-परिवार के बहुत से विरोधों को झेलने के बाद भी सुलक्षणा चली आई दीनानाथजी के साथ इस अनजान शहर में। थोड़ा व्यवस्थित हुए तो दीनानाथजी ने सुलक्षणा को आगे पढ़ने के लिए प्रेरित किया।

"सुलक्षणा ने स्थानीय कॉलेज में प्रवेश ले लिया। पहले एम.ए. फिर पी-एच.डी.। सुलक्षणा पढ़ती गई और अंततः दीनानाथजी की जिद ने उसे महिलाओं के महाविद्यालय में नौकरी करने हेतु बाध्य कर दिया।

"अनजान शहर में बहुत अधिक जान-पहचान भी नहीं थी तो कोई बहुत प्रश्न भी नहीं करता। अधिकांश लोगों को यही पता था कि सुलक्षणा दीनानाथजी के इकलौते पुत्र की विधवा पत्नी है।

"जिसे भी पता लगता, दोनों की प्रशंसा करते न अघाते। जहाँ विधवा बहू को पढ़ा-लिखाकर योग्य बनाने हेतु दीनानाथजी की प्रशंसा होती, वहीं इतनी छोटी

उम्र में विधवा होने पर भी ससुर की सेवा में अपना जीवन होम कर देने के लिए सुलक्षणा की भी।

"और तब से लगभग चालीस वर्ष बीत चुके हैं। सब लोग यही जानते हैं कि हम ससुर-बहू हैं। लेकिन यह कोई नहीं जानता कि यह रिश्ता तो कभी अपनी पूर्णता तक पहुँचा ही नहीं।"

सुरभि हैरान थी। कुछ कहते न बना। सुलक्षणा के पास बैठे बहुत देर हो चुकी थी। अपनी ही सोच में डूबी सुरभि वापस चली आई। इस घोर कलयुग में ऐसा भी होता है क्या ? जहाँ लोग खून के रिश्तों को भी नहीं निभा पाते, वहाँ दीनानाथजी और सुलक्षणा ऐसे रिश्ते को निभा रहे हैं, जो कभी बना ही नहीं।

□

गेहूँ के दाने

पिछले चार दिन से आसमान ऐसे बरस रहा था, मानो उसमें कई सुराख हो गए हों। शहर की कच्ची बस्तियाँ तो क्या पक्की सड़कें भी पानी से लबालब भर गई थीं। दुपहिया वाहन, छोटी कारें, जहाँ पूरी तरह पानी में डूब गई थीं, वहीं बस, ट्रक आधे-आधे पानी में डूबे हुए थे। नौकरीपेशा लोग अघोषित अवकाश पर हैं, तो बच्चे अब इस छुट्टी से तंग आ चुके हैं। वह तो घर में कैद हो गए हैं। बार-बार आसमान की ओर ताक रहे हैं और सोच रहे हैं कि यह पानी बरसना कब बंद होगा?

पानी बरस रहा है तो सबकुछ बंद है। न दूध की सप्लाई, न सब्जी की। उच्च और मध्यम वर्ग को तो इस बंदी से बहुत अधिक असर नहीं हुआ। इतना जरूर हुआ कि चार दिन से वही आलू-प्याज और दालें खाकर वह ऊब जरूर गए थे।

लेकिन एक तबका ऐसा भी था, जो रोज कुआँ खोदकर पानी पीता और ये वे लोग थे, जो दिहाड़ी मजदूरी कर रोज की कमाई करते और उसी से उनका चूल्हा जलता। झुग्गी-झोंपड़ियों में रहते और किसी तरह गुजारा करते। लेकिन इस बारिश ने तो इन झुग्गियों को पूरी तरह तबाह कर दिया था। जगह-जगह इन झुग्गियों से बिखरा हुआ सामान तैर रहा था। यहाँ के निवासियों ने बमुश्किल सुरक्षित जगहों पर शरण ली थी।

स्थिति की भयावहता भाँप दो दिन बाद सरकारी मशीनरी भी जंग धो-पोंछकर सक्रिय हुई। तब तक बड़े तो बड़े, बच्चे भी भूख से बिलबिलाने लगे थे।

इन्हीं में एक परिवार था विनायक का। चार वर्ष पहले उड़ीसा के कालाहांडी क्षेत्र से परिवार सहित शहर चला आया। परिवार में उसकी बीवी और तीन बच्चे थे। जिनकी उम्र में एक-डेढ़ साल का अंतर रहा होगा। सबसे बड़ा बेटा आठ वर्ष

का, दूसरी बेटी सात वर्ष की और छोटा बेटा पाँच वर्ष का, चार वर्ष पहले वे शहर आए थे, तब गोद में था। कुपोषण और कमजोरी के चलते डेढ़-दो वर्ष की उम्र तक तो वह जमीन पर पैर भी न टिका पाया था। लेकिन अब तो ऐसे दौड़ता कि माँ पकड़ भी नहीं पाती।

विनायक के परिवार ने गाँव से ही इतनी गरीबी और भुखमरी देखी थी कि दो दिन के फाके से उन पर कोई असर न पड़ा।

चार दिन बाद जब धीरे-धीरे पानी उतरना आरंभ हुआ तो लोगों ने अपने-अपने घरों की ओर लौटना आरंभ किया। झुग्गियाँ तो सारी मलबे में तब्दील हो चुकी थीं, लेकिन मलबे के उस ढेर में अभी भी घरों की कुछ निशानियाँ बाकी थीं। परिवार के सभी लोग मिल-जुलकर मलबे के उस दलदल में जीवन चलाने योग्य निशानियाँ ढूँढ़ रहे थे। कौन सामान किसका है, इससे कोई लेना-देना नहीं, जो जिसके हाथ लग गया, उसका हो गया।

विनायक और उसकी घरवाली भी कुछ टूटे-फूटे बरतन, कीचड़ से सने कपड़े, टूटी-फूटी चारपाइयाँ आदि बटोर लाने में सफल हुए।

धीरे-धीरे पानी और सूखा और उसी स्थान पर एक बार फिर झुग्गियाँ बस गईं। जीवन आबाद हो चला। एक-दो दिन सरकार ने भी खबर ली। कुछ ब्रेड और बिस्कुट खिलाकर भूखों की भूख मिटाने का प्रयास किया। भोजन के इन पैकेटों पर लोग चील की मानिंद झपट पड़ते। एक ही पैकेट के लिए कई लोगों के बीच छीना-झपटी होती और अंत में जिसके हाथ वह पैकेट लग जाता, वही भाग्यशाली सिद्ध होता। विनायक को अपनी तो चिंता नहीं थी, लेकिन बच्चों को भूख से बिलबिलाते देख उसका हृदय फट पड़ता। उनके लिए किसी तरह अब तक खाने का इंतजाम कर रहा था। बच्चों का पेट भरने के बाद जो बच जाता, उससे दोनों प्राणी अपनी भूख मिटा लेते।

मुफ्त का खाना और उसके लिए इतनी चिल्ल-पों मचते देख कुछ स्थानीय छुटभैयों ने भी अपनी दुकान सजा ली। पंक्तिबद्ध हो खाना लेने की उनकी योजना से सबको थोड़ा-बहुत तो मिल ही जाता, लेकिन उसका एक बहुत बड़ा हिस्सा इनकी जेबों में भी जाता रहा। कुल मिलाकर इन दिनों मेले का-सा माहौल रहा बस्ती में।

मुफ्त में खाना बँटना खत्म हुआ, तो मेला भी खत्म हुआ। सभी लोग एक बार फिर से रोजी-रोटी की तलाश में जुट गए।

इस बार की बारिश से नुकसान भी बहुत हुआ और बाजार में अधिक काम भी

उपलब्ध नहीं था। बस्ती में रहनेवाले कुछ लोग आढ़तियों के यहाँ मजदूरी करते, तो कुछ वहीं बड़ी इमारतें बनानेवाले ठेकेदारों के साथ थे। लेकिन बारिश की अधिकता से बिल्डिंग बनाने का काम तो ठप पड़ गया था। इसके तो तभी दोबारा शुरू होने के आसार थे, जब कुछ दिनों तक लगातार धूप रहती।

इन इमारतों में काम करनेवाले मजदूर आजकल रोजी की तलाश में इधर-उधर भटक रहे थे। विनायक भी इन्हीं में शामिल था। कभी कहीं दिहाड़ी की तलाश में भटकता, तो कभी कहीं।

कहीं कुछ घंटों का काम मिल जाता, तो कहीं पूरे दिन का काम भी होता। कभी ऐसा भी होता कि पूरे दिन कोई काम ही न मिलता। चूल्हा जलाने की प्रतीक्षा में विनायक की पत्नी उसकी राह ताकती। अब तो वह उसके चेहरे से पहचानने लगी थी कि काम मिला या नहीं।

खाना नहीं मिलता तो बच्चे रोते, विनायक भी झींकता उसकी घरवाली भी। बच्चों को मार पड़ती। बाद में दोनों पछताते कि आखिर बच्चों की गलती क्या थी। लेकिन सब जानते-समझते हुए भी यह हर तीसरे दिन का तमाशा बन चुका था।

नुक्कड़ का लाला भी अब उधार नहीं देता। अभी तो विनायक पहले का उधार भी चुकता न कर पाया था। महीने का राशन लाला से बँधा होता था, जिसका भुगतान विनायक अगले महीने में ही करता था, लेकिन अब बेरोजगारी के चलते लाला भी कोई जोखिम उठाने को तैयार न था।

बस्ती की ही कुछ महिलाएँ कूड़ा बीनने का काम करती थीं। विनायक की घरवाली भी बच्चों को घर पर छोड़ यही काम करने लगी। कभी-कभी तो कूड़े में उसे बहुत अच्छी-अच्छी चीजें मिल जातीं। उसे आश्चर्य होता, ये अमीर लोग ऐसी मूल्यवान और जरूरत की चीजों को ऐसे ही कूड़े में कैसे फेंक देते हैं? उसे क्या पता था कि जो सामग्री उसके जैसे लोगों के लिए बहुमूल्य थी, वही इन बड़े घरों में रहनेवालों के लिए फेंकने का सामान थी।

विनायक की घरवाली घर से बाहर निकलती, तो बच्चों के लिए एक जून के भोजन का इंतजाम तो हो ही जाता। लेकिन स्थिति तब खराब होती, जिस दिन विनायक को तो सारे दिन काम नहीं मिलता और उसकी घरवाली कमाकर लाती। पुरुष का अहं यह बिल्कुल भी बरदाश्त न कर पाता कि उसकी पत्नी घर के सभी प्राणियों के साथ-साथ उसके पेट भरने की भी व्यवस्था कर रही है।

अब बच्चे तो बच जाते, लेकिन इसी झुँझलाहट में विनायक अपनी घरवाली

को बुरी तरह पीट डालता। लेकिन उसे भी ईश्वर ने न जाने कितनी सहनशक्ति दी थी कि चुपचाप मार खा लेती, लेकिन चूँ तक न करती। रात में रुई की तरह धुनी गई विनायक की घरवाली सुबह उठते ही ऐसे काम पर लग जाती, जैसे रात कुछ हुआ ही न हो।

ऐसे ही महीना-दो महीना बीत गया। मौसम भी अब ठीक हो चला था और बाजार में भी तेजी आने लगी थी। ऐसे में ही पड़ोसी रामदीन ने विनायक को अनाज के एक आढ़ती के यहाँ काम दिलवा दिया। आढ़ती के कई गोदाम थे। शहर में कई स्थानों पर उसका काम फैला था। अनाज एक गोदाम से दूसरे गोदाम ले जाने और दूसरी जगह सप्लाई के लिए उसको मजदूरों की निरंतर आवश्यकता रहती।

पहले-पहल सेठ के गोदाम में भरे अनाज को देखकर विनायक की आँखें चुँधिया गईं। उसके लिए तो ये भंडार सोने-चाँदी के भंडार से भी अधिक बेशकीमती था। अनाज के इन विशाल गोदामों को देखकर अनायास ही उसे दाने-दाने को तरसते बस्ती के लोग याद आ गए।

विनायक की इच्छा अब सबसे पहले घरवाली का काम छुड़वाने की हुई।

'जब से दो पैसे कमाने लगी है, दिमाग सातवें आसमान पर है। मेमसाब समझने लगी है आपने आप को।' सोचते हुए विनायक का मन हुआ कि अभी तक जो घरवाली की कमाई से खाया है, उसे उलट दे। लेकिन ऐसा कर न पाया।

लाला एक सप्ताह से पहले तनख्वाह न देता। रोज-रोज का हिसाब उससे न होता। अब यह तो विनायक के सामने नई समस्या हो गई। तैश में आकर अगले ही दिन घरवाली को काम न करने को कह आया था। रोज-रोज की किच-किच से आजिज आकर उसने भी न कोई बहस की, न रोना रोया, बल्कि अगले दिन से ही काम पर जाना बंद कर दिया।

"थोड़ा सा गेहूँ चावल ले जा, किसको पता लगेगा, इस समुद्र में दो-चार बूँद निकाल भी लिया तो? बाकी लोग भी यही करते हैं यहाँ।" रामदीन ने समझाया।

"लेकिन यह तो चोरी है।" विनायक का मन इसके लिए तैयार नहीं था। जब घर में अन्न का दाना नहीं था, बच्चे भूख से बिलबिला रहे थे, यह खयाल तो तब भी उसके दिमाग में कभी नहीं आया था।

"बच्चे भूखे मरें तो उसका पाप नहीं लगेगा तुझे? वह तो चोरी से भी बड़ा पाप है। और तू क्या समझता है, लाला ने मेहनत और ईमानदारी से कमाया है। चोर है वह भी बहुत बड़ा। फिर चोर के घर चोरी करने में पाप कैसा?" रामदीन

ने उससे पाप-पुण्य की एक नई परिभाषा समझा दी, लेकिन विनायक की समझ में नहीं आया।

"अच्छा सुन, सिर्फ पाँच-छह दिन की ही तो बात है, उसके बाद कभी मत करना ऐसा।"

रामदीन की यह बात विनायक को जम गई। सिर्फ पाँच दिन, उसके बाद कभी नहीं। जिस दिन पहले-पहल उसने दो मुट्ठी अनाज गोदाम से उठाया, उसकी साँस धौंकनी की तरह चल रही थी। चेहरा तमतमाया हुआ, माथे पर पसीने की बूँदें, उसकी तो हालत ही अजब थी।

"हे भगवान्! बस सिर्फ कुछ दिन।" उसने दोनों हाथ जोड़कर भगवान् से क्षमा माँगी। अनाज घर ले गया, लेकिन एक कौर भी गले के नीचे न उतरा।

पहली तनख्वाह मिली तो उसने चैन की साँस ली और कभी गलत काम न करने की शपथ ली। जीवन की गाड़ी चल निकली।

विनायक की ड्यूटी कभी एक गोदाम में होती, तो कभी दूसरे में। जितने अधिक अनाज से भरे गोदाम देखता, विनायक सोच में पड़ जाता। 'इतना अनाज होने पर भी लोग भूखे क्यों रहते हैं?' सोचता, लेकिन जवाब न पाता।

एक दिन मुनीम ने विनायक को अन्य मजदूरों के साथ शहर से बीस कि.मी. दूर दूसरे गोदाम में भेजा। वहाँ का गेहूँ ट्रकों में लादकर किसी फैक्टरी में जाना था।

वहाँ जाकर विनायक का साक्षात्कार एक-दूसरे सच से हुआ। वह सच, जो बहुत कड़वा था। बहुत दर्दनाक था। लेकिन सबको इसी सच में जीना था। उस सच में, जिसे विनायक का मन हजम नहीं कर पा रहा था।

लाला के उस बड़े से गोदाम में बरसात में जगह-जगह से पानी रिस गया था तो कहीं पूरा पतनाला सा बहकर ही गोदाम के अंदर आ गया था। गेहूँ की बोरियों से भरे इस गोदाम का गेहूँ पानी गिरने और उसके बाद गोदाम के तीन-चार माह बंद रहने से सड़ गया था। पूरे गोदाम में सड़े हुए गेहूँ की अजीब सी गंध आ रही थी।

गेहूँ ट्रकों में लद रहा था। कुछ बोरियाँ सड़कर फट गई थीं। उन्हें किसी तरह सिल-सिलकर ट्रकों में लादा गया। विनायक आहत था, बहुत आहत। उसे अपना कालाहांडी याद आ गया। भूख से बिलबिलाते बच्चे याद आए। कंकाल में बदल चुके शरीर याद आए। बाढ़ और सूखे की विभीषिका के समय खाने के पैकेटों पर टूट पड़ते कुत्तों की तरह जीनेवाले इनसान याद आ गए। क्या लाला ने या उसके

कारिंदों ने कभी ऐसे लोगों को न देखा होगा? तभी तो उन्हें अन्न की बरबादी का दुःख नहीं होता, पीड़ा नहीं होती।

रामदीन से मन की बात कही, लेकिन मन शांत न हुआ।

"तू अपने काम से काम रख। इन बड़े लोगों को नहीं जानता तू।" रामदीन ने उसे शांत कराया। ऊपर से विनायक शांत था, लेकिन सारी रात उसे नींद न आई।

"इतना सारा गेहूँ सड़ा दिया, कैसे? और अब इस सड़े गेहूँ को भेज कहाँ रहे होंगे? ये तो किसी के खाने लायक भी नहीं।"

मन में सवाल उठा तो अगले दिन रामदीन से पूछ ही लिया।

"अरे, तुझे क्या? जहाँ लाला का मन आएगा, वहाँ भेजेंगे। तू क्यों परेशान होता है?" रामदीन के पास न तो इस बात का जवाब था, न वह जानना चाहता था।

लेकिन धुन के पक्के विनायक ने आखिर पता लगा ही लिया। गेहूँ सड़ गया था और अब खाने लायक न था, इसलिए खबर यह आ रही थी कि इसे गरीबों में मुफ्त बाँट दिया जाएगा। लेकिन लाला इससे भी कमाई करना चाहता था, इसलिए आदेश होने से पहले चुपचाप उसने शराब की एक फैक्टरी में बात कर ली थी। वह उसका सड़ा गेहूँ खरीदने को तैयार थी। इस गेहूँ की शराब बनेगी।

विनायक के सामने एक और नंगा सच खड़ा था। अमीरों के न खाने लायक, जिस गेहूँ को सरकार गरीबों में बाँटने जा रही थी, उससे अब शराब बनेगी। सड़ा गेहूँ भी अमीरों के ही काम आएगा। गरीब फिर भूखे ही रहेंगे।

विनायक जोर से हँस पड़ा। उसका ठहाका सुन सब लोग चौंके। सबने एक साथ उसकी ओर देखा, लेकिन उस पर कोई असर न पड़ा। वह हँसता रहा कुछ देर और फिर अचानक रोने लगा। रोते-रोते उसकी आँखें सुर्ख हो आईं। आवेश में आकर वह वह मुनीम की ओर भागा। उसका गला पकड़ लिया।

"अन्न की बरबादी करते हो। सड़ा दिया सबकुछ और अब उससे शराब बनाओगे। लोगों को भूख से मरते देखा है तुमने कभी? अन्न देवता का अपमान करते हो। पाप लगेगा तुम्हें।" और विनायक ने मुनीम का गला दबाने का प्रयास किया। इस उपक्रम में उसकी नसें तन गईं।

मुनीम चिल्लाया तो मजदूरों ने जाकर विनायक को दूर हटाया, लेकिन विनायक बार-बार उनकी पकड़ से छूटता और मुनीम का गला पकड़ लेता।

पुलिस आई। मारते-मारते विनायक को अपने साथ ले गई। विनायक मार खाता और अन्न देवता के अपमान की बात करता।

तीन-चार दिन विनायक जेल में रहा। छूटकर आया तो मानसिक संतुलन खो चुका था। किसी ने कहा पुलिस ने बहुत मारा, इसलिए विनायक पागल हो गया। लेकिन यह तो विनायक ही जानता था कि किस चोट ने उसे पागल किया है।

लोगों ने दबी जुबान से कहा कि मार खाते हुए विनायक की दोनों मुट्ठियाँ बंद थीं। जब मार खा-खाकर बेहोश हो गया, तभी मुट्ठियाँ खुल पाईं और उनमें बंद था गोदाम का सड़ा हुआ गेहूँ।

इस घटना को कई दिन बीत चुके हैं। विनायक अब पूरी तरह पागल हो चुका है। लोगों से कहता है कि सरकार अब गरीबों को अनाज के बदले शराब पिलाएगी। लोग हँसते हैं, मजाक बनाते हैं। लेकिन विनायक की बात का मर्म रामदीन जैसे एक-दो लोग ही समझ पाते हैं। विनायक की घरवाली ने फिर से कूड़ा बीनने का काम शुरू कर दिया है, साथ ही वह एक-दो घरों में भी काम करने लगी है।

सड़े हुए अनाज पर जगह-जगह बहस चल रही है—कभी न खत्म होनेवाली बहस।

□

अंतहीन

चिड़ियों की चहचहाहट से झुमकी की नींद खुली। उठने का समय हो गया था। शरीर का पोर-पोर दुख रहा था। मन हुआ थोड़ी देर और सुस्ता ले, लेकिन हिम्मत न हुई। लड़खड़ाती उठ खड़ी हुई और रसोई में चली गई। पति के खर्राटों की आवाज बगल के कमरे से आ रही थी।

उस आवाज को सुन उसकी घबराहट और बढ़ गई और स्वतः ही चाल तेज हो गई। साथ ही, दर्द और अधिक गहरा गया। दर्द से उसका पाला पहली बार पड़ा हो, ऐसा भी नहीं था। शादी से पहले अपने मायके में शराब के नशे में चूर हो पिता ने कई बार अकारण ही उसे धुन डाला था। पिता की हरकतों से परेशान माँ का गुस्सा भी उसी पर उतरता।

चार भाई-बहनों में सबसे बड़ी थी झुमकी। रेलवे लाइन से लगी झुग्गियों में माता-पिता के साथ रहती। पिता मजदूरी करते और जो कमाते, शाम को उसे शराब में गँवाकर आते। चार बच्चों को पालने की जिम्मेदारी लगभग माँ की ही होती। चार-पाँच घरों में झाड़ू-बरतन कर बच्चों का पेट भरने लायक तो कमा ही लेती।

लेकिन धीरे-धीरे पिता की शराब पीने की आदत बद से बदतर होती गई। अपनी कमाई तो उड़ा ही देते, माँ की कमाई पर भी नजर रहती। माँ मना करतीं, पिता को कई गालियाँ देतीं और फिर भी बेरहमी से पीटतीं। माँ की चीख-पुकार सुन बच्चे सहम जाते। वह भी जोर-जोर से चीखकर माँ के सुर-से-सुर मिलाने का प्रयास करते।

झुमकी अब पंद्रह वर्ष की हो चुकी थी। उम्र से पहले ही बड़ी होती झुमकी माँ की पीड़ा समझती। छोटे और नासमझ भाई-बहन भी नशे में रुई की तरह न धुने जाएँ, इसलिए उन्हें अपनी गोद में छुपाकर सुलाने का प्रयास करती।

स्कूल का मुँह चारों में से किसी ने न देखा। झुमकी छोटी थी तो माँ अपेक्षाकृत कम घरों में काम करती। धीरे-धीरे झुमकी बड़ी होती गई और परिवार भी बढ़ता गया, साथ ही खर्चे भी।

पिता की बुरी आदतों के कारण घर के खर्चे का भार माँ के कंधों पर पड़ा, तो भाई-बहनों को सँभालने का बोझ झुमकी के कंधों पर। यों तो बस्ती में उन्हीं की तरह के लोग ही रहते, लेकिन इन परिस्थितियों में भी कुछ लोग बच्चों को पास के सरकारी स्कूल में भेज पाते। हसरत भरी निगाहों से झुमकी उन्हें स्कूल जाते देखती। काश, वह भी पढ़ पाती।

उसकी सहेली ने बताया कि वहाँ पढ़ाई के साथ-साथ खाना भी मिलता है तो झुमकी के मुँह में पानी भर आया। लेकिन अगर वह स्कूल जाती तो भाई-बहनों को कौन सँभालता। वह मन मसोसकर रह गई।

बस्ती के एक कोने पर थी लाला की दुकान और साथ में ही पक्का मकान। बस्ती से निकलने के बाद पहला पक्का मकान था लाला का। बस्तीवाले जरूरत का सामान भी लाला से खरीदते और जरूरत पड़ने पर ब्याज पर उधार भी उसी से लेते।

गरीब लोग थे। जरूरतें भी छोटी ही होतीं। कभी बच्चा बीमार, तो कभी स्वयं। कभी त्योहार मनाना होता, तो कभी जन्म-मृत्यु के संस्कार। जो कमाते, उससे तो घर का खर्च भी न चलता। ऐसे समय में काम आता लाला। पहले ही महीने का ब्याज काटकर बाकी पैसे उनके हाथ में धर देता।

अनपढ़ मजदूर न तो ब्याज का हिसाब लगाना जानते, न किसी से पूछते। उनके लिए तो लाला भगवान् के समान था, वरना कौन देता उन्हें उधार। यह अलग बात थी कि उधार की रकम जब चुकाए न चुकती, तो कर्जदार के बीवी-बच्चों को ही लाला की सेवा कर कर्ज उतारना होता। सुबह के झुटपुटे में लोगों ने कई बार लाला के घर से किसी कर्जदार की बीवी या बेटी को निकलते देखा था।

यों तो भरा-पूरा परिवार था लाला का। लेकिन चार बेटियों को जनने के बाद लाला की पत्नी कुछ तो शोक से और कुछ बीमारी से ऐसी खाट में लगी कि उठ न सकी। ऊपर से लाला द्वारा बार-बार दिए जानेवाले ताने मन को छलनी कर जाते।

दो बेटियों की तो लाला शादी कर चुका था और वह दोनों अपने-अपने घरों में खुश थीं। तीसरी बेटी पंद्रह की और चौथी दस वर्ष की थी। दोनों ही बेटियाँ माँ का ध्यान रखतीं। लाला तो पत्नी की ओर देखता भी नहीं। अपना कमरा भी उसने पत्नी के कमरे से दूर ही रखा था। लेकिन कमरा दूर होने से लाला की करतूतों का

उसे पता न चलता, ऐसा भी नहीं था। जवान बेटियों के घर में होते हुए पति का यह चलन उसकी घुटन बढ़ा जाता।

"हे भगवान्! अब नहीं सहन होता। बुला ले अपने पास।" आँखों में आँसू भर अशक्त हाथों को ऊपर उठाने का प्रयास कर बार-बार प्रार्थना करती।

और एक दिन ईश्वर ने उसकी प्रार्थना सुन ली। लाला और ललाइन दोनों को मुक्ति मिल गई। ललाइन की आत्मा को शांति मिले, इसके लिए लाला ने उसकी तेरहवीं धूमधाम से की। गरीबों की क्षुधा शांत करने पर ज्यादा पुण्य मिलेगा, यही सोच लाला ने बस्ती के लोगों को भी तेरहवीं पर न्योता दिया।

अच्छा खाने के लालच में झुमकी भी पहुँच गई लाला के घर के सामने के मैदान में। लाला और उसके कारिंदे स्वयं पूछ-पूछकर लोगों को खाना खिला रहे थे।

"मालकिन सीधा स्वर्ग जाएगी, लाला ?" गरमागरम हलवा मुँह में डालते हुए रामदीन बोला।

लाला का सीना गर्व से फूल उठा। इन्हीं गरीबों की बदौलत तो अमीर बना है वह। इन्हीं के कारण आज उसकी इतनी हैसियत है कि घरवाली की तेरहवीं इतने धूमधाम से करवा रहा है। वरना क्या था वह, जब गाँव से भागकर शहर आया था।

अकाल पड़ने के कारण घर में अन्न का दाना तक न था। गाँव से नवयुवकों के जत्थे-के-जत्थे काम की तलाश में शहर की ओर जा रहे थे और इसी एक जत्थे में सोलह वर्षीय सुखराम भी चला आया था। 'सुखराम' हाँ यही तो नाम है उसका। अब तो 'लाला' सुनने की ऐसी आदत पड़ गई है कि असली नाम याद तक न रहा।

कुछ दिन शहर में धक्के खाए। कहीं काम न मिला। कूड़े में पड़ी जूठन से पेट भरा। धीरे-धीरे दिहाड़ी मिलनी शुरू हुई। कुछ पैसे मिलने शुरू हुए, तो सुखराम का दिमाग चलने लगा। एक झुग्गी बस्ती में पान के खोखे से शुरू किया गया उसका व्यवसाय अब तरक्की कर चुका था।

उसे खाता-कमाता देख माता-पिता ने पास के गाँव की ही एक लड़की से रिश्ता करा दिया और जैसे-जैसे सुखराम का व्यवसाय बढ़ता रहा, वैसे-वैसे उसके परिवार में भी उत्तरोत्तर बढ़ोतरी होती रही।

झुमकी ने ऐसा स्वादिष्ट खाना पहले कभी नहीं खाया था। बड़े मनोयोग से वह रायते की पत्तल चाट रही थी। रायता तो खत्म हो ही चुका था, साथ ही पत्तल पर पड़े उसके निशान भी झुमकी के उदर में समा चुके थे, लेकिन उसका मन न

भरा। ललचाई दृष्टि से वह लाला के कारिंदों की ओर देख रही थी। कोई इस तरफ आए, तो उससे और रायता माँग ले।

यों तो झुमकी की उम्र अभी पंद्रह वर्ष ही थी, लेकिन ईश्वर ने कद-काठी कुछ ऐसी तराशी थी कि वह अपनी उम्र में दो-तीन वर्ष बड़ी ही लगती। कुपोषण की शिकार इस बस्ती में जहाँ मरियल से बच्चे अपनी उम्र से कम ही नजर आते, वहीं झुमकी के शरीर का गठन व चेहरे की रौनक सबके मन में ईर्ष्या ही पैदा करती।

लाला की दृष्टि भी उसकी ओर गई तो एक बारगी ठिठककर रह गई। 'पहले तो कभी नहीं देखा इसे। किस परिवार की होगी?' मन-ही-मन उसने सोचा और जब मन की उत्कंठा न दबा पाया तो धीरे-धीरे चल उसके पास आ खड़ा हो गया।

"कुछ और चाहिए क्या?"

"नहीं-नहीं...।" आवाज सुन झुमकी चौंकी।

पत्तल उसके हाथ से छूट गई। कुछ पल तक तो वह जमीन पर गिरी उस पत्तल को ही निहारती रही। शायद देख रही थी कि उसमें कुछ छूटा तो नहीं रह गया।

"कहाँ रहती हो?" लाला का अगला प्रश्न।

"यहीं बस्ती में।"

"बस्ती में? पहले तो कभी नहीं देखा।" उसकी नजरों से बच कैसे गई। लाला ने मन-ही-मन सोचा।

"किसकी बेटी हो? पिताजी का नाम क्या है?"

"लुभाया राम।"

"लुभाया राम!" नाम सुन लाला चौंका।

उस बेवड़े के घर में इतनी सुंदर बेटी! शराब के नशे में चूर इसके बाप ने कभी ध्यान भी न दिया होगा बच्चों पर। कितनी बार तो दोनों मियाँ-बीवी उसकी दुकान पर कर्जा लेने आए हैं। घर का सामान भी महीने की उधारी में चलता ही रहता है। लुभाया जितना कामचोर और व्यसनी है, उसकी घरवाली उतनी ही कर्मठ और दृढ़चरित्र। दुकान पर आती है, लेकिन लाला की फूहड़ बातों का जवाब भी दृढ़ता के साथ देना जानती है।

अपनी सोच से बाहर निकलते ही लाला ने इधर-उधर देखा, लेकिन झुमकी कहीं नजर नहीं आई।

ललाइन की तेरहवीं संपन्न हुई। सभी लोगों ने लाला की दरियादिली की दिल

खोलकर तारीफ की। ललाइन की आत्मा को तो शायद इस भोज से शांति मिल गई थी, लेकिन लाला के मन की अशांति बढ़ गई। सारे दिन की भाग-दौड़ और थकान के बावजूद उसे नींद न आई। पिछले आठ-दस सालों से बिस्तर पर पड़ी पत्नी यों तो उसकी जिंदगी में न के समान थी, पर अब तो उसका अस्तित्व ही न रहा।

कल के दिन दोनों बेटियों का भी विवाह हो जाएगा, तो वह तो अकेला ही रह जाएगा। उसका तो आगे वंश चलानेवाला भी कोई नहीं। किसके काम आएगी उसकी कमाई?

'उसे दूसरा विवाह कर लेना चाहिए।' यही विचार मन में आया। इस विचार के साथ ही रायते का दोना चाटती झुमकी की तसवीर आँखों में आ झलकी।

"यह लुभाया राम का कितना कर्जा बाकी है?" अगले ही दिन उसने अपने कारिंदे से उसका हिसाब निकलवा डाला।

"यह तो बाल-बाल तक कर्जे में डूबा है, लालाजी।"

"आज शाम को ही बुलवा लो उसे और उसकी बीवी को।" कहते हुए लाला की आँखों में चमक उभर आई।

कारिंदा समझ गया, लाला की नजर कहीं और है, वरना लुभाया की बीवी को नहीं बुलाता। लेकिन फिर भी यह न समझ पाया कि लाला की नजर कहाँ तक गई और उसके मन में क्या है।

अनजाने भय से थरथराती लुभाया की पत्नी उसे लेकर लाला के पास चली आई। लुभाया तो तब तक नशे में चूर हो चुका था।

"तुम्हें और कर्जा नहीं मिल सकता अब। पिछले कुछ महीनों से तो तुमने ब्याज भी नहीं चुकाया है। बताओ, क्या है अब तुम्हारे पास मुझे देने के लिए?" लाला ने बही में नजरें गड़ाते हुए पूछा।

लुभाया से तो अपना ही भार सहन नहीं हो रहा था, वह बोलता क्या, लेकिन उसकी बीवी ने हाथ जोड़ दिए—"माई-बाप, खर्चा ज्यादा हो रहा है पिछले कई महीनों से। कभी बच्चा बीमार, तो कभी मैं।"

"बीमार है तो क्या दारू का खर्चा कम किया? देखो, अभी भी कैसा लुढ़क रहा है। पीने को तो पैसे हैं और उधार वापस करने को नहीं। मैंने कह दिया, अब नहीं मिलेगा कर्जा।" और लाला बही ले उठ खड़ा हो गया।

"लाला, दया करो। बच्चे भूखे मर जाएँगे। लाला, मैं बेगारी कर लूँगी, पर ऐसा मत करो।" लुभाया की बीवी रो पड़ी।

"अब रोकर क्या होगा? पैसा देने का तो होश होना चाहिए था तुम्हें।" लाला अंदर जाने लगा।

"कुछ तो उपाय होगा, लाला?"

इतना सुन लाला ठिठक गया। उपाय ही तो सुझाना चाहता था वह लुभाया और उसकी बीवी को। लेकिन उसमें वह जल्दबाजी नहीं करना चाहता था। उसने लुभाया को अगले दिन बुला लिया।

जानबूझकर उसने लुभाया को अकेले बुलाया था। जानता था, उसे समझाना, लालच देना आसान होगा।

अगले दिन लाला से मिलकर लुभाया घर लौटा तो बहुत खुश था। कुछ तो खुशी और कुछ नशा। उसके पैर जमीन पर ही न पड़ते थे।

"क्या कहा लाला ने?" बीवी ने आते ही पूछा।

"अरे, मत पूछो क्या कहा? दिल खुश कर दिया। मेरी बेटी वहाँ राज करेगी और मेरा सारा कर्जा माफ।" लड़खड़ाती जुबान से इतना ही कह पाया, जो उसकी पत्नी की समझ में नहीं आया।

रात भर लुभाया नशे में रहा। अगली सुबह होश आया तो लाला का प्रस्ताव पत्नी को बता दिया।

"झुमकी से शादी बनाना चाहता है वह और बदले में सारा कर्जा माफ।"

"लेकिन झुमकी कैसे? वह तो पंद्रह बरस की है अभी। लाला की तो बेटियाँ भी¨," लुभाया की पत्नी को यह प्रस्ताव समझ में न आया।

"तो क्या हुआ? शादी तो करनी ही है हमने उसकी। इससे अच्छा वर कहाँ ढूँढ़ पाएँगे?" लुभाया लाला को हाँ बोल चुका था।

बहुत सारी बहस-मशविरे के बाद आखिर झुमकी ही लुभाया का कर्ज उतारने का साधन बनी। एक मंदिर में लाला के साथ सात फेरे ले वह ललाइन बन गई। साथ ही लुभाया के भी दिन फिर गए।

झुमकी ललाइन तो बन गई थी, लेकिन थी तो छोटी ही। अपने घर में तो खुला वातावरण था, लेकिन यहाँ था बंधन। ऊपर से लाला का शक्की स्वभाव। घर के बाहर वह कदम भी रखती, तो लाला आँखों-ही-आँखों में निगल जाता उसे।

लाला की दोनों बेटियाँ भी उसी की हमउम्र थीं। उनको खेलते-कूदते देख झुमकी का मन करता कि वह भी उनके साथ खेले, लेकिन कैसे? लाला से वह डरती भी कम न थी। लाला का परिपक्व और अमानवीय प्यार प्रदर्शन उसके कोमल मन को बार-बार आहत कर जाता।

एक दिन लाला दुकान का सामान लेने बाजार गया था, तो झुमकी को मौका मिल ही गया। दोनों बेटियों के साथ वह बाहर आँगन में खेलने लगी। उसकी बुरी किस्मत कि लाला उस दिन जल्दी लौट आया। वहीं से चोटी पकड़कर उसे अंदर ले गया और पीटना आरंभ किया। उस दिन पहली बार लाला का हाथ झुमकी पर उठा था।

और फिर तो यह आए दिन की बात हो गई। अब तो वह जरा सा जोर से भी हँस देती, तो भी लाला के तन-बदन में आग लग जाती।

अब कल ही की बात लो। लाला की बड़ी बेटी अपने पति और बच्चों के साथ आई थी। उसके पति बहुत ही मजाकिया स्वभाव के हैं। यों तो झुमकी से उम्र में काफी बड़े थे, लेकिन उनसे हँसी-मजाक करना लाला को अखर गया। और उनके जाते ही लाला छड़ी लेकर झुमकी पर पिल पड़ा। मारता जाता और साथ में गालियाँ सुनाता जाता।

"बहुत जवानी चढ़ी है तुझे। जब देखो खी-खी। पराए मर्द से मजाक करने में शरम नहीं आती तुझे?" और ऐसी ही न जाने कितनी बातें। लाला मारते-मारते थक गया, लेकिन झुमकी के मुँह से चूँ तक न निकली। थक-हारकर लाला ने छड़ी एक ओर फेंक दी और अब अश्लील गालियाँ देने लगा। झुमकी ने सुना कुछ नहीं। जो सुना, उसे भी सुनकर अनसुना कर दिया।

झुमकी अब धीरे-धीरे लाला की बातों को अनसुना करना सीखने लगी थी। अब वह जानबूझकर वही काम करती, जो लाला को बुरा लगता। लेकिन कभी-कभी वह अचानक ही गुमसुम हो जाती। ऐसे कि जैसे उसका सबकुछ लुट गया हो। कभी अचानक ही जोर-जोर से हँसने लगती, तो कभी जोर-जोर से रोने लगती। उसकी इस हरकत पर लाला उसे और मारता।

झुमकी को जब पता चला कि वह माँ बननेवाली है, तब तक चार माह बीत चुके थे। पाँच महीने और भी बुरे गुजरे। बचपन खो चुकी झुमकी, जिसे अपने पिता से भी अधिक उम्र के व्यक्ति से विवाह करना पड़ा था, अपना संतुलन खो रही थी। इसी अवस्था में झुमकी ने एक पुत्र को जन्म दिया। लाला खुश था। आखिर झुमकी ने उसे वारिस दे दिया था, लेकिन झुमकी! वह तो समझ भी नहीं पा रही थी कि उसे हुआ क्या है। अभी उम्र ही क्या थी उसकी? सत्रह वर्ष भी पूरी न थी।

धीरे-धीरे झुमकी की यह स्थिति हो गई कि वह बच्चे को भी अपना न समझती। लाला की बेटियाँ ही उसे सँभालतीं। लाला चिंतित हो उठा। वारिस तो उसे

मिल गया था, लेकिन उसे पालेगा कौन? बेटियाँ तो कल विवाह होकर अपने-अपने घर चली जाएँगी। ज्यादा-से-ज्यादा चार-पाँच वर्ष ही तो वे साथ रहेंगी।

अगर झुमकी की यही स्थिति रही तो लाला फिर हो जाएगा अकेला। पागल पत्नी, चार-पाँच साल का बेटा और अकेला लाला। यह सोचकर ही लाला के होश उड़ गए।

और इसी घबराहट में लाला आजकल फिर ऐसे कर्जदार की तलाश में है, जहाँ कोई बेटी हो और लाला बाप-बेटी दोनों का उद्धार कर सके। झुमकी की हालत दिन-प्रति-दिन बिगड़ती जा रही है और उसी गति से लुभाया पर कर्ज का बोझ भी।

□

फिर जिंदा कैसे

पहाड़ी ढलानों और चढ़ाइयों पर ऊबड़-खाबड़ रास्ते पर चलती हुई बस हिचकोले लेती तो सुनील का कलेजा मुँह को आ जाता। खिड़की से सीधे नीचे देखो तो दो पहाड़ियों के बीच सर्पाकार बहती नदी दिखाई देती। सड़क इतनी सँकरी थी कि कई जगह लगता, जैसे बस का एक पहिया ही सड़क से बाहर है। ड्राइवर की थोड़ी सी गलती से बस सीधे गहरी खाई में लुढ़कते हुए नदी में पहुँच जाती, यह खयाल मन में आते ही सुनील ने भय से आँखें बंद कर लीं।

चक्करदार रास्तों पर चलते उसका स्वयं का सिर भी घूमने लगा था। मन-ही-मन सुनील अपने निर्णय को कोस रहा था। बिना कुछ सोचे-समझे इस अनजाने-अनचीन्हे से स्थान पर आने को कैसे तैयार हो गया था वह ? मन करता बीच में ही कहीं बस से उतरकर वापसी की गाड़ी पकड़ ले, लेकिन पता नहीं अब इस वक्त वापसी के लिए कोई वाहन मिलेगा भी या नहीं।

बस इस समय तेज आवाज करती चढ़ाई पर चढ़े जा रही थी। पूरे दो सौ किलोमीटर दूर थी यह जगह उसके शहर से। शहरों में जहाँ दो सौ कि.मी. की दूरी तय करने में चार-पाँच घंटे ही लगते थे, वहीं पहाड़ों के चक्करदार रास्तों पर इसी दूरी को तय करने में सात से आठ घंटे लग जाते। और फिर बस चल भी सिटी बस की तरह रही थी। किसी भी मोड़ पर सवारी हाथ देती और ड्राइवर गाड़ी रोक लेता। शहरों की भाँति यहाँ थोड़े-थोड़े अंतराल के बाद तो वाहन उपलब्ध होता नहीं था। यहाँ तो एक बस चली जाए, तो दूसरी के लिए घंटों प्रतीक्षा करनी पड़ती है। ऐसे में यात्री उस समय उपलब्ध बस को छोड़ना पसंद न करते। एक समय तो ऐसा आया कि जितनी सवारी बस के अंदर थी, उतनी ही छत पर। सुनील का डर अब और बढ़ गया। कैसे संतुलन बना पा रहा होगा ड्राइवर ? बस इस बार वह ठीक-ठाक पहुँच जाए, तो जब तक काम समाप्त न हुआ, तब तक घर वापस आने का नाम न लेगा।

वैसे भी घर में था कौन, जो उसकी राह देखता। कई वर्षों पहले उसके परदादा अपना पुश्तैनी गाँव छोड़कर रोजी की तलाश में देहरादून आ बसे थे। जब तक दादा जीवित रहे, कभी-कभी ब्याह-शादियों, पूजा इत्यादि में गाँव हो आते, लेकिन बाद में तो वहाँ से संपर्क ही समाप्त हो गया था। जब सुनील के पिता की मृत्यु हुई, तब वह मात्र दस वर्ष का था। पिता सरकारी नौकरी पर थे, तो उनकी पेंशन से माँ घर का खर्चा चलाती रही। दो बेटियों और एक बेटे को पढ़ाया। दोनों बेटियों का विवाह किया। उनके परिवार के लोग भी बहुत पहले देहरादून आ चुके थे, तो उन्होंने भी कभी पुश्तैनी गाँव न देखा था। सुनील को भी सिर्फ इतना ही पता था कि उसका गाँव टिहरी गढ़वाल में कहीं है। पर गाँव का नाम उसे पता न था। पहाड़ के नाम पर अगर उसने कुछ देखा था, तो वह था मसूरी।

बी.ए. करने के बाद भी जब सुनील को कहीं नौकरी न मिली, तो कुछ दोस्तों के कहने पर उसने ठेकेदारी में हाथ आजमाने का प्रयास किया, और इसमें उसे छुटपुट सफलता भी मिली। पी.डब्ल्यू.डी. के ए क्लास ठेकेदार के साथ काम कर वह उसके काम किया करता। पिछले वर्ष माँ के गुजर जाने के बाद तो वह नितांत अकेला हो गया था। शहर में रहने का मन ही न करता। और ऐसे में ही जब उसे पौड़ी के सुदूरवर्ती गाँवों में सड़क बनाने का ठेका मिला, तो इसे उसने अपनी जड़ों से जुड़ने का सुअवसर माना। उसी का परिणाम था कि आज वह इस बस में बैठा था।

सुबह आठ बजे देहरादून से निकला सुनील दो-तीन बस बदलकर शाम छह बजे अपने गंतव्य तक पहुँचा, लेकिन वहाँ का नयनाभिराम दृश्य देख वह लंबी राह की सारी थकान भूल गया। दुग्धधवल हिमाच्छादित चोटियाँ इतनी निकट लगतीं कि उन्हें हाथ बढ़ाकर छू लिया जाए। यों तो गरमी का मौसम था, लेकिन यहाँ की हवाओं में हलकी सी ठंडक का आभास होता था।

सुनील की पहली रात पी.डब्ल्यू.डी. के एक गेस्ट हाउस में बीती। वहाँ का चौकीदार हरिलाल बहुत ही हँसमुख इनसान था। बातों-ही-बातों में सुनील ने जान लिया कि हरिलाल पास ही के एक गाँव का रहनेवाला है। दुधमुँही बच्ची को हरिलाल की गोद में छोड़ पत्नी स्वर्ग सिधार गई। आज वही बच्ची अठारह वर्ष की हो चुकी है।

"घर पहुँचने में थोड़ी भी देर हो जाएगी, तो बहुत डाँट पिलाएगी मुझे।" हरिलाल मुसकराकर बोला। उसके हाव-भाव से ऐसा लग रहा था, जैसे उसकी बेटी उसके सामने ही खड़ी हो।

"कितने दिन का काम है बेटा तुम्हारा यहाँ?" हरिलाल ने सुनील से पूछा।

"बहुत दिनों का चाचा। सड़क बननी है मोटर अड्डे से आगे। गाड़ी जाया करेगी उस पर। उसे बनने में तो बहुत दिन लगेंगे।"

"इतने दिन तो बेटा इस गेस्ट हाउस में रह न पाओगे।"

"नहीं चाचा। बस दो-चार दिन रहूँगा, फिर शहर जाकर अपना सामान ले आऊँगा। तब तक आप ही मेरे लिए कमरा ढूँढ़ दीजिए और कहीं खाने-पीने का भी इंतजाम कर दीजिए।"

और हरिलाल ने ठीक वैसा ही किया, जैसा सुनील ने कहा था। घर से लौटने पर सुनील ने पाया कि हरिलाल ने अपने ही घर में उसके लिए एक कमरे का इंतजाम कर दिया है।

"बेटा, गरीब की झोंपड़ी है। यहीं रह लो। गाँव में लोग किराए पर घर तो देते नहीं, तो मैंने सोचा हम तो दो ही प्राणी हैं। कितनी जगह चाहिए हमें।"

और उस दिन से सुनील उस सहृदय इनसान के घर पर रहने लगा। और यहीं उसकी मुलाकात हुई बिंदिया से। बिंदिया हरिलाल की बेटी। जैसा नाम, वैसा ही बिंदी की तरह गोल मुँह। पहाड़ी सेब की सी लालिमा उसके गालों पर बिखरी थी। अल्हड़ पहाड़ी झरने की तरह इठलाती, खिलखिलाती बिंदिया जब-तब उसके कमरे में चली आती। न कोई लज्जा न संकोच। जैसी स्वयं निश्च्छल थी, वैसा ही औरों को भी समझती।

हरिलाल तो सुबह नाश्ता कर चार रोटी-पोटली में बाँध निकल जाता गेस्ट हाउस की ओर। यों तो सड़क के आखिरी छोर पर स्थित इस गेस्ट हाउस में लोगों की आवाजाही कम ही थी, लेकिन ड्यूटी तो ड्यूटी थी।

सुनील भी सुबह ही साइट पर चला जाता। देहरादून से आते हुए सुनील अपने साथ ढेर सारे रस-बिस्किट लेता आया था। सुबह-सुबह हरिलाल उसे स्टील का एक गिलास भरकर चाय दे जाता। उसी में भिगोकर दो रस खा सुनील का नाश्ता हो जाता।

यों तो सुनील अपने साथ एक स्टोव भी ले आया था, लेकिन खाना बनाना तो उसे आता ही न था।

झिझक के मारे हरिलाल को भी यह बात बता न पाया। दो-तीन दिन यों ही आधा पेट खाना खाए बीत गए। दिन भर का थका-माँदा सुनील शाम को घर पहुँचते ही अपने कमरे में पड़े खटोलेनुमा चारपाई पर धँस जाता।

यह चारपाई भी उसे हरिलाल ने ही दी थी। नारियल के रस्सों से बुनी यह चारपाई चारपाई कम झूला अधिक लगती।

ऐसे ही एक रोज रात को सुनील अपनी खटिया पर पड़ा था। आज दिन में उसने वहीं साइट पर अन्य मजदूरों द्वारा बनाया गया दाल-भात खा लिया था। तीन-चार दिन बाद अन्न नसीब होने पर उसे अपार तृप्ति का अहसास हो रहा था। आज तो उसकी रस-बिस्कुट खाने की भी इच्छा नहीं थी।

'बस एक गिलास चाय पीने को मिल जाए, तो कितना अच्छा हो।' यही सोचता वह बिस्तर पर पड़ा रहा।

और तभी देवदूत की मानिंद बिंदिया साँकल को जोर से खड़काती वहाँ प्रकट हो गई। साँकल खड़काना भी सुनील ने ही उसे सिखाया था, वरना वह तो जब-तब तूफान की तरह सीधी अंदर घुसी चली आती।

"बाबूजी ने पूछा, तुम खाना बना रहे हो क्या?" एक हाथ से अपने घाघरे की चुन्नट को हिलाते हुए उसने पूछा।

"नहीं।"

"तो खा क्या रहे हो?"

"कुछ नहीं।"

"तो फिर जिंदा कैसे हो?" उसकी बड़ी-बड़ी आँखें आश्चर्य से और बड़ी हो आईं, "मुझे तो सुबह-सुबह पेट भर दाल-भात खाने को न मिले तो मैं तो मर ही जाऊँ।" सुनील को चुप देख उसने अपनी बात सुनाना आरंभ किया।

"बाबूजी तो दिन में रोटी खाते हैं, लेकिन मैं तो अपने लिए सुबह ही दाल-भात बना लेती हूँ।" सुनील चुप था और बिंदिया पटर-पटर बोले जा रही थी।

"बिंदिया···" तभी हरिलाल की आवाज आई।

"अरे बाप रे, बाबूजी बुला रहे हैं। मैं तो यहाँ आकर बातों में ही लग गई।" और उसने अपने ही सिर पर एक चपत मारी और इसी कोशिश में उसके सिर पर बँधा स्कार्फ जमीन पर आ गिरा। उसे उठाते हुए उसकी करीने से गुँथी दोनों चोटियाँ भी जमीन से लग गईं। चोटियों के साथ गुँथी लाल रंग की परांदियाँ भी मिट्टी गोबर लिपे उस फर्श पर लोट गईं। स्कार्फ विहीन उसका चेहरा देख सुनील की आँखें उस पर टिकी रह गईं।

और उस दिन के बाद सुनील की खाने-पीने की समस्या का भी समाधान हो गया। साथ ही सुबह का आरंभ और दिन का अंत बिंदिया से ही होने लगा।

उछलती-कूदती बिंदिया उसके साइट पर जाने से पूर्व चार रोटी और ढेर सारी सब्जी उसके सामने रख जाती।

"यह क्या है?"

"कल्यो (नाश्ता)।"

"इतना सारा!" सुनील को नाश्ते की मात्रा का आश्चर्य हुआ।

"ज्यादा कहाँ है, जरा सा तो है। यहाँ तो लोग ऐसे ही खाते हैं। अच्छा, यह तो बताओ, चार-पाँच दिन सुबह क्या खाया?"

"यह।" और सुनील ने रस का पैकेट उसके सामने रख दिया।

"अब तू ले जा इसे।" बिंदिया को उस पैकेट की ओर ललचाई नजरों से देखते हुए देख सुनील ने उसे बिंदिया के ही हवाले कर दिया। वह तो उसे बाद में पता चला कि बिंदिया उस पैकेट को एक ही दिन में उदरस्थ कर गई थी।

और धीरे-धीरे बिंदिया सुनील की आदत और उसके बाद जिंदगी बनती गई। और एक दिन उसने बिंदिया से विवाह का प्रस्ताव हरिलाल के सामने रख दिया।

सुनकर हरिलाल ऐसे चौंका, जैसे जलता कोयला छू लिया हो।

"साहब, कहाँ तुम और कहाँ हम। ऐसा कैसे हो सकता है?"

"क्यों? क्या तुम इनसान नहीं?"

"साब, वह तो ठीक है, लेकिन हमारी जात⋯।"

"मैं नहीं मानता जात-पाँत को।" सुनील का स्वर दृढ़ था।

"लेकिन गाँववाले क्या कहेंगे। कैसे रह पाऊँगा मैं इस विवाह के बाद गाँव में?" हरिलाल को अपनी बेटी के भविष्य से अधिक इस बात की चिंता थी कि लोग क्या कहेंगे।

"क्या मैं आपको अच्छा नहीं लगता? क्या मैं आपकी बेटी के लिए सुयोग्य वर नहीं हूँ?"

"ऐसी बात नहीं बेटा। तुम तो बहुत लायक हो। मेरी बेटी बहुत खुश रहेगी तुम्हारे साथ। लेकिन⋯।"

"लेकिन क्या? गाँववालों के लिए तुम अपनी बेटी की खुशी क्यों छीन रहे हो?"

"और तुम्हारे घरवाले?"

"मेरे माता-पिता इस दुनिया में नहीं। बस दो शादीशुदा बहनें हैं। वे मेरी बात नहीं टालेंगी।" सुनील ने आत्मविश्वास से कहा।

कई सारी शंकाओं, आशंकाओं के बीच झूलते हरिलाल ने आखिर हाँ कर ही दी, लेकिन उस दिन के बाद बिंदिया में अभूतपूर्व परिवर्तन आ गया। जरा सी बात पर हँसती-खिलखिलाती बिंदिया ने लज्जा की चादर ओढ़ ली। सुनील के समक्ष भी वह कम ही आती।

सुनील से स्वत: ही उसने एक दूरी बना ली थी। जैसे ही उसे सुनील से अपने रिश्ते की बात का पता चला उसे लगा, जैसे कि अचानक ही बहुत बड़ी हो गई हो। उसने देखा था, कैसे उसकी बहुत सी सहेलियाँ विवाह के बाद अपने माता-पिता का घर छोड़कर किसी अनजान अपरिचित व्यक्ति के साथ चली गई थीं। उसके बाद जब भी गाँव वापस आईं, तो मेहमान की तरह।

'तो क्या उसे भी अपने पिता को छोड़कर जाना होगा? लेकिन उसके पिता तो उसके जाने के बाद एकदम अकेले हो जाएँगे। कौन करेगा उनकी देखभाल? कौन पकाएगा उनका खाना?' उन्हीं घुमड़ते हुए प्रश्नों ने उसे उदास कर दिया।

और यही सवाल एक दिन उसने अपने पिता से किया—

"पिताजी, क्या तुम्हें अकेले छोड़कर जाना पड़ेगा मुझे यहाँ से?"

हरिलाल ने चौंककर बेटी की ओर देखा। सहमा हुआ चेहरा। हैरान-परेशान हिरनी के समान डरी हुईं आँखें। तो क्या यह अपने विवाह से खुश नहीं है। या मुझे छोड़कर जाने की कल्पना से डरती है।

"तू कहाँ जा रही है, बिंदिया? यहीं तो रहेगी मेरे पास।" हरिलाल का स्वर कँपकँपा उठा।

"लेकिन पिताजी शादी के बाद तो सभी चले जाते हैं अपना गाँव छोड़कर। सविता भी गई, निर्मला भी, लक्ष्मी भी, और भी बहुत सी लड़कियाँ।"

"लेकिन तेरे पति को तो यहीं रहना है, यहीं काम करना है, फिर तू कहाँ जा रही है?"

"जब उनका काम खत्म हो जाएगा, फिर तो जाना पड़ेगा।" और कहते-कहते उसका गला भर्रा गया। आँखें डबडबा आईं, आँसुओं को छिपाने के लिए उसने सिर नीचे कर लिया।

बेटी के इस प्रश्न ने हरिलाल को सोचने पर मजबूर कर दिया। ठीक ही तो कह रही है बिंदिया। सुनील कौन सा सदा के लिए यहाँ रहनेवाला है। बस पाँच-छह माह और, और फिर उसका काम समाप्त। तब तो बिंदिया को जाना ही होगा यहाँ से और वह रह जाएगा निपट अकेला। यह सोचकर उसका मन काँप उठा। कैसे

भेजेगा वह अपने कलेजे के टुकड़े को इतनी दूर। उस अनजान से शहर में, जिसे उसने कभी देखा ही नहीं। इस अपरिचित लड़के के बारे में भी तो कुछ नहीं जानता वह। जो उसने कहा, उसी पर यकीन कर लिया।

लेकिन उसकी सभी आशंकाएँ निर्मूल साबित हुईं, जब विवाह के अवसर पर सुनील की दोनों बहनों से मुलाकात हुई।

"हमारे भाई की पसंद तो बहुत ही अच्छी है। उसकी पसंद, उसकी खुशी ही हमारे लिए खुशी है। वैसे भी अभागा है बिचारा। न माँ, न बाप।" कहते हुए बड़ी बहन की आँखें नम हो आईं।

और बिना किसी झाम-ताम के ठेठ पहाड़ी रीति-रिवाजों के साथ बिंदिया का विवाह सुनील के साथ हो गया। विवाह के दिन चेहरे पर हल्दी लगने के बाद बिंदिया के सौंदर्य में चौगुणित वृद्धि हो गई। उसका चेहरा अपूर्व आभा से चमक रहा था।

सुनील ने उसे देखा तो देखता ही रह गया। थोड़े से ही श्रृंगार से चेहरा इतना चमक उठा है। शहर में भी शहरी लड़कियों की तरह बन-ठन के रही तो कितनी सुंदर लगेगी और इसकी कल्पना मात्र से सुनील प्रफुल्लित हो उठा।

विवाह के कुछ समय बाद ही सभी मेहमान अपने-अपने घरों को चले गए तो जीवन पुराने ढर्रे पर आ गया।

"मैं सोच रहा हूँ कि इन बकरियों को बेच दूँ अब। मेरे पीछे कौन देखभाल करेगा इनकी।" एक दिन हरिलाल ने कहा तो बिंदिया का अंतर्मन कराह उठा।

क्या इतनी पराई हो गई है वह अपने पिता के लिए कि उनकी चार बकरियों को भी नहीं पाल सकती। कुछ कहना चाहती थी, लेकिन सुनील बीच में ही बोल पड़ा, "कैसी बातें कर रहे हैं आप? बिंदिया जैसे पहले घर सँभालती थी, वैसे ही सँभालेगी। अब तो हम तीनों का एक परिवार हो गया है। आपने मुझे और बिंदिया को अलग कैसे समझ लिया? और वैसे भी वह दिन भर करेगी क्या? हम दोनों तो दिन भर बाहर रहेंगे।"

पति की बात सुन बिंदिया का मन श्रद्धा से नत हो उठा। इन बकरियों में तो उसकी जान बसती थी। छोटे-छोटे मेमने थे, तब से पाला था उसने उन्हें। अब उनको बेचे जाने की बात से काँप उठा था उसका मन।

विवाह के एक माह पश्चात् ही सुनील को उसी क्षेत्र में सड़क बनाने का बड़ा काम मिल गया। इस काम के मिलने से सुनील बिंदिया को अपने लिए भाग्यशाली

भी समझने लगा। अब उसने वहीं रहकर और अधिक काम बढ़ाने की सोची।

इसी तरह सात–आठ वर्ष पलक झपकते बीत गए। इस बीच बिंदिया तीन बच्चों की माँ बन गई और सुनील 'सी' क्लास से 'ए' क्लास का ठेकेदार। लक्ष्मी की तो उस पर अति कृपा हो रही थी। हरिलाल से भी उसने नौकरी छुड़वा दी थी। कच्चे मकान के स्थान पर छह–सात कमरों का पक्का मकान बन चुका था। गाँव से दूर सड़क पर जब सुनील अपनी बुलेट में जाता तो चारों ओर उसकी आवाज गूँजती और बच्चे तो बच्चे, बड़े भी उसकी मोटरसाइकिल देखने खड़े हो जाते। सुनील का काम अब कई स्थानों पर फैलने लगा था। अब उसने देहरादून स्थित अपना पैतृक आवास बेचकर वहीं जमीन भी खरीद ली थी और अब मकान बनाने की तैयारी कर रहा था। अब वह चाहता था कि उसका परिवार देहरादून में ही रहे और उसके बच्चे वहीं पर पढ़ाई करें।

मकान बनकर तैयार हुआ तो सुनील परिवार को देहरादून ले आया। हरिलाल ने आने से इनकार कर दिया। सारी जिंदगी गाँव में गुजारकर अब बेटी के घर पर आना उसके पुरातनपंथी मन ने गँवारा न किया। बिंदिया को पहली बार लगा कि उसका विवाह हो चुका है। और उसे पितृगृह का त्याग करना है, तो उधर हरिलाल ने भी बेटी की विदाई की पीड़ा अब सहन की।

बिंदिया शहर आ गई। उसके गाँव के मुकाबले बहुत बड़ा शहर। उसके गाँव जैसे तो कई गाँव समा जाएँ इसमें। यों तो वह पति के साथ पहले भी देहरादून आई थी, लेकिन दो–तीन से अधिक के लिए नहीं। और रही भी पुराने आवास में थी। अब यह नया घर तो पुराने की तुलना में बहुत बड़ा था और सुविधाजनक भी।

इस घर को समझने में ही बिंदिया और बच्चों को कई दिन लग गए। बिंदिया को आश्चर्य होता कि कैसे बिजली का एक बटन दबाते ही एक टंकी में रखा पानी गरम हो जाता है। और भी कई सारी बातें उसे आश्चर्यजनक लगतीं।

यहाँ आकर बिंदिया अपनी गृहस्थी में व्यस्त हो गई और सुनील अपने काम में, लेकिन धीरे–धीरे सुनील बदलने लगा था। उसकी पैसा कमाने की हवस तीव्र से भी तीव्रतम होती गई। इसके लिए वह कुछ भी करने को तैयार था। देर रात तक घर आता। थोड़ी–बहुत शराब भी पीने लगा था सुनील। बात–बात पर बिंदिया को झिड़क भी देता।

शहर आने के कुछ ही समय बाद बिंदिया ने देखा कि घर के सामने बहुत सी जगह खाली पड़ी है। थोड़ी सी मेहनत कर उसने वहाँ सब्जी लगा दी। बहुत दिनों

तक तो सुनील का ध्यान इस ओर नहीं गया। लेकिन जैसे ही बीज अंकुरित हो धरती का सीना चीर खुली हवा में प्रस्फुटित हुए तो एक सुबह सुनील का ध्यान उस ओर चला गया।

"यह क्या बोया है यहाँ?"

"घर से थोड़े से सब्जी के बीज ले आई थी। वही बोये हैं।" बिंदिया ने उत्साह से बताया। जानती थी सुनील खुश होगा, लेकिन यह क्या, सुनील का चेहरा तो गुस्से से लाल-भभूका हो उठा।

"रही ना तू पूरी गँवार-की-गँवार। घर के आगे सब्जी बोई जाती है क्या?"

सुनील का चेहरा देख बिंदिया सहम गई। आखिर क्या गलती हो गई उससे। यह उसकी समझ में न आया। गाँव में भी तो घर के आगे की जमीन पर सब्जी ही बोई थी उसने। फिर यहाँ ऐसा क्या है कि ऐसा नहीं कर सकते। सुनील के झिड़कने से उसके आँसू निकल आए। वह चुपचाप सिर झुकाए खड़ी-की-खड़ी रह गई।

उसकी हालत देख सुनील थोड़ा सा पसीजा। स्वर को यथासंभव कोमल बनाकर उसने बताया कि यहाँ घास लगाकर लॉन बनाया जाएगा। शहरों में घर ऐसे ही होते हैं।

बिंदिया की समझ में न आया कि घास सब्जी से अच्छी कैसे हो सकती है, लेकिन यह पूछने की उसकी हिम्मत न थी।

उस दिन के बाद से बिंदिया ने कोई भी काम अपनी मर्जी से करना बंद कर दिया। घर में एक कुरसी भी इधर से उधर खिसकानी होती तो वह सुनील से पूछती। सुनील और अधिक झुँझलाता, उस पर बिगड़ता। बिंदिया फिर रुआँसी हो उठती। बस ऐसे ही जिंदगी चल रही थी।

जैसे-जैसे सुनील का काम बढ़ रहा था, वैसे-वैसे उसके मित्रों की संख्या भी बढ़ रही थी। घर में आए दिन पार्टियाँ होतीं। शराब की महफिल सजती, हो-हल्ला होता। दबी जुबान में बिंदिया बच्चों के बड़े होने के कारण इसका विरोध करती, तो उसे गँवार कहा जाता, अज्ञानी कहा जाता।

"बिजनेस में ऐसा ही होता है। तू क्या जाने, कितनी मेहनत करनी पड़ती है पैसा कमाने के लिए। और फिर तुम्हारे और बच्चों के लिए ही तो कर रहा हूँ सबकुछ।"

पैसा कमाने के लिए दोस्तों को शराब की पार्टी क्यों देनी पड़ती है, यह बिंदिया की समझ में कभी न आया।

बच्चे बड़े हो रहे थे। दिन-प्रति-दिन घर में आनेवाला पैसा भी बढ़ रहा था। सुनील ने कई जगह जमीन खरीद ली थी। पर जिस अनुपात में पैसा और सुख-सुविधाएँ बढ़ रही थीं, उसी अनुपात में बिंदिया की घुटन भी बढ़ रही थी। उसे लग रहा था कि उसने अपना पति खो दिया। सुनील देर रात नशे में धुत्त हो घर पहुँचता। आरंभ में एक-दो बार बिंदिया ने विरोध भी किया, लेकिन व्यर्थ की गाली-गलौज और मारपीट के सिवा कुछ हासिल न हुआ। बच्चों पर उनके झगड़े का विपरीत असर न पड़े, यह सोचकर बिंदिया ने चुप रहने का रास्ता उचित समझा। उसके जीवन में अब कोई सुख नहीं था। कहने को तो बड़ा घर, एशोआराम की सारी चीजें, लेकिन बिंदिया को तब भी गाँव बहुत याद आता। कितने सुखी थे हम वहाँ पर। कितना स्नेह था हम दोनों के बीच। बच्चे भी खुश रहते। यहाँ तो बिंदिया की स्थिति सोने के पिंजरे में कैद चिड़िया की भाँति हो गई थी। कहाँ तो गाँव गें वह पहाड़ी हिरनी की भाँति स्वच्छंद विचरण करती थी और कहाँ शहर की यह कैद। वह तो इस कैद में भी खुश रह लेती, लेकिन पति! उसका सहयोग तो मिले।

समय बीत रहा था। बिंदिया दिन-प्रति-दिन हड्डियों का ढाँचा बनती जा रही थी। सुनील अपने काम में व्यस्त था और उनकी बड़ी बेटी कॉलेज जाने लगी थी। उससे छोटी बारहवीं में थी और सबसे छोटा बेटा दसवीं में। बेटियों का माँ से अधिक जुड़ाव था। माँ की हालत देखती, तो पिता पर गुस्सा आता। माँ के लिए तरह-तरह के कपड़े, गहने, खाने-पीने की सामग्री लेकर आती, लेकिन बिंदिया का तो पहनने-ओढ़ने का उत्साह ही समाप्त हो चुका था। कभी-कभी उसका जी करता कि अपनी इहलीला समाप्त कर ले। लेकिन बेटियों के लिए जीती रही। बेटे की उसे अधिक चिंता न थी। वह प्रखर बुद्धि का था और पिता की आदतें उसे बहुत पसंद न आतीं।

कुछ समय और बीता। चार-पाँच वर्ष के अंदर-अंदर सुनील ने दोनों बेटियों का विवाह कर दिया। जिस दिन दूसरी बेटी का विवाह हुआ, उस दिन बिंदिया ने अपने आप को जिम्मेदारियों से मुक्त समझा। पुत्र भी तब तक एक प्रतिष्ठित कॉलेज से इंजीनियरिंग की पढ़ाई कर रहा था।

सुनील ने बहुत चाहा था कि बेटा सिविल इंजीनियरिंग में प्रवेश ले, बाद में उसकी मदद करेगा, लेकिन पुत्र ने उनका सुझाव सिरे से नकारकर सूचना प्रौद्योगिकी में प्रवेश ले लिया। सुनील को पुत्र की इस नाफरमानी से क्रोध भी आया, धक्का भी लगा, लेकिन फिर वह अपनी जिंदगी में मस्त हो गया।

लेकिन बिंदिया के जीवन में अब कुछ न रहा। दोनों बेटियाँ अपने-अपने घर गईं। बेटा भी पढ़ाई के लिए दूसरे शहर गया। बस पति-पत्नी ही रह गए थे घर में और पति के दर्शन भी नाममात्र को ही होते। जब उससे मुलाकात होती, तो तब तक वह इतनी पी चुका होता कि होश में न रहता।

पहले तो बेटियों की आड़ थी तो सुनील अपने मित्रों को पिलाने के लिए घर कम ही लेकर आता, लेकिन अब तो यह भी नित्य की दिनचर्या में शामिल हो गया था। देर रात तक सुनील की मित्र-मंडली घर में हंगामा करती रहती और साथ ही चलता अलग-अलग फरमाइशों का दौर। कभी पकौड़े, तो कभी चिकन, कभी मटन और साथ निभाने के बाद भी सुनील की झिड़की। गँवार और बदतमीज शब्द तो जैसे उसने रट लिये थे। सुनील दोस्तों के सामने पत्नी को डाँटता और वे खी-खी कर हँस देते।

"तू मर क्यों नहीं जाती ? मेरा भी पीछा छूटेगा, तुझ गँवार से और तू भी मुक्ति पा जाएगी।" एक दिन नशे की पिनक में सुनील ने कहा तो बिंदिया का मन रो उठा। साथ ही उसे उसकी बात ठीक भी लगी। अब क्या उद्देश्य है उसके जीवन का ? पति पर भार स्वरूप ही तो है वह और यही सब सोच एक दिन पति के जाने के कुछ ही समय पश्चात् उसने नुआन गटक ली।

थोड़ी देर की छटपटाहट और फिर सबकुछ शांत। बिंदिया को लगा, जैसे वह बादलों के बीच उड़ रही है और राजकुमार की सी वेशभूषा में वर्षों पहले का सुनील उसकी ओर बाँहें पसारे खड़ा है। बिंदिया का जिस्म खुशी से थरथरा उठा। आज वह प्रफुल्लित मन से अपनी उसी पुरानी दुनिया में प्रवेश कर रही थी। सबकुछ शांत था, बहुत शांत।

देर रात सुनील घर लौटा तो देखा कि घर की बिजली तक नहीं जली है। अंधकार में नहाया हुआ घर उसे भुतहा सा लगा। दरवाजा खटखटाया, लेकिन अंदर से कोई आवाज न आई। रात के ग्यारह बज चुके थे। चारों तरफ सुनसान वातावरण था।

'कहीं बिंदिया सो तो नहीं गई ?' यही प्रश्न उसके मन में आया और गुस्से में भुनभुनाता सुनील घर से बाहर निकल पड़ा। वह रात उसने अपने एक दोस्त के यहाँ गुजारी। सुबह एक बार फिर वह अपने घर की ओर चल पड़ा। रात का हैंग ओवर अभी भी बाकी था। एक बार फिर उसने दरवाजा खटखटाकर उसे खुलवाने का असफल प्रयास किया। हारकर उसे दरवाजा तुड़वाना ही पड़ा।

अंदर का दृश्य देख उसका सारा नशा हिरन हो गया। बिंदिया की निर्जीव देह फर्श पर पड़ी थी। मुँह से निकलते झाग ने अब सूखकर बिंदिया के मुँह पर एक सफेद लकीर सी बना दी थी।

बिंदिया की हालत देख सुनील डर गया। थोड़ी ही देर में पूरा मोहल्ला वहाँ इकट्ठा हो गया। उन्हीं में से किसी ने पुलिस को भी खबर कर दी। आनन-फानन में पुलिस भी वहाँ पहुँच गई। वह तो सुनील की पुलिसवालों से अच्छी जान-पहचान थी और बिंदिया ने अपनी मौत के लिए किसी को दोषी नहीं ठहराया था तो बात आई-गई हो गई।

"पिताजी, आपने हमारी माँ को मार डाला। अब तो घर आने की भी इच्छा नहीं होगी।" जाते हुए बेटे ने अपनी दोनों बहनों के समक्ष सुनील के लिए ये शब्द कहे तो वह हतप्रभ रह गया। ये क्या कह रहा है? उसने अपने समर्थन के लिए बेटियों की ओर देखा, लेकिन उन्होंने भी घृणा से मुँह फेर लिया।

यह क्या हो गया बच्चों को? क्या नहीं किया उसने उनके लिए? अच्छी पढ़ाई, अच्छा रहन-सहन, अच्छे घरों में विवाह, कभी कोई कमी न होने दी। लेकिन क्या मिला उसे यह सब करके। बच्चों की घृणा। उन तीनों की आँखों से झाँकते नफरत के भाव सुनील से सहन न हो रहे थे। इस समय उसे तीनों बच्चे कृतघ्न लग रहे थे। अच्छा होता कि इन्हें वह वहीं गाँव में गँवार बनने के लिए ही छोड़ देता।

लेकिन तभी उसे बिंदिया के साथ किया अपना व्यवहार याद आया। शहर में आकर कौन सी खुशी दे पाया उसे? बात-बात पर झिड़कना, गाली-गलौज करना। बस यही तो स्वभाव था उसका बिंदिया के साथ। सुनील जितना सोचता, उतना परेशान होता।

बच्चे जा चुके थे। अब सुनील उस घर में नितांत अकेला था। कमरे की चार दीवारें उसे काटने को दौड़तीं। घर-घर न रहा, भुतहा निवास हो गया। सुनील ने अपने आप को नशे में डुबो दिया। अब तो भूले से भी उसे रोकनेवाला कोई न था। सुनील अब भी अपने धन और दोस्तों के गुमान में बच्चों से और दूर होता गया। दोस्तों ने भी उसे खूब इस्तेमाल किया और धीरे-धीरे सुनील सबकुछ उन पर लुटाकर अंदर से खोखला होता चला गया।

पुत्र ने इंजीनियरिंग की परीक्षा पास कर एक कंपनी में नौकरी करना उचित समझा। नौकरी पर जाने से पूर्व एक बार घर आया तो सुनील के मन की बात जुबान पर आ ही गई।

"बेटा, घर का ही इतना बड़ा व्यवसाय है। इतना फैल गया है कि मुझसे सँभलता नहीं अब। क्यों करते हो किसी की नौकरी? घर का ही काम सँभालो।"

"नहीं पिताजी, मुझे आपके काम में कोई दिलचस्पी नहीं।" रूखा सा जवाब देकर बेटा अपनी नौकरी पर चला गया।

जैसे-जैसे सुनील की उम्र बढ़ रही है, वैसे-वैसे उसका पैसा भी समाप्त हो रहा है। साथ ही कम हो रही है दोस्तों की फौज। सुनील अब काम-धाम छोड़कर घर में ही पड़ा रहता है। एक लड़का है, जो घर की साफ-सफाई भी कर देता है और उसे दो रोटी भी खिला देता है।

वह लड़का बताता है कि सुनील कभी-कभी चिल्लाता है कि उसने बिंदिया का खून कर दिया है। उसने मारा है उसे, हत्यारा है वह।

लोग कहते हैं कि सुनील अकेलेपन की व्यथा नहीं झेल पा रहा। पत्नी की असमय मौत ने उसे पागल कर दिया है। लेकिन यह तो सुनील जानता है या बिंदिया की आत्मा की कौन सी व्यथा ने सुनील को पागल किया है।

□

रद्दीवाला

डिंग-डाँग, द्वार पर लगी घंटी बजी तो मेरा ध्यान स्वत: ही दीवार की ओर चला गया, लेकिन दीवार खाली थी। अभी दो दिन पहले ही तो यह मकान अलॉट हुआ है मुझे, घड़ी तो लगाई ही नहीं अभी, सामान भी पूरा नहीं खुला है।

"पापा, आपको कोई बुला रहा है।" बाहर से बेटे की आवाज आई।

"कौन होगा इस समय ?" सुबह के आठ बज रहे थे। मैं अखबार हाथ में ले बाहर निकल आया।

द्वार पर एक कृशकाय व्यक्ति खड़ा था। दुबले-पतले से उसके चेहरे पर धँसी हुई बड़ी-बड़ी आँखें, बढ़ी हुई खिचड़ी दाढ़ी, साधारण वेशभूषा और पैरों में रबड़ की चप्पल। कुल मिलाकर साधारण सा व्यक्तित्व और रहन-सहन। हो सकता है कि ऑफिस से किसी काम के लिए आया हो।

"साहब नमस्ते! साहब, मैं इस मोहल्ले का रद्दीवाला हूँ। आपके घर में रद्दी हो तो···।" मुझे देखते ही सीधे-सपाट शब्दों में उसने अपनी बात कही।

मुझे गुस्सा आ गया। दो दिन इस घर में आए हुए हुए हैं, और इसे रद्दी ढूँढ़नी है। अभी तो अखबार आना भी आज से ही शुरू हुआ है, और ऊपर से कहता है मोहल्ले का रद्दीवाला है।

"अभी कहाँ से रद्दी आएगी, कल ही तो आए हैं यहाँ पर।"

"पुराना कोई लोहे या प्लास्टिक का कबाड़ पड़ा होगा तो उसे भी ले जाऊँगा साहब।"

"नए घर में कबाड़ लेकर आएँगे क्या ? कुछ नहीं है यहाँ।" मन की कड़वाहट जबान पर भी आ ही गई। सुबह-सुबह पता नहीं कहाँ से चला आया।

"साहब, जब आप कहें तब मैं आ जाऊँगा। एक महीने बाद आ जाऊँ ?" उसने आशा भरी नजरों से मेरी ओर देखा।

"हाँ-हाँ, ठीक है।" मैंने उसे टाला। उसका सुबह-सुबह चले आना मुझे अच्छा नहीं लगा था।

वह अपनी साइकिल, जिस पर पुरानी ट्यूब के दो-तीन फेरे के साथ दो बड़े बोरे बँधे थे, को लेकर चलने लगा। साइकिल पर बँधे बोझ को देखकर मैं सोचने पर मजबूर हो गया, यह साइकिल चला रहा है या साइकिल इसे चला रही है? थोड़ी दूर तक साइकिल के घिसटने का स्वर मेरे कानों में आता रहा।

ऑफिस के लिए देर हो रही थी, मैं अखबार वहीं छोड़ तौलिया लेकर बाथरूम में घुस गया। एक मामूली सा व्यक्ति, जो दैनिक चर्या में यों ही एक सुबह मुझसे टकरा गया, इसमें कुछ भी याद रखने लायक न था, सो मैंने भी भुला दिया।

लगभग एक माह बाद एक सुबह फिर घर की घंटी बजी।

"साहब, इस बार रविवार को आया हूँ, आपकी छुट्टी होगी आज, आपने एक महीने बाद बुलाया था।" वह आज फिर मेरे दरवाजे पर खड़ा था, प्रफुल्लित मन से कुछ पा जाने की आस में।

मैं कुढ़ गया सुबह-सुबह उसकी शक्ल देखकर, लेकिन साथ ही काम के प्रति उसकी निष्ठा देख अच्छा भी लगा।

"साहब, निराश मत कीजिएगा, सुबह-सुबह का वक्त है, कुछ बोहनी हो जाएगी मेरी।" वह मेरे चेहरे को साफ पढ़ चुका था शायद।

एक महीने बाद भी कुछ अधिक कबाड़ तो इकट्ठा न हुआ था, लेकिन जितना भी था, उतना लेकर चेहरे पर ढेर सारे आभार के भाव लेकर कई बार धन्यवाद प्रकट करता वह चला गया। उसकी साइकिल की खटर-पटर की आवाज बहुत देर तक मेरे कानों में गूँजती रही।

"साहब, अगली बार भी मैं ही ले जाऊँगा, किसी और को मत दीजिएगा।" जाते-जाते वह यह कहना भी नहीं भूला।

अप्रैल का महीना, गरमी का मौसम भी शुरू हो रहा था तो साथ-साथ बच्चों की कक्षाएँ भी। बड़ी बेटी ने इसी वर्ष देश के एक प्रतिष्ठित संस्थान से एम.बी.ए. किया और पढ़ाई पूरी करते ही उसे एक बहुराष्ट्रीय कंपनी में नौकरी मिल गई। बेटे ने अभी दसवीं पास किया है। दस वर्ष का अंतर है दोनों में। दसवीं की बहुत सी कॉपी-किताबें पड़ी हैं उसकी।

व्यक्तिगत तौर पर मैं कभी किताबों को रद्दी में देने का समर्थक नहीं रहा, और यही मैंने बच्चों को भी सिखाया। न जाने कितने गरीब बच्चे पुस्तकों के अभाव

में अपनी पढ़ाई जारी नहीं रख पाते होंगे। इसी सोच के चलते पुस्तकें सदा से ही जरूरतमंद बच्चों को या किसी संस्था को दे दी जातीं।

रविवार का दिन। सुबह से ही रद्दीवालों ने हाँक लगानी आरंभ कर दी। पत्नी ने बेटे को भेजकर एक रद्दीवाले को बुलवा लिया, जब तक मैं बाहर निकलता, तब तक वह अखबार, कॉपियों आदि को तौल चुका था।

'बाबूजी, अगली बार भी मैं ही रद्दी ले जाऊँगा, आप किसी और को मत दीजिएगा।' मेरे कानों में स्वतः ही ये शब्द गूँज गए और एक छवि आँखों में कौंध गई।

'यह तो रद्दी है, जब घर में बढ़ जाएगी तो किसी-न-किसी को देनी ही होगी। क्या उसकी प्रतीक्षा से घर को कबाड़खाना बनाकर रखें।' मैंने अपने मन को समझाया।

अगले रविवार को वह मेरे दरवाजे पर उपस्थित था।

"रद्दी नहीं है, दे दी किसी को।"

"दे दी ? साहब मैंने कहा था, मैं ले जाऊँगा।" उसका चेहरा रुआँसा हो गया।

न जाने क्यों, उसके चेहरे को देख मुझे उस पर दया आ गई, अनजाने में ही मन अपराध-बोध से भर गया। ऐसा लगा, जैसे मुझसे कोई बहुत बड़ी गलती हो गई हो।

"अगली बार से ध्यान रखेंगे। तुम समय पर आने की कोशिश करना।" लेकिन यह क्या, मैं तो घिघिया रहा था उसके सामने। आँखें चुराते हुए मैं अंदर चला आया और वह अगली बार की आस में साइकिल घसीटता चला गया, लेकिन इस बार मैंने एक बात पर ध्यान दिया।

वह अन्य रद्दीवालों की तरह हाँक नहीं लगा रहा था।

"साहब, बँधे-बँधाए घरों से रद्दी लेता हूँ मैं, वर्षों से मेरे ही ग्राहक हैं वे लोग।" अपनी हाँक न लगाने का राज भी उसने एक दिन खोल दिया। वैसे भी अगर वह हाँक लगाता तो दूसरे घर तक भी आवाज न जाती, ऐसा मैंने सोचा।

और उसके बाद से वह मेरा फैमिली रद्दीवाला बन गया। हर महीने वह आकर मेरे घर की रद्दी ले जाता।

"आपके घर की किसी रद्दी का दुरुपयोग नहीं हो सकता। पास में जो पेपर मिल है, उन्होंने अधिकृत किया है मुझे। यह रद्दी सीधे वहीं जाती है।" उसने मुझे एक नई जानकारी दी।

"लेकिन साहब, कभी-कभी इस रद्दी में बहुत अच्छी किताबें भी मिल जाती हैं। स्कूल-कॉलेज की किताबें तो जरूरतमंदों को दे देता हूँ, तो कभी सेकंड हैंड बाजार में बेच देता हूँ। अंग्रेजी तो मुझे आती नहीं, लेकिन हिंदी की कुछ अच्छी किताबें घर पर इकट्ठी की हैं मैंने।"

रद्दी तो मैं उसे ही देता था, लेकिन जितनी देर में भी वह रद्दी तौलता उतनी देर कुछ-न-कुछ बोलता रहता था। कुछ बड़े अधिकारियों, कुछ महत्त्वपूर्ण लोगों और अच्छे संस्थानों का नाम लेकर कि वह लोग भी उसके अलावा किसी को रद्दी नहीं देते, यानी वह उनका भी फैमिली रद्दीवाला था।

उसकी बातें मुझे बहुत उबाऊ लगतीं, बस पीछा छुड़ाने के लिए हाँ-हूँ कर लेता।

"कितना बोलता है तुम्हारा यह रद्दीवाला, कैसे झेलते हो उसे? किसी और को क्यों नहीं देते रद्दी?" पत्नी ने कहा।

ठीक ही कह रही थी वह, आज तक उसने मुझे किसी को भी इतना झेलते नहीं देखा था। वह स्वयं भी कभी इधर-उधर की बातें करने लगती, तो मैं टोक देता, लेकिन इस रद्दीवाले में ऐसा क्या था, जो न चाहते हुए भी मैं उसकी सारी बातें सुनता और घर में रद्दी का ढेर होने के बावजूद किसी और को उसे देने का साहस न कर पाता।

"साहब, आपको हिंदी साहित्य में रुचि है न, एक बहुत बढ़िया किताब हाथ लगी है। आप कहें तो आपको पढ़ने को दे दूँ?"

"हिंदी साहित्य?" मैं जैसे सुप्तावस्था से जागा था। नौकरी, ऑफिस, प्रतिस्पर्धा, पदोन्नति, और इससे इत्तर बच्चों तथा परिवार के इस मकड़जाल में इतनी बुरी तरह फँसा था कि याद भी न आया कि स्कूल-कॉलेज के जमाने से कुछ अच्छा पढ़ने को मिल जाता था तो खाना-सोना भी याद न रहता था, अब तो पढ़ने का तात्पर्य सिर्फ अखबार व कुछ पत्रिकाएँ पढ़ने तक ही सीमित रह गया था।

"कौन सी किताब है?" उत्सुकतावश मैंने पूछ ही डाला।

"साहब, गुनाहों का देवता, धर्मवीर भारतीजी ने लिखी है।"

"गुनाहों का देवता? शायद पढ़ी है कहीं। वही सुधा-चंदर वाली?" अनायास मेरे मुँह से निकल पड़ा।

"साहब, मैंने तो पढ़ी नहीं अभी, आप पहले पढ़ लें, मैं फिर पढ़ लूँगा।"

और उस दिन के बाद उससे मेरी नई दोस्ती की शुरुआत हुई। पुरानी-नई कई

किताबें पढ़ने को मिलीं, कोई नई किताब मिलते ही मैं ऑफिस से घर जाने की प्रतीक्षा करता और टेलीविजन के सामने बैठने के स्थान पर कोई अच्छा उपन्यास, जीवन-वृत्त, संस्मरण इत्यादि लेकर बैठ जाता।

दीपावली पास आनेवाली थी, बड़ी बेटी मेघना भी दो-तीन दिन की छुट्टी लेकर घर आ रही थी।

"मेघना के लिए कोई लड़का देखना चाहिए अब, पढ़ाई पूरी हो गई, अच्छी नौकरी कर रही है, उम्र भी तो हो गई।" पत्नी की चिंता अपने स्थान पर ठीक ही थी।

मेघना ने पहले इंजीनियरिंग की पढ़ाई की, फिर दो वर्ष नौकरी और फिर एम.बी.ए.।

"पढ़ाई या नौकरी में कभी कोई ऐसा साथी न होगा, जिसकी ओर उसका मन आकृष्ट रहा हो?" मन में स्वाभाविक सा प्रश्न आया, यदि उसने अपने लिए कोई अच्छा जीवनसाथी तलाश किया हो तो हमें भी सुविधा रहती।

"हाँ माँ, देश की सर्वोच्च प्रशासनिक सेवा से चयनित होकर आया है और आजकल वहीं पर कलक्टर है।" माँ ने पूछा तो मेघना मना भी न कर सकी। "वहीं दो-चार बार कंपनी के कार्य हेतु मुलाकात हुई और अच्छी दोस्ती में बदल गई।"

"मैंने उसकी पारिवारिक पृष्ठभूमि के बारे में ज्यादा नहीं पूछा, लेकिन शायद बेहद गरीब घर से है। पिता का छोटा-मोटा कोई व्यवसाय है, जिसे वह पुत्र के आई.ए.एस. बनने के बाद भी छोड़ना नहीं चाहते।" मेघना ने बताया।

"अरे, कोई बात नहीं, जैसी भी पारिवारिक पृष्ठभूमि हो, लड़का तो देश की सर्वोच्च सेवा में है। बाकी बातों से क्या फर्क पड़ता है?"

मेरे पाँव तो जमीन पर ही न थे, वैसे तो मेघना भी लाखों में एक थी। देश के प्रतिष्ठित संस्थानों में चयनित होकर पढ़ाई की थी उसने और अभी भी बहुत अच्छी कंपनी में कार्य कर रही थी, लेकिन भारतीय प्रशासनिक सेवा की तो बात ही और है।

इस बार की दीवाली कुछ ज्यादा ही रोशन प्रतीत हुई। दीवाली के दो दिन बाद ही मेघना अपनी नौकरी पर चली गई। माँ से यह आदेश भी साथ लेकर गई कि लड़के के माता-पिता से शीघ्र ही मुलाकात करना चाहती है, इसलिए वह लड़के से बात करके दिन तय कर ले। साथ ही यह भी कह दिया कि वह परवाह न करे कि उसके माता-पिता कितने गरीब हैं, एक बार मिलकर बात कर लें बस।

जीवन फिर अपनी लय-ताल पर चलने लगा, हर बार रद्दीवाले से कुछ नई-

पुरानी पुस्तकों को पढ़कर लगता, जैसे मेरा बौद्धिक स्तर बढ़ता जा रहा है। अपने कार्यालय में काम करनेवालों से मैं अपने आप को कुछ अलग समझने लगा, मुझे लगता कि कोई तो मिले, जिससे अखबारों और पत्रिकाओं की खबरों से इतर कोई साहित्यिक चर्चा कर सकूँ।

मेघना का भी फोन आता रहता। उसकी बातों से लग रहा था कि लड़का हमारे घर आने में संकोच कर रहा है।

"विवाह करने को तैयार है तो एक बार तो मिलना ही पड़ेगा, इसमें संकोच कैसा?" मेघना की माँ का अकाट्य तर्क था।

"माँ, वह तो हमारे ही शहर से है और अगले सप्ताह ही घर आ रहा है। अपने पिता के साथ आपको मिलेगा।" मेघना ने यह नई सूचना दी थी।

मैंने पता करने का प्रयत्न किया। पाँच-छह वर्ष पहले यहाँ से किसका बेटा आई.ए.एस. में चयनित हुआ, लेकिन बड़ा शहर था, कुछ खास पता न चल पाया। मैं भी अभी दो वर्ष पहले ही तबादला होकर यहाँ आया था, इसलिए इतनी अधिक जानकारी न थी।

"आज सूरज अपने पिता के साथ आ रहा है। पापा के ऑफिस से आने के बाद ही आएगा। बहुत संवेदनशील है, थोड़ा ध्यान रखिएगा प्लीज।" एक दिन सुबह मेघना का फोन आया।

सारा दिन प्रतीक्षा में बीता। ऑफिस से भी मैं थोड़ा जल्दी घर आ गया, उन्हें सात बजे के बाद ही आना था, लेकिन उससे पहले ही जब-जब घर की घंटी बजती हम दोनों द्वार की ओर दौड़ पड़ते।

आखिर ठीक सात बजकर पाँच मिनट पर घर की घंटी बजी। मैं और मेरी पत्नी दोनों एक साथ द्वार की ओर लपके, दरवाजा खोला। सामने लगभग तीस-बत्तीस वर्ष का सुदर्शन युवक खड़ा था।

"जी मैं सूरज।" उसने दोनों हाथ जोड़ दिए।

"तुम अकेले? तुम्हारे पिताजी भी साथ आनेवाले थे न।" मेरे मुँह से छूटा।

"जी, आ रहे हैं।"

और तभी गेट खुला और उस गेट से जिस व्यक्ति ने प्रवेश किया, उसे देखकर तो हम दोनों के मुँह खुले-के-खुले रहे गए।

वह था—हमारा फैमिली रद्दीवाला।

□

बसंतो

शाम का धुँधलका गहराने लगा तो बसंतो ने भी कामकाज समेटना आरंभ किया। सामने एक मेडिकल कॉलेज, और आसपास कुछ और छोटे-बड़े स्कूल। उपलब्ध बाजार को ध्यान में रखते हुए मालिक ने यहाँ एक साइबर कैफे खोल दिया था।

इंटरनेट के साथ-साथ प्रिंटिग, फोटो कॉपियर, सभी कुछ उपलब्ध था। अकसर छात्र-छात्राओं का ताँता लगा रहता और इसी साइबर कैफे को सँभालने का जिम्मा था बसंतो का।

अभी उसे एक घंटे का सफर बस या टेंपों से कर घर पहुँचना था। शहर से लगभग बीस-पच्चीस कि.मी. दूर ग्रामीण क्षेत्र में छोटा सा घर था उसका। मूलत: पहाड़ी क्षेत्र के रहनेवाले उसके पति के दादाजी सेना से सेवानिवृत्ति के पश्चात् यहीं बस गए थे।

"कैसा गाँव है यह? गाँव जैसा लगता ही नहीं, न सुबह-शाम चिड़ियों की चहचहाहट, न घास-लकड़ी के जंगल, न जंगली जानवरों का डर। यहाँ से तो रात को तारे भी नहीं दिखते। हमारे गाँव से तो ऐसा लगता था, जैसे मोतियों का थाल उलटा कर दिया हो।" ब्याहकर इस शहरी गाँव में आई बसंतो पहले-पहल दिग्भ्रमित सी लगती।

"हाँ-हाँ, अनोखा है तेरा गाँव तो।" इसी शहरी गाँव में पैदा हुआ, पला-बढ़ा उसका पति कहता।

कुछ समय बीता, बसंतो भी इस माहौल में ढलती गई। यों तो पति कहने को ग्रैजुएट था, लेकिन नौकरी न मिली, पिता ने अपने जीवन भर की कमाई से पुत्र को एक टैक्सी लिवा दी। कभी लोकल और कभी लंबी यात्रा पर टैक्सी चला वह

इतना तो कमा ही लेता कि जीवन की गाड़ी के पहिए खिंच जाते। पिता की मृत्यु के पश्चात् उनकी पेंशन माँ के नाम पर हो गई। अब तक बसंतो दो बच्चों की माँ बन चुकी थी।

जीवन सदा एक सा नहीं रहता और कभी-कभी तो ऐसे उतार-चढ़ाव आते हैं, जो जीवन की दशा-दिशा सब बदल देते हैं। बसंतो का जीवन भी इससे अछूता न रहा। एक हलकी सी झपकी और गाड़ी कई मीटर गहरे खड्ड में, परखच्चे उड़ गए थे गाड़ी के और पति रीढ़ की हड्डी की घातक चोट के बाद बच तो गया, लेकिन सदा के लिए अपाहिज हो गया, अब वह या तो बिस्तर पर रहता या व्हीलचेयर पर। जमापूँजी से अधिक इलाज में खर्चा हो गया। गाड़ी की बीमा राशि उधार चुकाने में गई।

अब बसंतो पर थी अपाहिज पति और दो बच्चों की जिम्मेदारी और संसाधन के नाम पर सास की पेंशन। पति की मृत्यु और इकलौते पुत्र के अपाहिज होने से तन-मन दोनों से टूटी वृद्धा यदि इस समय इस परिवार को छोड़ गई तो? विकट प्रश्न, बसंतो अंदर तक काँप गई। जवान औरत, पति अपाहिज, छोटे बच्चों की जिम्मेदारी सहानुभूति जतानेवाले लोग भी कम न थे। आँखों की भाषा ऐसी कि बसंतो को लगता कि अंग-अंग का एक्स-रे ले रहे हैं।

लेकिन इससे डरकर घर बैठ जाना पलायन था। अपने साथ-साथ पति, बच्चों का भविष्य खराब करना था। बारहवीं तक की पढ़ाई की थी उसने, उसके बाद विवाह हो गया। इस शैक्षिक योग्यता में नौकरी भी क्या मिलती।

प्रयासों में ईमानदारी हो तो सफलता देर-सवेर मिल ही जाती है। दुनिया अच्छे-बुरे दोनों तरह के लोगों से भरी पड़ी है और ऐसे ही एक अच्छे इनसान ने बसंतो को नई राह दिखाई। कस्बे के ही एक बुजुर्ग ने उसे अपने जनरल स्टोर पर कुछ घंटे काम करने को कहा, तो बिना किसी झिझक के बसंतो ने हाँ कह दी। सास और पति का सहयोग उसे मिल रहा था, तो बाहर किसी की परवाह वह क्यों करती?

उसे दुकान पर महिला बैठे देख ग्राहक अधिक आने लगे। उसने मालिक को महिलाओं से संबंधित सामान रखने का सुझाव दे डाला। कुछ ही महीनों में दुकान की बिक्री भी बढ़ी और बसंतो की लोकप्रियता भी।

एक वर्ष बीता, अट्ठाईस वर्ष की बसंतो, छह और चार वर्ष के दो बच्चों की माँ बसंतो, बिस्तर पर पड़े अपाहिज पति की पत्नी बसंतो, घर के बड़े संरक्षक

की भूमिका निभाती बसंतो, अपनी इच्छाओं, अपेक्षाओं का दमन करती बसंतो और इसके बाद भी सदा मुसकराती, प्रसन्न रहती बसंतो, जिसके चेहरे पर किसी ने कभी शिकन न देखी। वह थी बसंतो।

पति की मृत्यु और पुत्र के अपाहिज होने के बाद एक समय मरने की दुआ करती बसंतो की सास अब जीना चाहती थी। वह जीना चाहती अपनी बहू का घर सँभालने के लिए, उसके बच्चों को पालने के लिए।

इस बीच एक और व्यक्ति का बसंतो के जीवन में एक मित्र, मार्गदर्शक की भाँति पर्दापण हुआ और वह था गाँव का ही पैंतीस-चालीस वर्षीय व्यक्ति जगदीश। हर किसी के सुख-दुःख में शामिल होनेवाला जगदीश, गाँव भर में 'नेताजी' के नाम से मशहूर था।

एक बार ग्राम प्रधान रह चुका जगदीश दो-तीन बार चुनाव हार भी चुका था, लेकिन उम्मीद का दामन उसने छोड़ा न था। जिस दुकान पर बसंतो काम करती, वहाँ के लिए पास के शहर से सामान की सप्लाई का काम भी करता था जगदीश।

पंचायत चुनाव नजदीक थे, जगदीश इस बार चुनाव लड़ने की पूरी तैयारी में था, लेकिन ऐन वक्त पर उसकी उम्मीदों पर तुषारपात हो गया। यह सीट महिला उम्मीदवार के लिए आरक्षित हो गई।

"बसंतो, इस बार प्रधान का चुनाव तू लड़, मैं काम करूँगा तेरे लिए।" एक अप्रत्याशित प्रस्ताव लेकर जगदीश उसके सामने खड़ा था। यह तो बसंतो के लिए आकाश-कुसुम तोड़ने जैसा था।

"मैं?" बसंतो आश्चर्यचकित थी।

"तू!" उसका पति आश्चर्यचकित था।

"यह सब हमारे लिए नहीं। पैसा भी खर्च होता है और यह लाइन महिलाओं के लिए नहीं।" उसने समझाया।

"तू क्यों चिंता करता है, मैं हूँ इसके साथ। और फिर तुझे नहीं पता कि कितनी लोकप्रिय है बसंतो पूरे गाँव में, अरे यह तो बिना पैसा खर्च किए ही जीत जाएगी।" बसंतो के पति को समझाने अगले दिन जगदीश घर पर था।

कोई यह कहे कि उसे अपनी प्रशंसा सुनना अच्छा नहीं लगता, तो इससे बड़ा झूठ कोई दूसरा नहीं। अपनी प्रशंसा सुन बसंतो खुश थी और इसी खुशी में उसने पति को किसी तरह चुनाव लड़ने को मना ही लिया।

बसंतो जीत गई, खुशी के मारे उसके कदम जमीन पर न पड़ते। पति के

अपाहिज होने के बाद अंतर्मन से दुःखी बसंतो पहली बार इतनी प्रसन्न थी कि आँखों से दो बूँद आँसू निकल आए।

"देखा, आखिर मैंने तुझे प्रधान बना ही दिया।" जगदीश की गर्वीली उक्ति पर तो बसंतो ने उस दिन ध्यान न दिया, लेकिन वर्ष बीतते-बीतते बसंतो समझ गई कि वह तो जगदीश के हाथ की कठपुतली मात्र है।

"जीत तो गई मैं, लेकिन मुझे कुछ आता नहीं।" बसंतो पहले-पहल हस्ताक्षर करते हुए घबराई।

"तू चिंता मत कर, मैं सब सिखा दूँगा।" जगदीश चट्टान की भाँति उसके साथ खड़ा था।

छह महीने सीखने में बीते। जगदीश ने जैसा कहा, जहाँ कहा, वहाँ हस्ताक्षर कर दिए। प्रशंसा करनेवालों की भीड़ ने कानों को यों गुंजायमान किए रखा कि आलोचनाएँ उस नक्कारखाने में कहीं खो सी गईं।

"बेटी, अब तो तुझे दुकान पर काम करने की आवश्यकता नहीं। मुझे किसी और मेहनती व्यक्ति को ढूँढ़ने का समय अवश्य देना।" दुकान स्वामी ने कुछ ही माह पश्चात् अर्थपूर्ण स्वर में कहा।

"आपको किसी को खोजने की जरूरत ही नहीं पड़ेगी, चाचाजी, मैं क्यों भला आपकी दुकान का काम छोड़ूँगी।" बसंतो की समझ में न आया उन्होंने ऐसा क्यों कहा।

"मैंने सोचा, अब आवश्यकता न होगी।"

"अरे नहीं चाचाजी, कोई खजाना थोड़े ही हाथ लगा है।"

'लोग तो ऐसा ही कहते हैं।' उन्होंने मन-ही-मन कहा।

"यह सड़क तो पिछले वर्ष ही बनी थी और अभी ठीक भी है।" जगदीश द्वारा दिए गए कागज पर हस्ताक्षर करने से पहले उसके हाथ रुक गए।

"पता है मुझे। चुनाव के समय कुछ लोगों का उधार हो गया था, उसे चुकाना है।" जगदीश का लापरवाह स्वर था।

"तो क्या जनता के विकास के लिए जो पैसा आया है, उससे आप अपना कर्ज चुकाओगे।"

"अपना नहीं, तुम्हारा। चुनाव तुमने लड़ा था, मैंने नहीं।"

"लेकिन आपने तो कहा था कि चुनाव में पैसा खर्च नहीं हुआ। आपकी मेहनत और मेरी लोकप्रियता…।"

"लोकप्रियता! मेहनत!" जगदीश ठठाकर हँस दिया।

"मैडम यह राजनीति है, बिना पैसे के कुछ नहीं होता।" चेहरे पर विद्रूप मुसकान थी।

बसंतो जैसे आसमान से गिरी, पति का कथन याद आया, साथ ही याद आई जगदीश की चापलूसी भरी बातें, जिन्हें वह प्रशंसा समझ बैठी थी, अब क्या होगा? उसका चेहरा श्वेत पड़ चुका था।

उसके चेहरे के आते-जाते भावों को जगदीश ने पहचानने में भूल न की। परिंदा जाल में फँस चुका था, कितना फड़फड़ा पाएगा, यह जगदीश भलीभाँति जानता था।

"लोगों के अहसान और पैसा चुकाने के लिए यह सब तो करना ही पड़ेगा, और ऐसा नहीं कि तुम यह पहली बार कर रही हो।"

"लेकिन अब नहीं करूँगी।" बसंतो का स्वर दृढ़ था।

"ठीक है, मत करो, पिछले छह माह का कच्चा-चिट्ठा खुलेगा तो जेल जाओगी।" परिंदे के आजाद होने की कोई गुंजाइश नहीं छोड़ी थी जगदीश ने।

उस रात बसंतो को नींद न आई, समझ गई थी कि जगदीश उसे पद देकर कठपुतली की तरह नचाना चाह रहा था।

'क्या अपनी डोर उसके हाथों में दे दे वह?' अपने मन से उसने प्रश्न किया।

'तो इसके अलावा विकल्प ही क्या है?' मन के एक कोने से आवाज आई।

'आगे से उसे भी कुछ मिलने लगेगा और उसके बच्चे आराम से पल जाएँगे।' मन की इस आवाज को दूसरी ओर से समर्थन भी मिला।

'लेकिन यह चोरी है, बेईमानी है, पद का दुरुपयोग है।' मन का दूसरा कोना अभी सोया न था।

'तो क्या वह त्याग-पत्र दे दे? क्या उसके पति ने ठीक ही कहा था कि राजनीति महिलाओं के लिए नहीं?'

'हाँ, यही ठीक रहेगा।' निर्णय लेने के बाद उसे गहरी नींद आ गई।

"मैंने पहले ही कहा था कि तुम इस चक्कर में मत पड़ो, लेकिन अब भागना कायरता है। जो गलती हो गई, उसे स्वीकार करने की हिम्मत दिखाओ, मैं तुम्हारे साथ हूँ।" अगले दिन पति के मुँह से यह सुन बसंतो तो मानो एक बार फिर सातवें आसमान पर चढ़ी। अपाहिजता तन की होती है, मन की नहीं, उसने सोचा।

इसके बाद के कुछ माह शांतिपूर्वक गुजरे। जगदीश को लग रहा था कि

कठपुतली की डोर उसके हाथ में है और बसंतो बिना किसी विरोध के चुपचाप काम कर रही थी। जगदीश को भनक भी न लगी कि बसंतो के मन में क्या चल रहा है।

आनेवाला समय बिना पद के प्रधान बने रहने की ख्वाहिश रखनेवाले जगदीश के लिए बुरे सपने से भी बुरा साबित हुआ। बसंतो पूरे सबूतों सहित जनता के समक्ष खड़ी थी, जाँच में जगदीश दोषी साबित हुआ और उसे जेल की कोठरी नसीब हुई।

तब से कुछ वर्ष बीत चुके हैं। अब बसंतो जिला पंचायत की सदस्य है। जिस दुकान पर वह काम करती थी, उसके मालिक की मृत्यु हो चुकी है। शहर में रहनेवाला उनका बेटा दुकान बेचकर जा चुका है। आजीविका के लिए बसंतो ने नया काम ढूँढ़ा और अब वह पास ही के शहर के इस साइबर कैफे में काम करती है। उसकी ईमानदारी और लगन से प्रभावित हो मालिक ने सबकुछ उसके हवाले किया है, उनके अन्य भी बहुत से काम हैं।

'चुनाव ईमानदारी से नहीं जीते जाते।' इस मिथक को तोड़ा है बसंतो ने, और लोग कहते हैं कि उसकी छवि ऐसी है कि आनेवाले समय में उसे कोई पराजित कर पाए, ऐसा नजर नहीं आता।

बसंतो की सास की प्रार्थना ईश्वर ने सुन ली है। वह आज भी अपने बेटे, पोते-पोती का मजबूत सहारा हैं।

और हाँ, एक बात और, बसंतो को प्रधान पति, प्रमुख पति जैसे शब्दों से चिढ़ है, और चिढ़ है उन महिलाओं से भी, जो उनके हाथ की कठपुतली बनती हैं। □

कफन कर्ज में

"सुनते हो, बिटवा का बुखार तो उतरने का नाम नहीं ले रहा है। माथा तो जैसे अँगारा हो रहा है।" पैबंद लगी धोती से बेसुध पड़े बच्चे का माथा पोंछती गंजरी चिंताजनक स्वर में बोली।

कच्चे फर्श पर बैठा गबरू बच्चे की ओर झुक आया, उसके माथे को स्पर्श किया, माथे पर कुछ और रेखाएँ बढ़ गईं। पहले से ही इतनी चिंताएँ, दुश्चिंताएँ थीं कि माथे पर स्थायी लकीरें खिंच चुकी थीं। अब इनमें बच्चे की बीमारी के पश्चात् कौन सी रेखा खिंची, यह पहचानना नामुमकिन ही था। कद-काठी और सेहत ऐसी कि गबरू नाम सुनते ही व्यंग्य कसना का रूप लेकर उपस्थित होता प्रतीत हो। अपनी माँ से उसने सुना था कि बचपन में उसकी अच्छी सेहत और गोल-मटोल काया को देखते हुए ही गबरू नाम दिया था। अब तो यह हाल था कि शरीर की एक-एक नस और एक-एक हड्डी को गिनने में अधिक मशक्कत करने की जरूरत नहीं थी।

झोंपड़ी में काँच की बोतल में केरोसीन भरकर बनाई गई चिमनी की धुंधलकी रोशनी पसरी थी। एक ओर बुझा हुआ चूल्हा, जिसकी राख वहीं फैली थी, दो-चार टूटे-फूटे अल्युमिनियम के बरतन और दूसरी ओर एक जंग लगा संदूक, जमीन पर बिछा एक पतला सा तार-तार हो चुका गद्दा, जिस पर तेज बुखार से कराहता हुआ पाँच-छह वर्ष का बच्चा लेटा हुआ था।

ईंट की दीवार पर कील ठोककर टाँगे गए कुछ कपड़े और एक ओर शिव, गणेश का रंगीन कलेंडर। बस यही थी गबरू की दुनिया।

इस बीमार बच्चे के अलावा गबरू के दो बच्चे और हैं, जो इस समय नदी किनारे इस अवैध कच्ची बस्ती में बाहर खेल रहे हैं। वैसे भी इस कोठरी में रहने के

बजाय बाहर खुली हवा में रहना ज्यादा अच्छा लगता है।

एक नदी का खदान क्षेत्र है यह। यहाँ की मिट्टी सोना उगलती है। करोड़ों की बालू मिट्टी निकाली जाती है इस नदी से। जिसे इस खदान का पट्टा मिल जाए, वह मालामाल, लेकिन जहाँ पैसा अधिक हो, वहाँ अपराध भी पनपते हैं। सरेआम गोलियाँ चलतीं, पिछले कुछ वर्षों में कुछ हत्याएँ हुईं, जिन्हें दुर्घटना का रूप देकर रफा-दफा कर दिया गया। जितने का पट्टा, उससे कहीं अधिक खदान, सरकारी अधिकारी आँख पर पट्टी बाँधे रहते। आखिर जान किसे प्यारी नहीं होती। ऐसे ही एक खनन व्यापारी के साथ मजदूरी करता गबरू। गलत काम के इस खेल में बड़े लोग तो पहुँच के चलते बच जाते हैं, लेकिन कभी ड्राइवर फँस जाते, तो कभी मजदूर।

क्या करे वह भी? मालिक का आदेश माने या सरकार की सुने, उनके लिए तो वही सही, जो मालिक का आदेश।

किसी चीज की अति होती है तो दुष्परिणाम भी भुगतने होते हैं। पैसेवालों का तो अधिक कुछ नहीं बिगड़ता, लेकिन गरीब पर चौतरफा मार पड़ती है। सर्वोच्च न्यायालय ने आदेश पारित कर नदी में खदान बंद करवा दिया और गबरू जैसे कई मजदूर बेरोजगार हो गए। कुछ दिन हाय-तौबा हुई, प्रभावित लोगों ने न्यायालय जाने की भी बात की, लेकिन झील में कंकड़ डालने पर कुछ समय बाद जैसी शांति चारों ओर पसर गई थी।

नदी में खदान अब भी जारी था, लेकिन पूर्णतया: अवैध। काफी रात को इस काम को अंजाम देनेवाले होते हैं मालिक के खास लोग। वे लोग जो समय पड़ने पर किसी पर गोली चला दें और ट्रैक्टर ट्राली का पहिया किसी जीते-जागते इनसान पर चढ़ा दें। पिछले वर्ष ही एक अधिकारी जब अवैध रूप से हो रहे खनन पर छापा डालने पहुँचे थे तो उनके ऊपर भी ट्रैक्टर ट्राली चढ़ाने की कोशिश की गई थी, जिसमें वे बाल-बाल बच गए थे।

बरसों से यही काम करता गबरू कुछ समय तो प्रतीक्षा करता रहा कि शायद रोक हटे और वह पुनः काम करना आरंभ करे, लेकिन ऐसा कुछ न हुआ।

"मालिक, काम दिलवा दीजिए कहीं, चाहे तो अपनी ही कोठी में काम दीजिए। चौकीदार, माली कुछ भी काम करूँगा मैं।" हाथ जोड़कर एक दिन गबरू अपने मालिक की भव्य कोठी के बड़े से लॉन में कँपकँपाता हुआ खड़ा था।

"यह तो सब हैं मेरे घर में, देखता हूँ क्या कर सकता हूँ मैं तेरे लिए।" मेज

पर पड़ी फाइल पर निगाह गड़ाए हुए ही जवाब दिया उन्होंने।

एक माह बीत गया इस आश्वासन को भी। मजदूरी की तलाश में भटकते गबरू को किसी दिन काम मिलता, तो कभी नहीं। जिस दिन काम मिल जाता, उस दिन गबरू कागज के लिफाफों पर दाल और चावल खरीद लेता और फिर शाम को चूल्हा जलता। घर के कुछ बरतन बिके, बनिये ने उधार देने से इनकार कर दिया, और अब बच्चे की बीमारी ने गबरू की चिंता और बढ़ा दी थी।

पहले खाँसी के साथ हलका बुखार आरंभ हुआ, तो बनिये की दुकान से ही बुखार की गोली ले ली, बनिये की दुकान वहाँ हर मर्ज की दवा थी।

बुखार घटने के स्थान पर बढ़ता गया। पास में ही सरकारी अस्पताल था, डॉक्टर के खून जाँच करवाई, एक्स-रे खिंचवाया, रिपोर्ट देख गंभीर सा चेहरा बनाया, "दवाइयाँ लिख रहा हूँ। अस्पताल में तो मिलेंगी नहीं, बाहर से ले लेना।"

अस्पताल के बाहर ही दवाई की दुकान थी, खोजने का प्रयास करें तो अस्पताल की आधी से अधिक दवाइयाँ तो यहीं मिल जातीं। गबरू ने परचा दुकान के काउंटर पर रख दिया।

"कितने पैसे हैं तुम्हारे पास ? ये तो बहुत महँगी दवाएँ हैं।" कैमिस्ट ने गबरू की दशा देखकर जैसे भाँप लिया हो कि जेब खाली ही है।

"कितने की हैं ?" गबरू ने सूखते होंठों पर जीभ फिराई।

"हफ्ते भर की पाँच सौ रुपए में। राजरोग लग गया तेरे बेटे को। ऐसा कर, तू बड़े शहर चला जा, वहाँ के सरकारी अस्पताल में मुफ्त इलाज हो जाएगा। यहाँ तो⋯।" और उसने स्थिति की भयावहता से गबरू को अवगत करा दिया।

"पाँच सौ रुपए!" गबरू का मुँह खुला-का-खुला रह गया।

कैमिस्ट से परचा वापस लिया, तोड़-मोड़कर कमीज की जेब में डाल दिया। बुखार में तड़पते बेटे की तसवीर आँखों में कौंध गई, हिम्मत कर फिर परचा वापस निकाला।

"भैया, एक सप्ताह की दवा उधार दे दोगे, भगवान् तुम्हारा भला करेगा। मैं कुछ दिन में लौटा दूँगा।" परचा काउंटर पर रखते हुए कुछ बोलने की हिम्मत जुटाई गबरू ने।

कैमिस्ट ने उसकी ओर यों देखा, मानो वह कोई अजायबघर से छूटा हुआ प्राणी हो, चेहरे पर उपहास के भाव उभर आए, "यह दवाई की दुकान है, यहाँ उधार नहीं मिलता।"

गबरू एक बार फिर अपने मालिक की ड्योढ़ी पर खड़ा था।

"मेरा बेटा बहुत बीमार है साहब और इतने समय से काम भी नहीं चल रहा। साहब दवाई के लिए कुछ पैसा उधार मिल जाता तो···।"

"काम नहीं चल रहा तो इसमें मेरी गलती है क्या? जा, जाकर सुप्रीम कोर्ट से लड़, वहीं से माँग पैसे।" मालिक ने काम बंद होने की पूरी झल्लाहट गबरू पर उतार दी।

"रहम करो मालिक, मेरा बेटा···।" वह कहना चाहता था, 'मर जाएगा', लेकिन शब्द कंठ में ही घुट गए। अपने ही रक्तबीज के लिए इतना बुरा वह कह न पाया।

"अरे मकबूल! देख तो सीमेंट का ट्रक आ गया क्या?" मालिक ने किसी को पुकारा।

"हाँ, मालिक बाहर ही तो खड़ा है, पंद्रह मिनट हो गए।"

"जा, बाहर से सीमेंट के बोरे अंदर गोदाम तक रखवा दे।" उसने गबरू से कहा।

गबरू के मन में रोशनी की एक किरण जाग उठी। बिना कुछ कहे ही तुरंत ट्रक के पास जा पहुँचा। मालिक से पैसा पाने और बच्चे की दवा लेकर घर जाने की जल्दी में गबरू के अंदर एक अकुलाहट पैदा कर दी। सीमेंट की भारी-भारी बोरियाँ उसे फूल के माफिक हलकी प्रतीत हो रही थीं।

एक घंटे के बाद पसीना पोंछता गबरू फिर मालिक के सामने खड़ा था।

"यह ले।" मेज पर पड़े रुपयों की ओर मालिक ने इशारा किया।

"दो सौ रुपए?" हताश गबरू ने सौ-सौ के दो नोटों को उलट-पलटकर देखा।

"मालिक, पाँच सौ रुपए दे दीजिए, मैं आपका उधार चुका दूँगा। आप जो कहेंगे, वह करूँगा, मालिक।" और उसने मालिक के पैर पकड़ लिये।

थोड़ी ही देर में उस दिन का तीन सौ रुपए का और कर्ज सिर पर चढ़ा गबरू बच्चे की दवा ले घर लौटा। पत्नी बेसब्री से उसकी प्रतीक्षा कर रही थी। दवा का लिफाफा उसके हाथ में देते हुए गबरू ने चैन की साँस ली।

तब से एक माह बीत गया। गबरू को कभी काम मिलता, कभी नहीं। कभी पुराना मालिक काम देता, तो गबरू मजदूरी से अधिक नया कर्ज माँग लेता। मालिक का मन ठीक होता तो दे देता, नहीं तो फटकार मिलती। पैसे मिलते तो बच्चे की

दवाई आ जाती, अन्यथा खाने के भी लाले पड़ जाते।

"ऐसी अनियमितता और भरपेट भोजन भी न मिलने के कारण बच्चे की बीमारी ठीक नहीं हो पा रही थी। आज फिर वह तीव्र ज्वर में तड़प रहा था। रह-रहकर खाँसता और उसके साथ दो-चार रक्त के छींटे हवा में बिखर जाते। चिमनी की इस धुँधली रोशनी में लाल रक्त कण कहाँ बिखरते, यह किसी को दिखाई न देता।

अचानक बच्चे ने एक जोर की हिचकी ली और जो छींटे अदृश्य थे, वे बड़ा रूप ले स्पष्ट दृष्टिगोचर हुए। गबरू उसे गोद में उठा अस्पताल की ओर दौड़ा। रात के आठ बज चुके थे, इमरजेंसी एक फार्मेसिस्ट के हवाले थी। अस्पताल परिसर में ही डॉक्टर का घर था, लेकिन गबरू जैसे महत्त्वहीन व्यक्ति के लिए वह अपने आराम का त्याग क्यों करता!

"इंजेक्शन लाना पड़ेगा बाहर से, तभी कुछ किया जा सकता है।" फार्मेसिस्ट ने बेचारगी में सिर हिलाया।

"कितने का होगा?"

"पाँच सौ से कम का क्या होगा। महँगा है, तभी तो जान बच पाएगी बच्चे की।"

पत्नी और बच्चे को अस्पताल में छोड़कर मायूस गबरू मालिक के द्वार पर पहुँचा। कोठी के लॉन में किसी पार्टी की तैयारी चल रही थी। मालिक अंदर तैयारियों में व्यस्त थे।

"मालिक अभी नहीं मिल सकते, उनकी बेटी की सगाई है आज।" बाहर ही किसी ने उसे टोक दिया।

"लेकिन मेरा बच्चा···। ईश्वर भला करेगा तुम्हारा।" बच्चे के लिए एक बार फिर कुछ बुरा मुँह से न निकला।

लेकिन आज ऊपर वाले ने जो करना था, वह टल नहीं सकता था। गबरू दो-तीन जगह गया, लेकिन कहीं सहायता न मिली।

हर स्थान से निराश-हताश गबरू रात्रि दस बजे अस्पताल वापस पहुँचा, तब तक सब समाप्त हो चुका था। पत्नी बच्चे का निर्जीव शरीर गोद में डाले सिसक रही थी। बेचैनी से बरामदे में टहलता फार्मेसिस्ट उसी की प्रतीक्षा कर रहा था।

दोनों पति-पत्नी देर रात बच्चे का निर्जीव शरीर लिये घर पहुँचे तो घर में इस शरीर को ढाँपने के लिए कपड़ा भी न था।

मंजरी ने एक ओर से अपनी धोती फाड़ी और बच्चे का मृत शरीर ऊपर से नीचे तक ढाँप दिया। न कहीं बिजली चमकी, न बादल गरजा, न कोई चमत्कार हुआ। एक बेबस माँ ने अपने पुत्र के मृत शरीर को सम्मान देने हेतु अपनी लज्जा का एक कोना फाड़ दिया, लेकिन न ऊपर बैठे भगवान् को दया आई और न नीचे रहनेवाले इनसान को, क्योंकि न तो यह राजा हरिश्चंद्र की कथा थी और न ही सतयुग।

"जीते-जी तो हम बिटवा की रक्षा न कर पाए, अब तो संस्कार करेंगे ही, वरना ऊपर जाकर बिटवा को क्या मुँह दिखाएँगे।" धर्मभीरू मंजरी इस लोक को तो सुधार न पाई, लेकिन परलोक अवश्य सुधारना चाहती थी।

"जाओ, बनिये के पास जाओ, मालिक के पास जाओ, बोलो, यह आखिरी कर्जा है और बहुत जरूरी है, वरना हमारे बिटवा की आत्मा···" और मंजरी दहाड़ मारकर रो पड़ी।

और गबरू एक बार फिर कफन के लिए कर्ज माँगने मालिक के द्वार पर खड़ा था।

□□□